世界哲學家叢書

懷特海

陳奎德著

1994

東大圖書公司印行

國立中央圖書館出版品預行編目資料

懷特海／陳奎德著. --初版. --臺北市：
東大發行：三民總經銷，民83
面；　公分. --(世界哲學家叢書)
參考書目：面
含索引
ISBN 957-19-1692-7 (精裝)
ISBN 957-19-1693-5 (平裝)

1. 懷特海 (Whitehead, Alfred North, 1861-1947) -學識思想-哲學

144.72　　　　83006499

ⓒ懷特海

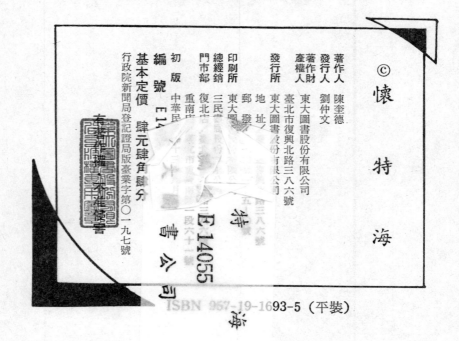

著作人　陳奎德
發行人　劉仲文
著作財產權人　東大圖書股份有限公司
臺北市復興北路三八六號
發行所　東大圖書股份有限公司
地址／[illegible]三八六號
郵撥／[illegible]五[illegible]
印刷所　東大圖[illegible]
總經銷　三民[illegible]
門市部　復北店／[illegible]
重南店／[illegible]一段六十一號
初版　中華民[illegible]
編號　E14[illegible]
基本定價　肆元肆角肆分
行政院新聞局登記證局版臺業字第○一九七號

特
E14055
書公司
海
ISBN 957-19-1693-5 (平裝)

「世界哲學家叢書」總序

本叢書的出版計畫原先出於三民書局董事長劉振強先生多年來的構想，曾先向政通提出，並希望我們兩人共同負責主編工作。一九八四年二月底，偉勳應邀訪問香港中文大學哲學系，三月中旬順道來臺，即與政通拜訪劉先生，在三民書局二樓辦公室商談有關叢書出版的初步計畫。我們十分贊同劉先生的構想，認為此套叢書（預計百册以上）如能順利完成，當是學術文化出版事業的一大創舉與突破，也就當場答應劉先生的誠懇邀請，共同擔任叢書主編。兩人私下也為叢書的計畫討論多次，擬定了「撰稿細則」，以求各書可循的統一規格，尤其在內容上特別要求各書必須包括（1）原哲學思想家的生平；（2）時代背景與社會環境；（3）思想傳承與改造；（4）思想特徵及其獨創性；（5）歷史地位；（6）對後世的影響（包括歷代對他的評價），以及（7）思想的現代意義。

作為叢書主編，我們都了解到，以目前極有限的財源、人力與時間，要去完成多達三、四百册的大規模而齊全的叢書，根本是不可能的事。光就人力一點來說，少數教授學者由於個人的某些困難（如筆債太多之類），不克參加；因此我們曾對較有餘力的簽約作者，暗示過繼續邀請他們多撰一兩本書的可能性。遺憾的是，此刻在政治上整個中國仍然處於「一分為二」的艱苦狀態，加上馬列教條的種種限制，我們不可能邀請大陸學者參與撰寫工作。不過到目前為止，我們已經獲得八十位以上海內外的學者精英全力支持，包括臺灣、香港、新加坡、澳洲、美國、西德與加拿大七個地區；難得的是，更包括了日本與大韓民國好多位名流學者加入叢書作者的陣容，增加不少叢書的國際光彩。韓國的國際退溪學會也在定期月刊「退溪學界消息」鄭重推薦叢書兩次，我們藉此機會表示謝意。

原則上，本叢書應該包括古今中外所有著名的哲學思想家，但是除了財源問題之外也有人才不足的實際困難。就西方哲學來說，一大半作者的專長與興趣都集中在現代哲學部門，反映著我們在近代哲學的專門人才不太充足。再就東方哲學而言，印度哲學部門很難找到適當的專家與作者；至於貫穿整個亞洲思想文化的佛教部門，在中、韓兩國的佛教思想家方面雖有十位左右的作者參加，日本佛教與印度佛教方面卻仍近乎空白。人才與作者最多的是在儒家思想家這個部門，包括中、韓、日三國的儒學發展在內，最能令人滿意。總之，我們尋找叢書作者所遭遇到的這些困難，對於我們有一學術研究的重要啟示（或不如說是警號）：我們在印度思想、日本佛教以及西方哲學方面至今仍無高度的研究成果，我們必須早日設法彌補這些方面的人才缺失，以便提高我們的學術水平。相比之下，鄰邦日本一百多年來已造就了東西方哲學幾乎每一部門的專家學者，足資借鏡，有待我們迎頭趕上。

以儒、道、佛三家為主的中國哲學，可以說是傳統中國思想與文化的本有根基，有待我們經過一番批判的繼承與創造的發展，重新提高它在世界哲學應有的地位。為了解決此一時代課題，我們實有必要重新比較中國哲學與（包括西方與日、韓、印等東方國家在內的）外國哲學的優劣長短，從中設法開闢一條合乎未來中國所需求的哲學理路。我們衷心盼望，本叢書將有助於讀者對此時代課題的深切關注與反思，且有助於中外哲學之間更進一步的交流與會通。

最後，我們應該強調，中國目前雖仍處於「一分為二」的政治局面，但是海峽兩岸的每一知識分子都應具有「文化中國」的共識共認，為了祖國傳統思想與文化的繼往開來承擔一分責任，這也是我們主編「世界哲學家叢書」的一大旨趣。

傅偉勳　韋政通

一九八六年五月四日

序

本世紀哲學家中，懷特海 (Alfred North Whitehead) 是一個異數。這不僅因爲他既是數學家、邏輯學家，也是科學哲學家、形而上學家，身兼數任並深具原創性；同時也因爲他既不屬英美分析哲學，也不屬歐陸現象學這現代哲學兩大主流，而是卓然獨立，無依無傍，自成體系；再加以他吸納了東方哲學的神秘玄想，運思深遠，另闢蹊徑，開啟慧源，從而令其哲思精深博大，奧妙無窮，爲一代宗師；時而又撲朔迷離，晦澀幽暗，導人入深淵。讀其著作，既是對嚴謹推理能力的挑戰，也是對直覺和想像力的挑戰。

這本書，就是一場智力搏鬥的結果。作者祈望它能成爲一顆小小的火星，去碰撞那些早已思索過類似問題的靈魂，並祈望讀者能分享與作者類似的精神歷程。

鑒於作者的學識和眼界，本書錯訛之處，在所難免，懇請方家和讀者指正。

在寫作、修訂和補充本書的過程中，作者曾蒙有關專家和學者的幫助和激勵，他們是：全增嘏先生（已故）、洪謙先生（已故）、傅偉勳先生、王玖興先生、胡曲圓先生、馮契先生、齊良驥先生、劉放桐先生、陳京璇先生和尹大貽先生。作者謹在此致以深摯謝忱。

是爲序。

陳奎德

一九九四年一月於普林斯頓

懷特海　目次

第一章 導 言

在二十世紀上半葉的哲學家中，無論從縱向還是從橫向考察，懷特海（1861～1947）都是一位獨特的人物，一個費解的謎。

在縱的方面，概覽他一生的哲學發展，可以發現，他的觀點發生了令人矚目的變化，他的興趣經歷了連續的轉換。在橫的方面，即使是在同一時期的著作中，他的哲學也反射出衆多矛盾的色彩，布滿了晦澀的術語。

作爲一位與羅素（B. Russell）共同奠立了數學的邏輯基礎名著《數學原理》的邏輯學家，懷特海以這一著述客觀上爲分析哲學提供了銳利武器，波及維特根斯坦（L. Wittgenstein），通過維也納小組，這一運動的後果是匯成了一股「拒斥形而上學」的大潮，而其工具的鍛造者之一的懷特海，後來卻成了本世紀最偉大的形而上學家之一，他的這一歷史迂迴預兆了什麼？

作爲一位數學家，除泛代數外，他對具體的純數學問題興趣甚微，其主要精力都灌注於數學的根本原理、邏輯導源和哲學基礎的研究中。他的早期訓練，使他帶有濃重的柏拉圖主義色彩，然而對經驗主義、實用主義、生命哲學乃至非理性主義也不乏共鳴之點。

作爲一位數學與物理學基礎的研究者，與他的大多數同行相反，懷特海的大部分學術生涯都在嘲笑絕對的明晰性和精確性。並非總是向精確科學求助，他也常常援引浪漫主義文學以求得對實在的洞見。他的最後一篇答覆他人批評的論文的結論赫然在目：「精確性是虛妄的。」

作爲一位科學哲學家，他不像大多數後繼流派那樣局限於對科學進行語言的、邏輯的、歷史的、社會的和心理學的分析。他的目標是，從科學革命中汲取靈感，闡發科學更廣泛的含義，以現代科學的幾個核心概念爲主幹，建立奠基於新科學之上的整體宇宙觀，進而構築作爲人類文明基石的形而上學體系。

作爲一位密切關注當代科學成就的學者，他卻又具有極其深厚的宗教感情，晚年竟墜入神秘主義的深潭。使科學與宗教相互融合、相互補充，修改宗教以適應科學的新世界，這是懷特海畢生致力的目標之一。

即使是在他同一時期的範疇之網中，從表面看，也綴滿了互不相容的衝突點。他的「現實實有」(actual entity)，既是現實的，又是潛在的；既是原因，又是結果；既是客體，又是主體；既有生滅，又是永恒；既是實在，又是現象；既是全體，又是部分；既是形態系列，又是整體狀態；既是過去，又是現在；既是時期性的，又是超時間的。……凡此種種，不勝枚舉。一言以蔽之，懷特海哲學是複雜的二十世紀的一種複雜的精神現象。

然而，倘若我們站在更高的角度俯瞰，同時，深入考察他一生哲學發展歷程，全面探究他的整體化的本體論與價値論，那麼，懷特海哲學的這些矛盾現象就立即歸化入一個更廣闊的範圍和更高形式的統一與和諧之中。雖然，這又將產生一系列新的困難和新的問題，但我們卻由此而進入了一片新的視野，達到了一個新的起點。

懷特海哲學是歷史生發出來的果實，它既帶有本世紀初西方哲學思潮和科學革命轉折時期的鮮明特徵，也携有懷特海本人的歷史和個性所特具的烙印。

上世紀與本世紀交接時期，整個西方哲學與科學都在醞釀著一場方向性的大變革，嶄新的潮流正在集聚、高漲。

源頭可上溯到十九世紀中葉，重要標誌之一是科學與哲學的正式分家。英國科學家與哲學家惠威爾（Whewell, 1794～1866）首創物理學家（physicist）一詞以代替自然哲學家（natural philosopher）一詞，可視爲這一分家的明顯標記。自那時以來，公認的、客觀的、能够交流的知識日益占據中心地位。人們注意的重心從「我怎樣去認識世界」轉向了「我們客觀知識的邏輯、結構和形式是什麼」，從認識論（epistemology）轉向了知識論（theory of knowledge），也就是說，從對觀念的研究走向了對語言的研究，從對精神現象的研究轉向了對客觀知識的研究。如果借用當代哲學家波普爾（K. Popper）的術語，這就意味著研究從世界二轉向了世界三。

由於近代哲學的肇始人笛卡兒（R. Descartes）把自己當作一種思想狀態（我思故我在），這就在相當大的程度上影響了西方近代哲學的重心和方向。人們圍繞著笛卡兒的心物二元及其相互關係進行了長期的爭論，難以擺脫在這樣的前提下思考問題的習慣。本來在古希臘人那裡的立足點基本上是整個宇宙現象，是研究世界一，從而表現了一種健康的客觀主義。而自笛卡兒起，立足點轉變爲靈魂的內在現象，它甚至可能與客觀事實毫無關係，更有甚者，則導致取消客觀外界，取消世界一，僅保存世界二，從而使近代哲學帶有較濃的主觀主義色彩。

黑格爾雖然強調自己哲學的客觀主義，但是，由於他把絕對精神的三段式辯證推演置於客觀的萬事萬物之巔，由於他把宇宙現象只視作「絕對」的不足道的派生物，由於他強使世界去削足適履地遷就他那龐大的觀念體系，不惜讓經驗事實去俯就其體系，由於他對當時的實驗科學成就的某種隔離以及他的某種蔑視態度，因而，在實質上使他自詡的客觀主義在根本上受到損害，而在事實上轉入獨斷地構造宏大宇宙體系的類似前康德時代的思辨之中了。因此，應當說，在這個意義上，黑格爾主義仍賦有相當程度的主觀色彩。

總之，對於近代重大哲學流派而言，儘管他們個個與笛卡兒的結論很不相同，然而他們所隱含的哲學思維的根本前提則是與笛卡兒共有的，他們接受了笛卡兒劃分的心物關係問題，根本未去反詰這個問題本身提得是否有意義。這種思維習慣是如此之深，他們甚至把這種近代的眼光投射到了古代哲學世界中。

然而，在自然科學中，情況則不盡相同，它還留存著古代世界的客觀主義精神，從而與近代哲學的傾向形成鮮明對比。

鑒於自然科學的巨大成功和飛速發展，鑒於客觀知識的存在已成爲毋庸置疑的事實和人們賴以生存的重要支柱，從弗雷格（G. Frege）起，人們逐漸厭棄近代哲學的主觀傾向，很多哲學家不再頻繁援引感性、知性、理性這類主觀色彩較強的、各說紛紜的證據，而沉入邏輯、語言和意義的研究。於是，下述新潮流開始興起：從主觀到客觀，從個體經驗到羣體經驗，從殊相到共相，從非形式到形式化，從觀念到語言，從與科學對立到闡釋科學，一個注重邏輯與語言分析的時代降臨了。在早期階段，弗雷格、羅素、懷特海（早期）、維特根斯坦、石里克、卡爾納普等人成了新潮流的重要代表。

新潮流的湧起使新工具應運而生。任何新的精神運動都是從視點的變革、方法的更新和新工具的發明開始的。

如果說微積分的發明使得以物理學爲中心的自然科學取得了輝煌成就，如果說四維空——時連續區的閔可夫斯基數學和黎曼幾何分別促成了狹義和廣義相對論的成功，如果說矩陣概念和希爾伯特 n 維空間的概念爲量子力學的成功開闢了道路，那麼，數理邏輯的出現則把西方哲學推向一個嶄新的方向。

同時，以相對論和量子力學爲代表的現代物理學革命不僅在自然科學領域掀起了一場暴風雨，它也震撼了整個西方思想界，引起了一次重大的「範式」（paradigm）轉換，召喚了二十世紀最根本的觀念變革。從此，人們便面對著一個嶄新的自然界，一個與牛頓時代迥然不同的自然界了。有鑒於此，在哲學界，人們感到了重組基本哲學概念的緊迫需要。

在另一方面，大陸哲學同樣也掀起了一股非黑格爾化的浪潮，然而其方向與英美分析哲學判然有別。這浪潮更加指向主觀、更加強調個體、更加重視人的價值，把特殊的個人奉爲終極的實在。這種哲學雖然部分恪守傳統大陸派的搞法，繼續關心道德倫理、宗教、人生、藝術等根本問題，但是，它一反這一傳統中對世界歷史和對普遍性的全神貫注而忽略了對每個特殊個人的特殊精神世界的關注的習慣。他們尤其抗議工業化、科學化、羣眾化對獨特個人價值的貶損。這場運動也同樣發端於上世紀，肇源於丹麥人克爾凱郭爾（S. Kierkegaard）、經雅斯貝斯（K.

Jaspers)、現象學家胡塞爾(E. Husserl)到海德格爾(M. Heidegger)直至存在主義者薩特(J. P. Sartre),終於釀成了以存在主義爲主要代表的、與分析哲學迥然不同的運動。

這兩股哲學思潮各有自己的一整套方法、一整套語言以及各自的領域,其差異之大並不下於人類兩種文化領域間的差異。雙方成了互相隔絕、互不溝通的兩種文明、兩個世界。

作爲傳統文化素養深厚而廣博的一位學者,懷特海痛切感受到了本世紀哲學界觸目驚心的分裂態勢。這一鴻溝撕裂了人類文明,把基本的文化一劈爲二,而哲學主題的統一曾是人類爲之驕傲的歷史時代——希臘時期、文藝復興和德國古典哲學時期——最爲基本的特徵之一。懷特海比任何人都更爲敏銳地意識到了這種割裂對人類文明的不幸。他起而拯救、塡補鴻溝,以數學家的身分反對對絕對精確性的迷信;以邏輯學家的身分反對瑣細的語義分析;以新科學的哲學基礎闡釋者的身分反對忽視傳統哲學的任務。他主張更新而不是取消哲學,主張哲學仍須對宇宙作整體的理解。同時,懷特海也以形而上學家的身分反對黑格爾式的形而上學對科學的仇視和隔膜。他內心深處自命歷史已賦予他聯結和調解分析哲學與大陸思辨哲學的重大使命。他的這一心理狀態常常可在他轉折時期的著作中得以窺見。

「倘若你願意放棄一半的證據,你就會很容易找到一種理論,它在邏輯上是和諧的並且在事實領域有重要應用。每一時代都造就出具有清晰的邏輯理智的人,這些人對人類經驗的某些領域的重點具有最可貴的把握,他們形成或繼承了適合於他們感興趣的經驗的一種理論框架。這些人常常對使他們的框架混亂和矛盾的證據不予理睬，或者把它們辯解過去。凡不能適合進入他們體系的東西他們都視為無意義。然而，保存這些東西的唯一方法是堅定不移地考慮所有的證據，這才能避免在流行意見的兩個極端之間動搖不定。」❶

晚期的懷特海，更加強調了哲學對科學知識與人文知識的同等倚重，更加強調了哲學既需要精深的邏輯推理，也需要對事物的某種直接的、神秘的體驗和把握。

鑒於此，可以認爲，懷特海哲學，就其本質而言，就是企圖在推理與常識之間，在邏輯與直覺之間，在永恒與歷史之間，在科學與人生之間，在理智與感情之間，在事實與價值之間取得某種平衡，從而調和分析哲學與大陸哲學的巨大分歧。它是本世紀西方哲學中兩種最主要的調解嘗試之一：其一是實用主義運動的嘗試，其二就是懷特海的過程哲學了。（後來興起的釋義學也以自己的方式開始調解兩大派。）兩者雖然擬定了不同的形而上學綱領，然而在某些根本態度上卻有類似之處。這點最明顯地體現在對事實與價值關係的等價處理上，用泛生物學觀點對宇宙的理解上（杜威，J. Dewey），以及對狹隘的實證主義觀點的反對上。

在懷特海哲學中，如下的成分是共熔一爐的：柏拉圖的理念論、亞里士多德的「隱德來希」學說、中世紀「共相理論」、萊布尼茨的單子論、布拉德雷（Bradley）的「內在關係說」、柏

---

❶ 懷特海：《科學與近代世界》，企鵝圖書公司1938年版，頁217。

格森的「創化論」以及詹姆士的經驗一元論等。他相信：「某種實際價值的發生要靠調和各種不同意見的限制。」在這種調和嘗試的逐步發展中，以其名著《過程與實在》爲代表，懷特海創建了一個龐大的（有機）過程哲學體系，試圖最終回答自希臘時代以來困擾著哲學的「存在對生成、靜止對變化」的形而上學中心問題，並因而成了本世紀很有影響的宇宙形而上學家。

前述懷特海哲學的一系列矛盾，正是在前面提及的本世紀初科學與哲學變革的背景下，同時也是在懷特海企圖綜合兩大派的背景下出現的。只有聯繫到他的哲學整體及其潛在的欲望，這些矛盾才可能得到解釋。

在懷特海的哲學生涯中，由於內在邏輯的推動，其主題和觀點經歷了幾次深刻的變化，用他自己的話說，他的「觀念的探險」有了幾次重要的興趣轉移，它們大體可劃分爲如下幾個階段（並非絕對的劃分）：

(1) 數學、邏輯及物質世界的數學概念的研究階段（劍橋——倫敦時期，1898～1918）。

這一階段以《泛代數論》（1898）、《論物質世界的數學概念》（1906）、《數學原理》（與羅素合著，三卷本，1910～1913）等著作爲主要代表。

(2) 前期科學哲學階段（倫敦時期，1919～1922）。

這一階段以《關於自然知識原理的研究》（1919）、《自然的概念》（1920）和《相對論原理》（1922）等著作爲主要代表。

(3) 轉變時期（哈佛時期，1925～1927）。

這一階段以《科學與近代世界》（1925）、《宗教的形成》

(1926) 以及《象徵，它的意義和作用》爲主要代表作。

(4) 成熟的宇宙論階段（哈佛時期，1929～1939）。

這一階段的主要代表著作有:《過程與實在》(1929)、《觀念的探險》(1933)、《思維方式》(1935) 以及兩篇著名的重要論文:〈數學與善〉和〈不朽〉(1939)。

在所有這些發展中，最矚目者當首推由科學哲學向宇宙論形而上學的轉折時期，這是懷特海哲學歷程中的重大關節點。

轉折的關鍵緣何而起? 困惑懷特海的中心問題究竟何在? 聯繫到他的整個哲學發展，這一轉折有何內在邏輯？在轉折過程中，產生了哪些問題? 懷特海哲學的轉折及其綜合兩大派哲學的嘗試給了後世以什麼啟示? 這些都是本書要探討的重要論題。

我們將闡明懷特海在重建物理學哲學基礎的過程中所遇到的根本性難題，我們將看到這些問題如何迫使他拓寬自己的研究領域，而這種擴展的結果又如何產生更多的新問題。循此邏輯，逐步伸展，終於使他走到了羽翼豐滿的過程哲學的宇宙論體系。

鑒於此，對懷特海哲學發展歷程及其內在邏輯的研究，也就是研究懷特海哲學本身。

懷特海的思想，作爲「線性的、收斂的」思維的對立面，他的思維是「發散式」的、多角度的、立體的。他一次又一次地突出強調自己思想的結構，每次都是從不同的角度入手的。讀他的著作就是潛在地接受一系列逐次提高的觀察點，並且被表象爲各次展望的各主要輪廓，而對象則一。這也說明何以在懷特海的哲學轉折中存在某些不變因素，如，對絕對精確性的懷疑，對數學的屢次回顧（即使在後期《過程與實在》中，仍然論及四維幾何學的修正與重新定向）。伴隨著強調點的連續變化，他的主題常常重複，從早期到晚期，並無例外。正如他在《過程與實在》所說的：

「這樣，研究的單位就將在框架的逐步發展中，在意義和關係中，而不是在相繼的特別主題的處理中被發現出來。譬如，時間理論、空間理論、知覺理論和因果性理論，當宇宙論發展時，它們也一次次重複出現。在每次復現中，這些主題都對框架有新的解釋，或者是自身接受某種新的解釋。」❷

我們在探究懷特海哲學發展時，必將受到他的這種處理方式的影響，因而有些主題不止出現於一章之內。

因爲懷特海哲學發展的各階段，呈現出的體系與順序是大體近似的，但具有不同的深度，不同的意義。

在所有這些問題中，將著重論述懷特海的價值理論在轉折中所起的關鍵作用以及機體論在其哲學中的地位。實質上，價值論是懷特海解決他的科學哲學中一系列難題的鑰匙，是懷特海構築他的形而上學有機大厦的入門導引和中心論綱，既是他哲學轉折的動力，也是他連接兩大派的橋梁。尤其到了晚年，很多人都不無詫異地注意到，懷特海聲稱「總結他的最終哲學觀點的兩篇論文——〈數學與善〉和〈不朽〉，其主題都是論述價值論的。」其實，聯繫懷特海的哲學內在脈絡，這並不偶然。應當說，懷特海本體論的所有方面在不同程度上都同價值論相關。價值論，就

❷ 懷特海：《過程與實在》，劍橋大學出版社1929年版，頁7。

是他本體論的核心，也是他成熟期哲學的秘密和靈魂。

其主流被認爲是分析運動的二十世紀西方哲學，發展至今，已經逐漸顯露出變化的端倪。有迹象表明，一個從分析重新走向綜合，從部分重新走向整體，從基礎主義走向連貫主義並再到新實用主義，從拒斥形而上學走向在新的基礎上復興形而上學的潮流正在逐漸興起。這種演變是近三十年來才開始萌動的〔蒯因(W. V. O. Quine)的《經驗論的兩個教條》是其重要標誌〕。而懷特海以他獨特的方式早在六十年前就從數理邏輯、科學哲學轉向體系化的形而上學了。

誠然，在上述兩者之間作類比是危險的。懷特海的整體論與蒯因等人的整體論有許多根本的差異，對此應當十分清醒。蒯因等人與懷特海不同之處在於，前者在抨擊邏輯經驗論的基本教義時，利用了分析哲學本身的一整套詳盡嚴密的分析手法，他們駕馭了熟練的分析技巧，從而贏得了一大批在分析哲學傳統中成長起來的哲學家。而懷特海雖然是分析的工具——數理邏輯的奠基人之一，但他對邏輯經驗論的批評，則主要還是借助於從新科學中獲取的靈感和借助於傳統哲學的思辨方法，而這種方法在分析的運動方興未艾之際，所引起的分析哲學家們的共鳴甚少，以至於他沒有也不可能成爲一場復興形而上學運動的領潮人，而只能成爲某種「鳴不當時」的精神先驅。

儘管有上述的根本差異，但倘若看不到蒯因等人與懷特海之間精神上的繼承關係，則也是短視的。有不少證據表明，曾作爲懷特海研究生的蒯因，固然在後來受了羅素、尤其是受了卡爾納普(R. Carnap)的更爲強烈的影響，但是在其引起重大反響的著作中仍然可以找到潛伏著的早年訓練的師承因素。

實質上，懷特海的整個哲學演變，作爲一個縮影，在某種意義上預兆了本世紀下半葉西方哲學潮流的轉變。如果深入考察當代西方哲學，尤其是英語國家的哲學，我們不難發現，在銷聲匿迹了幾十年之後，懷特海的影響正在悄悄地穩步地重新上升。他的整體主義、他對實證論嚴格教義的批評，他對精確性迷信的健全懷疑，他對和諧與自由這兩種東、西方價值觀的論述，作爲某種有建設性的精神，不僅徘徊於當今西方哲學界，也引起了東西方比較哲學研究者的濃厚興趣，同時，在當今嶄新的自然科學思潮中，懷特海的哲學思想也占有一席重要地位，並激起了熱烈的探討。海森堡對量子力學的哲學總結和普里高津（I. Prigogine）從耗散結構理論中所獲得的哲學啟示就是典型的例證。

當然，我們不應忽視，雖然懷特海並不情願建立一個傳統意義上的封閉的極端的體系，但由於其思想發展內在邏輯的驅使，他最終還是構築了一個包羅萬象的龐大體系。同時，他還必須面對二十世紀紛至沓來的新科學概念的挑戰，因而被迫生造了不少有著特殊內涵的術語。鑒於上述原因，他的哲學顯得異常晦澀，並產生了大量遺留問題。因此，有人認爲，懷特海的《過程與實在》在哲學史上是僅次於康德《純粹理性批判》和黑格爾《邏輯學》的最難讀的哲學文獻之一。❸

誠然，上述大量遺留問題、混亂、晦澀之處都是不必諱言的，然而，從另一個角度看，這些問題恐怕也正是懷特海哲學還有相當生命力的原因之一。作爲二十世紀一個複雜宏大的哲學體系，如果沒有大量問題留下來以供探索的話，那將是不幸的。就

---

❸ 參見E. M. 克勞斯：《經驗的形而上學》，紐約1979年版，前言。

懷特海哲學而論，體系並不是最重要的。但是，他的宇宙論中有哪些根本的觀念對當代仍有啟迪作用，他的科學哲學中有哪些思想爲後世所繼承，他的調解兩大派哲學的嘗試有哪些有意義的遺產和失敗的教訓，他的哲學發展歷程告訴了當代哲學一些什麼東西，……所有這些，無疑是值得認眞思索和全面研究的。只有如此，我們才能給懷特海哲學以客觀的歷史地位，也只有如此，他的哲學才能爲發展當代嶄新的哲學思想產生借鑑作用，獲得新的生命。

第二章 懷特海其人

這個島國上的人，每個人自己就是一個島。

——一位美國作家論英國人

心有天游。

——《莊子·外物》

一、網開八面的心靈

十九世紀中葉，英國上層社會籠罩在一派濃厚的自然主義氣氛之中。

這種自然主義的審美精神，滲透進了該世紀各個著名文人和學者的作品中。英國的山川河流、湖泊海岸，刺激著這個島國作家的敏銳、細膩和廣闊的感受力，使他們幾乎都成了大自然的觀察者和崇拜者。無論是詩人柯勒律治、華滋華斯、司各特，還是濟慈、雪萊、拜倫，這些創作品性截然不同的人物，都在不同程度上受到自然主義的薰染。

這是一個詩人輩出的時代。

在科學上，也開始透射出新時代的一縷曙光。

進化論已趨成熟，電磁學逐步成形，非歐幾何業已提出，魏爾斯特拉斯與柯西終於在嚴格邏輯的基地上奠立了微積分的理論基礎，結束了微積分自牛頓、萊布尼茨創立以來在邏輯基地上的混亂局面。稍後，康托創立了無窮數的理論，給數學開拓了一個嶄新的天地。

但是隨後，由於場理論和光的波動說的衝擊，牛頓物理學大厦開始出現裂縫。

世界在期待著某種精神上的轉變。

就是在這樣一個隱隱躁動的時代裡，1861年2月15日，在英國肯特郡的拉姆斯格特的一位牧師家裡，一個男孩墜地了。

他，就是阿爾弗雷德·諾爾司·懷特海（Alfred North Whitehead）。

這是一個宗教氣氛濃厚的書香門第。像一個典型的學院派英國紳士，懷特海一生的表面歷程實在平凡，規範的書齋式生涯：讀書、教書、著書、講演，從一個大學校門跨進另一個，從一個榮譽桂冠到另一個……。

妙筆生花的傳記作家在懷特海身上無所施其技。正如康德一樣，其外在生活的平靜、規律化與內心生活的豐富、深邃和變動不居恰好形成有韻味的對比。

他的歷史，只是一部他自身的精神發展史。

他的心靈，遨遊於廣袤的宇宙之中；他的身軀，卻常龜縮於書齋之內。

懷特海的祖父和父親都先後擔任過拉姆斯格特私立學校的校長，父親後來做了牧師。這樣的家庭，縈繞著濃厚虔誠的求知氣氛，無疑賦予了懷特海以較好的家學淵源。作爲家中的幼子，從

10歲起，懷特海就研讀拉丁文；緊接著，12歲就開始學習希臘文、數學和歷史。一部分出於天生資質，一部分出於這種嚴格的家庭教育，在上述過程中，一個老成持重、好靜深思、窮根究底的少年被逐漸塑造成型了。

14歲時，懷特海進入舍本學校（Sherborne School）學習。這是一個具有一千多年悠久歷史的學校。在此期間，他受到較爲全面的古典學術訓練，從而奠定了未來學術的初步臺階。1880年，懷特海19歲，跨過了他學術生涯的重要一步，他進了劍橋大學三一學院，這個舉國翹首嚮往的最高學府，自有其名實相符之處：英才濟濟，學風醇厚，思想活躍，競爭激烈。懷特海如魚得水，駕馭自己的智力之舟在這個學術的海洋裡漫遊。他的專業雖是數學，但也常與同窗海闊天空、高談闊論：哲學、宗教、政治、文學……無所不議。這是年輕的懷特海的智力高漲時期，討論問題喜歡追本溯源、徹底置疑。顯然，當時數學的新進展給他造成了深刻的印象，物理學的「幾朶烏雲」常縈繞於他腦中。同時，他的書案、床頭也擺著當時在歐美影響極大的哲學家的著作。柏格森的綿延理論、布拉德雷的內在關係說、詹姆士的經驗一元論，……這些顯然都在他的思想上打下了烙印。同時，英國詩人歌頌湖光山色的詩作也使他愛不釋手。

眾所周知，當時的英國學界正是新黑格爾主義盛行之時，布拉德雷，格林（T. H. Green）和鮑桑葵（B. Bosanquet）是其主要代表。這樣一種學術氣氛，自然促使懷特海首先去窺探一下德國古典哲學的眞諦。

結果使他頗爲失望。

1885年，懷特海畢業留劍橋任數學教師，這時他研讀了康德

《純粹理性批判》的核心部分，康德哲學曾一度深深影響了他。然而，經過反復深思之後，他終於擺脫了康德主義的陰影。

不過，對黑格爾，情況就比較簡單。

懷特海所閱讀的主要限於黑格爾有關數學的論述。這一經歷使他對黑格爾哲學大倒胃口，從此再沒有興趣去碰黑格爾著作了。我們知道，黑格爾曾利用微積分在當時的（形式）邏輯基礎不清這一弱點來證明其「質與量」概念推演的唯心辯證法，以及「矛盾」的無所不在。這種「證明」在懷特海的時代看來顯然是不足爲訓的，因爲當時微積分的邏輯基礎業已澄清、奠定，上述玄妙的議論自然就顯得荒謬而可笑了。當然，這中間還羼雜有當時黑格爾主義在歐洲大陸業已衰退的背景。黑格爾的自然哲學對當時自然科學指手劃腳的態度激怒了一批經驗主義的科學家，結果造成了歷史上一次科學與哲學的對立和隔膜。懷特海自然也不能完全擺脫這一時代風潮的影響。作爲一個數學家，他深感黑格爾業已脫離數學推理所要求的邏輯程式，尤其是與現代數學相距甚遠，因此，他很快失去了對黑格爾的興趣。客觀地說，黑格爾的長處並不在其數學哲學和自然哲學方面，他另有所長，特別是在歷史領域之中。不容否認，懷特海一生對黑格爾哲學的冷淡是與上述早年經歷有關的。但是，平心而論，他對黑格爾尙有不公允之處，這在一定程度上也是當時激蕩的時代潮流使然。

作別德國古典哲學之後，懷特海潛心沉入神學的研究之中，一直持續了七、八年。無疑，這一段經歷對於導向他晚年哲學中的神秘主義有重大關係。

1890 年，一位軍人和外交官的女兒 E. W. 瑋德（Evelyn Willoughby Wade）成爲懷特海的妻子。她的家庭背景與懷特海的很不相同，在這樣的家庭環境中，瑋德被訓練成爲對倫理和審美價值有極其敏銳的感受力的婦女，這樁婚姻對懷特海的學術生涯有著良好的促進作用。懷特海聲稱自己的世界觀受到夫人的影響是如此根本，以至於在他的著作中不能不提及這一基本因素。

事實上，無論懷特海夫婦搬遷何處，他夫人的審美趣味總是能給其住所添加一股奇妙、神秘、非凡的魅力。懷特海常常指出，瑋德的勃勃充溢的生命力刺激了他，使他懂得了生存的目的就在於追求道德和審美方面的至善至美；而要達到這一目的，至關重要的是學會仁慈寬厚，學會愛，學會鑑賞藝術。懷特海同時也指出，邏輯與科學的目的，是揭示各模型之間的關係，同時，它也是一種迴避枝節問題的精神活動。上述這兩個方面對於人類的存在都是至關重要、不可或缺的。

懷特海夫人的這些影響，對於懷特海哲學方向的轉變，對於懷特海後期哲學中價值論成份的強化，肯定不是無足輕重的。瑋德畢生精力都貢獻給了丈夫的學術事業，甚至進而熱忱幫助丈夫事業的合作者，如羅素勳爵。1911年他們住倫敦時，常常出外以便讓出自己的漂亮住所，提供給羅素與其女友奧托琳女士作爲幽會場所（其時，羅素與其第一位夫人阿麗絲分居已達九年）。懷特海夫婦還花費了大量時間與精力，幫助羅素處理自己的婚姻事宜。諸事種種，均可想見懷特海夫婦爲人之風貌。這裡可順便一提的是，我的導師全增嘏教授（已故）曾聽過懷特海的課，並得到過懷特海的幫助。他生前曾感慨言之，說懷特海這個人古道熱腸，有求必應。

在政治觀點上，懷特海屬於自由主義一邊，反對英國的保守主義者。當然，並未參加什麼政治活動。

從地理上劃分，懷特海的學術活動大體上可分爲三個時期：(1) 英國劍橋時期（1880～1910），(2) 英國倫敦時期（1910～1924）和 (3) 美國哈佛時期（1924～1937）。在劍橋和倫敦時期，他主要是以數學家、邏輯學家和科學哲學家身分從事學術的，其時，他的哲學被廣泛認爲是新實在論。只是到美國哈佛，他的哲學經歷了重大轉變得才得以完成並形成體系。

二、哈佛，智慧的歸宿

晚年，懷特海應邀赴美國任哈佛大學哲學教授。這時他已屆63歲。然而正是從那時起，才開始他一生中最重要的哲學生涯，他的許多基本著作都是在這之後完成的。

到達哈佛大學後，懷特海的第一場演講於1924年 9 月23日在愛默生禮堂舉行。這位具有原創性的思想家的光臨幾乎吸引了所有對哲學有興趣的研究生和高年級學生。當年聽講的一位研究生米勒（James W. Miller）後來清晰地回憶到：「在鐘聲響過後不久，身著十九世紀服裝式樣的懷特海，像匹克威克先生一樣，面帶慈祥的微笑入場了。」由於事先沒有散發講義，他的演講驚呆了濟濟一堂靜坐聆聽的全場聽眾。因爲在人們的心目中，懷特海是一位自然科學哲學尤其是物理學哲學的專家，大家期待著他演講的內容或許會來自眾所周知的《自然的概念》一書，或許可能偶爾偏向《數學原理》。但人們大錯了。他講的竟然是當時人們已經很少同情的形而上學！

米勒說：

「演講一開始就把我們引入了絕對晦澀難懂的形而上學泥沼中。……他的最長和最困難的句子都結束於短語『你們知道』，天啊，就演講本身而言，其實，我們什麼也不知道。演講結束之後，我們都陷入了徹底的困惑並對課程失去了信心。不過，我們大家仍然敬愛懷特海。畢竟，作為一個人，他存在的不可思議的魅力已經表現出來了。」

當時在座的知名哲學家、新實在論者培里(Ralph B. Perry)事後說：「他那些概括的範圍是太大了。」一位較年輕的符號邏輯的教授舍弗爾（Henry Sheffer）則喃喃自語：「純粹的柏格森主義，純粹的柏格森主義！」在當時的哈佛大學哲學系，大多數人們談的是事實和邏輯關係，不談生成或「過程」與「實在」；深刻性已經遠去，冷酷的分析正大行其道。這就是懷特海面臨的知識和精神環境。從表面看，懷特海的轉向似乎是不合時宜的。

但是，聘請懷特海卻合乎哈佛哲學系的一個傳統：絕不聘用與系裡已有的同事有同樣思想的教員。因此，從來就不存在所謂「哈佛哲學學派」。也正因爲如此，懷特海的獨特哲學才能占有一席之地，並很快就贏得了學術聲望。

懷特海的到來的 1924 年，恰好又是早他而至的劉易斯獲得終身教職的一年，他們促成哈佛哲學系進入了它的一個「黃金時代」。當時的哈佛哲學系，人才濟濟，如日中天：劉易斯（C. I. Lewis）在符號邏輯、知識論和分析哲學的其他方面成就很大，聲望卓著；而懷特海則有意構造一個本世紀最大的形而上學體系；他們正處於哲學風格的兩極。而人們公認，在英語世界，無人在思辨哲學方面可與懷特海比肩，而在分析哲學方面，幾乎也無人比劉易斯的實際成就更大。同樣，還有一系列令人肅然起敬的名字也已先於懷特海來到哈佛：新實在論者培里、遠東思想和希臘哲學專家、系主任伍茲（James Woods）、哲學家霍金（Hocking）以及更年輕的舍弗爾、斯賓諾莎和中世紀哲學權威沃爾夫遜（H. A. Wolfson）、邏輯學家伊頓（R. M. Eaton）、心理學家特羅蘭德（L. T. Troland）、波靈（E. G. Boring）和阿爾坡特（G. Allport）等等。

哈佛哲學的這個「黃金時代」——始於1924年，終於1937年（該年懷特海自哈佛退休）——與懷特海在哲學系的存在相始終。之後，哈佛哲學系進入一個新時期，而它又是以懷特海的學生蒯因（W. V. Quine）爲代表的，從這兩件事大概可以想見懷氏在該系的舉足輕重的地位。

在哈佛任教及退休時期，懷特海夫人都以自己的名義出面主持「星期晚會」，出席者以青年學者居多，每次都由懷特海本人主講。利用這個講壇，他議論風生，縱橫捭闔，研討天下學術，傳播過程哲學，此事成爲哈佛的一段學術史話。哈佛後來設立了「懷特海講座」，一直綿延至今，足見其影響之深遠。

懷特海一生曾幾次獲得崇高的學術榮譽。早在1903年，他在劍橋時，就被遴選爲英國皇家學會會員。1932年，哈佛出版了紀念懷特海70壽辰的專題論文集，由許多著名學者撰文致賀。1936～1937 年，他被授予美國哈佛大學榮譽教授稱號（同時退休）。1937 年，他被選入英國科學院。1941 年，由希爾普（P. A. Schilpp）編輯的著名的《在世哲學家文庫》出版《懷特海的哲學》一書，由各著名哲學家全面評述懷特海哲學。1945年獲榮譽勛章。

1947年12月30日，懷特海在哈佛大學去世，享年86歲。

對這樣一個典型的書齋式學者而言，他的哲學及其學術經歷究竟有何與眾不同的、引人注目的特點?

他與本世紀兩大哲學潮流有何關係?

面對二十世紀初葉那場激蕩洶湧的科學革命、哲學改造和思想變革的嶄新潮流，懷特海與其同道作出了什麼樣的哲學反應，他們是如何去應付並投身於這場波瀾壯闊的精神歷程中的?

我們將在下面討論上述問題。

第三章 早期思想及成就

邏輯是不可戰勝的，因為要反對邏輯還得使用邏輯。

——Pierre Boutroux

沒有數學就沒有眞正的智慧。

——柏拉圖

而哲學則與數學模式相關。

——懷特海

一、新邏輯之父

懷特海是以數學家的身分開始其學術生涯的。

但是，與一般數學專家的努力方向不同，他的主要學術興趣是在數學這棵大樹的根部。探究數學的基礎，追尋數學的來源，考察數學的本質，這是懷特海作爲數學家的顯著特點。像一切從數學家出身最終成爲哲學家的人一樣，懷特海的早期數學訓練在其一生的哲學生涯中留下了顯著的痕迹。在這一點上，特別是在他哲學的早期階段，與身兼數學家與哲學家二任的畢達哥拉斯、柏拉圖、笛卡兒、萊布尼茨、斯賓諾莎、康德、弗雷格、羅素等人有精神上的相通點。

在劍橋時期，關於數學及其哲學基礎的專著，對後世較有影響的有以下四本：《泛代數論》（1898）、《論物質世界的數學概念》（1906）、《數學導論》（1911）和《數學原理》（與羅素合著，三卷本，1910～1913年出版）。

《泛代數論》是懷特海在數學領域中的第一部專著。由此，他成了一門嶄新的分支學科——泛代數的創始人。懷特海曾在其晚年說過：「代數是更大的技巧中的一個組成部分，這個技巧就是語言。」❶他視代數爲廣義的語言中的一種，努力擴展代數的哲學含義，使代數普遍化、泛化，成爲泛代數。它囊括了一切代數，同日常語言一樣，它表達一種模式❷。就其表達模式這點而論，代數語言與日常語言是有聯繫的。代數雖是語言的一個組成部分，但與日常語言相比，仍有重要區別。在日常語言中，詞語的順序對所傳達的思想的關係並不太重要，但在代數語言中，這種順序就成爲至關重要的東西了。在代數中，紙上符號的模式就是直接表達意義的模式。這是代數語言的基本特徵。從懷特海在純數學領域的貢獻中可以看出他思維的重要特點，即不是把某個問題的細節加以發揮、深入，而是擴展其領域，使之普遍化，並與其他的領域進行對比，這種著眼於根基、著眼於泛化的思維特

---

❶ 希爾普編：《在世哲學家文庫：懷特海的哲學》，紐約都鐸出版公司1951年版，頁675。

❷ 模式（pattern），在懷特海數理哲學的術語中，相當於「結構」。任何事物都有自身的結構，撇開其具體的各要素的性質，抽象出事物的結構，並對之進行研究，這就是懷特海認爲的數學的任務，鑒於上述原因，可以用數學的方法研究一切事物。

點，在所有大哲學家的思維方式中是隨處可見的。

在這段時期的數學及數理哲學著作中，逐漸顯露出了懷特海早期的新實在論傾向，他的目標，是要探索物質世界的各個「實有」（entities）之間的相互關係，並把這種客觀的關係用數學概念表達出來。

在這些著作中，懷特海有一個核心的思想，即認爲：科學並不關心所處理的對象的內部性質，而僅僅研究其相互間的關係。這確是那段時期他與羅素共有的一個新實在論觀點，稍後幾年，懷特海在一篇論文中的一段話對此表述得相當清楚：

「除非你知道自然的系統內的關係是什麼，否則，你就不可能知道自然是一個系統。現在，我們不能借助任何觀察方法（包括列舉自然的所有細節）來獲知這些系統的關係。鑒於此，我們的部分知識必須揭示支配整個系統的關係的統一類型。如果我們不了解這一點，我們就什麼也不知道，因而也就無話可說。」❸

然而，重要的問題是，如何用數學概念來表示這些關係的統一類型呢？譬如，理論幾何學中的理想的點、線、面，在現實的自然界中並不存在，那末，我們何以能用點、線、面這些數學概念來表達自然界之間的現實的空間關係？兩者之間是如何對應的？懷特海在這段時期以及稍後的數理哲學著作中，研究了物質世界中的數學概念問題，提出了自己的解決辦法❹。譬如，關於

❸　懷特海：《相對論原理的哲學方面》，頁219。

❹　諾瑟普、格羅斯選編：《懷特海選集》，劍橋大學出版社1953年版，頁7～82。

空間點的定義，一般可定義爲一組層層相包的同心球所組成的級數之極限。此定義可運用到很多方面，然而按懷特海，體積無論怎樣小，總是體積，與理論上的幾何「點」的僅有位置而無大小，未免不相融洽。他的解決法是，不定義爲該級數的極限，直接定義爲該級數本身，這樣定義的點，其實就是日常所謂該同心球的中心。這樣定義所涉及到的量，它們相互間的關係，仍舊與前面定義的相同，而又避免了前述定義的缺點。而涉及這新定義的複雜的內部結構，並不是我們這裡要處理的，這裡只研究各點之間的關係。

於是，懷特海就用類似上述的方式，用數學概念來表述了自然界各要素之間的關係，從而也就把能够感知的但數學上不能處理的對象（如代表線的棒、杆和代表點的微粒等）同數學上能够處理但現實中卻不能感知的東西（如無體積之點、無寬度之線等）聯繫了起來，從而爲數學在物理學中的應用奠定了理論基礎。這裡有一個核心的思想一直貫串在他的著作中：科學只研究自然界各部分間的關係，而不考慮這些「實有」的終極內在性質是什麼。關係（relation）自身的實在性並不依賴於關係對象（relata）自身的實在性。

在上述意義上，懷特海的新實在論也即「關係的實在論」。

1910～1913 年發表的懷特海與羅素合著的《數學原理》（*Principia Mathematica*），無疑是早期階段影響最大的經典性著作，是其前期最重要的成就[5]。

[5] 美國學者丹尼爾·貝爾和卡爾·多伊奇、約翰·普拉特、迪特爾·森哈斯等人七十年代在總結本世紀社會科學對人類的重大貢獻(1900～1965)時，哲學領域共確立了五項，第一項就是懷特海與羅素在《數學原理》中提出的「邏輯與數學的統一」。

在數學基礎和數理邏輯方面，《數學原理》總結了前一階段，主要是弗雷格和皮亞諾（G. Peano）工作的成就，提出了一系列新的問題，作出了許多創造性的貢獻和發展，成了數學基礎和數理邏輯方面的一部重要的里程碑式的著作，奠定了數理邏輯將來的一系列發展。

該書開宗明義就提出：「本書有兩個目的，首先是要說明一切數學都能從符號邏輯中推導出來，其次是盡可能提出符號邏輯自身的所有原理。」❻這的確是《數學原理》作者的宏偉抱負。這一目標雖然不能說完全達到了（要推導出數學尙需加上兩個並非符號邏輯自身的公理：乘法公理和無窮公理），但由於它完成了絕大部分奠基性工作，因而在歷史上產生了深遠影響。

概略而言，《數學原理》的主要成就是：建立了一個完全的命題演算和謂詞演算系統，發展並給出了一個完全的關係邏輯和抽象的關係理論，提出了摹狀詞理論（主要是羅素的工作），創立了解決悖論問題的類型論，在數學基礎方面奠定了邏輯主義的主張。❼

另外，《數學原理》奠定的新邏輯還引發了一場重要的哲學論爭，焦點是康德的「先天綜合判斷」是否成立。隨著新邏輯的進展，許多邏輯學家認爲根本就不存在所謂「先天綜合判斷」。

---

❻ 懷特海、羅素：《數學原理》卷6，劍橋大學出版社1910年版，頁9。

❼《數學原理》奠定了現代邏輯發展的方向。懷特海的學生蒯因等人雖然以後有自己在邏輯上的新貢獻，但主要還是在這一傳統中制定某些細節。在最近幾十年中，對《數學原理》這一經典系統的背離以及各種競爭對手的出現，標誌著邏輯中富有活力的現代特點。各種各樣的形式演算得到了發展——多值邏輯、時態邏輯、倫理邏輯、認識邏輯和疑問邏輯。以及具有重要性的模態邏輯。

他們認爲，按照新邏輯，康德關於數學命題的性質是先天綜合的這一觀點是錯誤的。數學必然性是分析的。依據《數學原理》，7＋5＝12也是分析命題。著名哲學家A. 卡普蘭認爲，今天修完一門邏輯基本課程的學生沒有人再會認眞看待康德關於先天綜合判斷的主張。但是，仍有少數人堅持認爲，在某種意義上，有意義的、眞正的先天綜合判斷是存在的。或者說，分析與綜合的兩重性是站不住腳的劃分❽。這場哲學論爭對現代分析哲學的發展具有極其重要的意義。

不可否認，對綜合命題和分析命題的區分是現代哲學史上有豐碩成果的一項重大進步，事實上，隨著這種區分的逐步深入和精化，康德式的帶必然性的先天綜合判斷已經成了歷史的遺物。仔細考察任何復活這一概念的主張，均可發現，其論證是禁不起現代邏輯的仔細剖析的。歷史的進展表明，所有過去被康德視爲必然的那些先天綜合判斷，或者可被劃入分析判斷，或者可被劃入綜合判斷，二者僅居其一。蒯因雖然對分析與綜合的僵硬不變的二分法實施了猛烈的抨擊，但是這種抨擊非但沒有恢復帶有必然性的先天綜合判斷的存在，相反，它更遠地離開了客觀必然性，在更爲廣泛和更爲深入的層次上復活了某種約定論的主張。但是在有限定的範圍內，分析命題和綜合命題的區分仍是卓有成效的，它是對語言進行邏輯分析的必要前提。而使這種區分正式確立，正是《數學原理》的主要成就之一。

《數學原理》的巨大成就以及後來的發展，一改邏輯這門學

---

❽ 蒯因和懷特（M. White）就有這種主張，蒯因在《經驗論的兩個教條》中闡明了他對分析與綜合嚴格二分的反對，引發了對分析哲學傳統的一場反叛。

科自亞里士多德以來二千多年一直停滯不前的沉悶局面。羅素曾指出，亞里士多德邏輯把思想帶上鐐銬，而新邏輯則給它添上雙翼。所謂鐐銬指傳統邏輯把命題僅限於主謂結構，而新邏輯的雙翼使分析方式能適應各種不同場合的要求。上述成就似乎使事情更加接近於達到建立一個囊括一切知識領域的普遍的邏輯系統這一宏偉目標。這一目標從萊布尼茨（Leibniz）在構思普遍演算起就支配了人類的許多偉大思想家的頭腦。然而，隨著哥德爾（K. Gödel）不完全性定理在1931年的發表，上述目標受到了摧毀性的打擊。哥德爾定理表明，形式的即演繹的複雜系統都必定是不完全的，因此，要建立一個單一的、普遍的、一致的、囊括一切的合理邏輯系統是不可能的。這一結論對現代邏輯和哲學具有極其重要的影響，從而改變了人們的努力方向。

事實上，即使是在懷特海與羅素合作之初，他們的哲學觀就存在著一些差異。懷特海曾在一次評論羅素與他自己的哲學觀時說：「你認爲世界就像是正午的晴天，而我則認爲它像是一個人沉睡中第一個醒來而看到的凌晨。」❾至於他們合作撰寫《數學原理》，對羅素而言，作爲一種哲學訓練，他希望在新邏輯的基地上重建數學。而懷特海，作爲一個數學家，他更關心給他已有的數學信念加上一個邏輯的超等結構。因而，他們合作的出發點是不同的。

其實，即使是在早期撰寫《數學導論》和合作寫《數學原理》的階段，懷特海也絕不像羅素一樣認爲「邏輯是哲學的本質」。他強調數學是爲了便利於推理而提供的手段，而不是思想

❾ 克拉克：《羅素生平》，頁109。

的本質。他在論及數學與命題邏輯的關係時指出:「在最廣泛的意義上,數學是所有類型的形式化的、必然的、演繹的推理的發展,數學僅僅涉及從命題到命題的推演。」❿這種數學觀後來演變到認為數學同語言一樣,也是對模式的一種表達。關於這點,我們在本書的結尾章節還要涉及。

懷特海所以能同羅素合作寫成煌煌巨著《數學原理》,原因在於兩人都對探尋數學的基礎有濃厚的興趣,對發展自弗雷格和皮亞諾開創的現代邏輯有共同的願望,除此之外,英國學者自洛克以來那種寬容不同學術見解的態度也對他們的合作有良好的影響。當然,在合作過程中,雙方哲學觀點的差異逐步顯露,因此,在他們的共同點凝結到《數學原理》中去了之後,兩人就分道揚鑣了。

懷特海早年的數學訓練在他的哲學生涯中留下了顯著的印記,使他的哲學籠罩了一層柏拉圖主義的陰影。在稍後幾年中,他曾經這樣對數學與生物學在哲學史上的影響作了比較,極力強調「度量」對「分類」的優越地位:

「在某種意義上,柏拉圖和畢達哥拉斯較之亞里士多德更接近於近代物理學。前面二人是數學家,而亞里士多德則是醫生的兒子。……來自畢達哥拉斯的實際看法是度量,於是用數的定量來表示質。……生物學直至我們的時代主要是搞分類。所以,亞里士多德在其邏輯中強調分類。在整個中世紀亞里士多德邏輯學的名聲阻礙了物理學的進

❿ 懷特海:《泛代數論》,前言,頁6。

展。倘若經院派學者搞度量而不是專門分類的話，他們會學到多少東西啊!」⓫

在懷特海那裡，科學方法在這個意義上可分爲等級化的三個層次:（1）直接觀察個別實際事物，（2）分類，（3）抽象的數學觀念。一級比一級高。分類中，種與屬只關注各自的特性，倘若我們通過計數、度量、幾何關係和秩序形態等等把數學觀念和自然界事實連結起來，理性思維就脫離那種只涉及一定種和屬的不完整抽象境界，而進入完整的數學抽象了。分類當然是十分必要的，但如果不能從分類走向數學化處理，科學的成熟程度就不够。懷特海的這一思想，肯定不乏眞知灼見。其實，卡爾·馬克思也早就表達過類似的論點，認爲一門學科只有完全用數學表達出來了，才算是成熟的學科。

應當看到，即使是在數學化處理的這一層次中，仍然有逐級抽象的階段，表徵了純數學的功能程序。

首先，在直接經驗階段，通過分離的方式，依靠精微的感覺，獲得具體的特殊事物，其中類和量是混融一體的，如3頭牛、3只蘋果、7頭牛、7只蘋果等等。

其次，在第二階段，就是把上述特殊的事物抽象化，即把上述類和量的混合體剝離，也就是把這些特殊事物從它們所處的特殊經驗狀況中分離出來，從而直接理解它們本身。如對第一階段的事物抽象的結果，就從3頭牛、3只蘋果……等有某種共性的事物中提煉出3這個數字。類似地，抽象出7，等等。這3與7

⓫ 懷特海:《科學與近代世界》，頁42。

就成了抽象程度更高的一類，可稱爲「類的類」。更進一步，在代數中用字母可以表示任何數字，只需同一字母在前後表達同一數字即可。這樣，使研究各量間的普遍關係得以可能，這又是進一步的抽象，這又是人類抽象程度的進一步伸展。

第三階段，是抽象出滿足上述事物之間關係的普遍條件。這些條件的普遍性是如此之大，以至於它們完全不必涉及任何特殊事物，它是一整套系統的專門研究數量、空間幾何關係以及純邏輯關係的學問，它可以處理任何對象，沒有只能用於某一特殊領域的數學眞理，而是放之四海而皆準。

上述數學的抽象化進程對於人類文明的進展有著難以估量的偉大貢獻。

我們考察一個典型的例證就容易更清楚地了解這一點，這就是周期性的問題。

日常經驗中，有一類很根本的現象：重複現象。事實上，太陽的起落、月亮的盈虧、四季的更替、呼吸的節奏、心臟的搏動、星球的運行、作息的交替、潮汐的漲落……所有這些現象有一個基本的共同點：周而復始，多次循環。倘若我們更深入地思考一下，假定兩個重複現象之間的間隔時間可以取任何值，那麼很淸楚，倘若沒有了任何重複現象，也就不可能從過去的經驗中推斷出任何東西。因此，對重複性的期望是人類思維的本性之一。實質上，所謂規律，在某種意義上正是重複現象。甚至還可進而斷言，沒有某種規律性的重複，甚至連度量也不可能進行，因爲度量行爲在根本上可還原爲某種重複操作。

從上述可知，沒有了重複現象，也就不可能有任何知識。現代科學對上述周期性的抽象概念的依賴是史無前例的，而這種依賴又完全建基於數學對這一抽象概念處理的深入和高度精化。

事實上，數學在其長期的抽象過程中，對重複現象進行了高度的概括，發展出了一套專門的理論——周期函數理論，尤其是三角學理論。這一普遍化的抽象理論，反過來又大大深化了對各個不同領域內的重複現象的研究，揭示了相距甚遠的領域中的相同的關係，推進了科學發展。

這就是數學與經驗規律交互作用的邏輯。

不需更進一步深入論證，也可看出，所有這些對數學在人類思想史中地位的強調，並不是偶然的。我們還可以有把握地推斷，數學在人類文明中將會扮演更加重要的角色。

懷特海後期哲學具有向泛生物學演化的傾向，這就是眾所周知的其哲學中的機體論。但是，他的這種泛生物學因素並不是重新引入歷史上生物學所強調的分類方法，而是強調達爾文在生物學中導入的歷史因素和類似柏格森的創造性進化的生機主義因素。因而，這與他對前述柏拉圖主義和亞里士多德主義思想淵源的評價（即度量優於分類）並不是矛盾的。

綜上所述，我們可以看到，懷特海哲學的邏輯起點和基本方法，與數學有或明或暗的關係。事實上，他的形而上學體系與其他形而上學體系相比，其優越之處在於他的論證方式常常由於現代邏輯的幫助而具有難以反駁的力量。同時，在向分析哲學的挑戰中，由於他自身的數學、邏輯和自然科學的造詣，因而贏得了比其他形而上學家更爲有利的地位，因此也更容易獲得讀者與聽眾的信賴。同樣由於他早期的這些身分，使他的哲學在受到分析學派的批評時，具有某種免疫力。（事實上，分析學派對懷特海哲學很少提出詰難。）

毋庸置疑，同歷史上眾多的從數學家出身的大哲學家一樣，懷特海充分估計了數學作為一門絕對抽象的精神活動在人類文明史中的地位。他曾認為，編著一部思想史而不深入研究每一時代的數學概念，就等於在《哈姆萊特》一劇中去掉了奧菲莉雅這一極重要的角色。他視數學為人類精神最富於創造性的產物。儘管如此，他仍然不贊同羅素關於數學及數理邏輯在哲學中地位的主張，他仍然視數學為推理的一種工具而並非哲學的本質，同時，他也不贊同維特根斯坦等人認為數學僅僅是同語反復的觀點。由此，他推廣了數學的本質，認為，數學是研究相關模式的最典型的實例。應用數學則把這一研究轉移到這樣模式的其他實例上，從而，這就為他進入科學哲學的研究開闢了道路。晚年，他在類比詩與哲學時指出：「詩自身與韻律相關，而哲學則與數學模式相關。」⑫

這就是懷特海一以貫之的數理哲學觀。

二、科學哲學：新實在論之一翼

1919 年 9 月，英國物理學家愛丁頓（Eddington）率考察隊去檢驗愛因斯坦廣義相對論的預言，觀察星光在經過日全食的太陽附近是否發生彎曲，考察結果確證了愛因斯坦的預見，否定了

---

⑫ 懷特海：《思維方式》劍橋大學出版社1956年版，頁 238。
懷特海這一早期的科學哲學，在某種意義上也可稱為自然哲學。因為他並不是致力於對科學進行邏輯的、語言的分析，而是借助現代科學成就，用思辨的語言直接描繪自然圖景或指出科學的概念基礎，這一點與歷史上的自然哲學是一脈相承的，其區別只在於懷特海是奠基於現代科學成就之上。

牛頓力學應得的數據。消息公布後，全世界爲之震動。這是人類歷史上少有的觀念轉折時刻之一。

就從這一年開始，懷特海接連發表了三部有關科學哲學的專著:《關於自然知識原理的研究》（1919）、《自然的概念》（1920）和《相對論原理及其在物理科學中的應用》（1922）。可以認爲，作爲被稱爲當時世界上僅有的理解愛因斯坦相對論的12位學者之一，懷特海以上述著作作出了自己對這一偉大科學變革時代的哲學反應。

本世紀這一偉大的科學革命實際上從1900年就揭開了序幕。1900年，量子論與二十世紀一同誕生。其時，普朗克宣布了他的「能量子」的革命性思想，接著在1905年，愛因斯坦發表《論動體的電動力學》，創立了狹義相對論。於是，與經典物理學迥然不同的現代物理的兩大基本理論，幾乎是同時奠基了⑬。此外，當時還出現了一系列嶄新的實驗發現——X射線、放射性以及電子等等。所有這一切，標誌著統治了物理學近 300 年的經典時期的結束和新紀元的開始。在人們的視野裡驟然出現了一個與過去全然不同的自然界——全然不同的宇宙，動搖了人們長期以來不容置疑的基本觀念與信念。從此，時間與空間、同時性、實體運動的連續性等傳統觀念受到了全新思想的再洗禮，被康德視爲「先天綜合」的具有必然性的牛頓物理學大厦倒塌了。時代超越了經典物理學，新物理學超越了長期流行的常識，科學的最基本的

⑬ 愛因斯坦 1905 年完成狹義相對論，1916 年發表廣義相對論，至此，相對論全部完成。而量子論自1900年普朗克提出假說後，經過不少物理學家二十多年的共同努力，至1925年左右才完全體系化，建立了成熟的理論——量子力學。懷特海發表前述三本科學哲學專著時，量子力學尚未出現，量子論正在發展的過程中。

假設和概念受到挑戰，一時間引起了思想界的迷惘和混亂。這就迫使哲學面臨一個重大的歷史使命：重組基本概念以適應現代科學的要求。

懷特海以一種賦有新實在論色彩的科學哲學來承擔上述歷史使命。他認爲在他面臨的大變革的科學條件下，現代哲學將有雙重緊迫的任務：

（1）拋棄經典科學與近代哲學中某些未經審查的基本假定和基本概念，重新構造或重新組合抽象概念，使之獲得正確的相對地位，從而與現代科學的新成果取得諧和。

（2）用比抽象概念更具體的直覺來作對比，作參照，從而完成上述諧和，並爲新科學提供概念基礎，形成更完整的思想體系。

決定懷特海科學哲學基本特徵的有如下幾個最主要的先行因素：

首先，是愛因斯坦相對論。懷特海曾寫了不少論文介紹、闡釋和傳播相對論。而這一時期的上述三本專著都是潛在地同相對論對話；或是受相對論啟發而獲得的思想，或是不同意相對論的某些部分而提出的論點。相對論對時空觀引起的革命性變革無疑是懷特海論述的主題。懷特海提出了一種與相對論略有不同的、以直覺爲基礎的時空理論，特別是他不同意愛因斯坦利用光訊號的傳播對同時性的定義，他試圖用他的時、空理論不僅解決經典物理學的困難，同時，也解決認識論上的困難。另外，他這一時期的主要成就之一——「事件理論」，基本上是受相對論的啟發而產生出來的。

其次，由於懷特海在構築物理學的哲學基礎時要極力排除德國古典唯心論的影響，要把科學建立在他自稱的新實在論的基礎上，這就使他把注意的焦點集中在研究心靈與自然的關係上。

第三，是威廉・詹姆士的經驗一元論與柏格森（Bergson）綿延理論的影響。

首先，我們注意到懷特海對經驗一詞的用法一開始就受了詹姆士等經驗一元論者的影響，把「經驗」的概念泛化，同時，把經驗與心靈嚴格區分，他曾寫到：「……以至於我們必須反對區分眞實的自然與純粹心理學意義上的對自然的經驗。我們對外觀世界的經驗就是自然本身。」⑭

同時，對於柏格森對直覺的強調，懷特海也有共鳴，他認爲除了呈現出來的感覺知識外，不存在任何其他的科學知識。所有知識、概念都是從直接感覺到的東西純粹抽象得來的。懷特海否定任何脫離感覺的實有，他稱之爲「空虛的實有」（empty entities）。

懷特海僅僅不同意柏格森關於空間化的概念已在科學中失效的論點，但仍採納了柏格森的如下思想：綿延和過程是首要的因素，而空間概念則是派生出來的因素，即是說，對一個給定的瞬間而言，空間關係與空間秩序都可用時期性的概念來定義。我們將在下章詳細論述這點。

柏格森把基本的自然創進過程一劈爲二，第一是創造的過程、生命的發展、生命力的活躍；第二是退化的過程、崩解的道路、物質性的擴張。二者此消彼長，互相對立。這是一種生命與物質的二元論。懷特海雖然受了這一思想的啟發，但他的目標是

---

⑭　懷特海：《相對論原理及其在物理科學中的應用》，頁62。

去綜合二者，把兩極端都融於有機體之中。這一思路在此階段僅初露端倪，到後期就洋洋灑灑，蔚爲大觀了。

懷特海科學哲學的第四個先行因素是：他極力想解決經典科學帶給近代哲學的一個根本困難，即「自然的兩岔」(the bifurcation of nature) 劃分。這種分岔有多種表現，如分世界爲感覺對象一岔與科學實在一岔；知覺到的自然一岔與未知覺到的自然一岔；(洛克的) 第一性一岔、第二性一岔；(康德的) 現象界一岔和物自體一岔，……等等。懷特海認爲自伽利略、牛頓到愛因斯坦，都有這種傳統，而科學與哲學的現代發展則使之大成問題了。對「自然的兩岔」劃分的拒斥，是懷特海科學哲學中的核心因素。

懷特海科學哲學的第五個先行因素是：他對所謂「具體性誤置謬誤」(the fallacy of misplaced concreteness) 的批判。其中特別是對牛頓式科學概念的基礎「簡單位置觀念」(the idea of simple location) 和休謨式哲學概念的基礎「簡單孤立的印象」(the simple and independent impression) 的反對。後二者都是具體性誤置謬誤的表現，它們都是把抽象當作了具體，把假定當作了眞實經驗，即把具體性置放錯了地方。

從上述懷特海科學哲學的五個先行要素中，我們可以發現現代物理學革命，尤其是相對論的觀念革命對懷特海思想的巨大潛在影響。那麼，懷特海自己提出的時——空理論究竟與相對論有何差異呢？愛因斯坦本人對此又作何評價呢？我們以下將簡單探討這一點。

眾所周知，愛因斯坦的相對論，尤其是廣義相對論，在某種意義上，把牛頓的物理學動力學型的宇宙還原成了某種幾何學型的宇宙，把物理歸結成了新型的非歐幾何。懷特海在對愛因斯坦成就作了充分肯定後，對上述物理學向幾何學的轉換不表贊同，他說：

「在物理學與幾何學之間作出傳統的劃分在我的理論中是一個固有因素。物理學是關於自然的可能關係的科學，而幾何學則表現它的一致性的關聯。」⑮

如果說，懷特海所指的是純粹（數學公理化）的幾何學與物理學的關係，那麼，他堅持二者之間的區分是無可非議的。事實上，作爲演繹化的公理體系的純粹幾何，它表達的是作爲前提的公理與各結論之間的邏輯關係，這種關係在任何可能的世界中都成立，不必參照經驗事實。（但是，它並未表現自然的「一致性關聯」。）而物理學，則僅適用於我們這個現實世界，它必定與經驗有關。

但是，愛因斯坦這裡的幾何學，不是純數學幾何學，而是所謂「物理幾何學」，即添加了其物理解釋的幾何學。（譬如，最常見的物理解釋之一是：物理世界的光線代表幾何中的最短程線）。在上述加進了物理解釋的前提下，它企圖表達的是我們這個物理世界的幾何關係，因此，該幾何學的公理（前提）不是任意的，它必須受到經驗制約。正如愛因斯坦精闢指出的一樣：

「只要幾何學是可靠的，它就不說一點關於物理世界的

---

⑮ 懷特海：《相對論原理及其在物理科學中的應用》，前言。

事；只要它說了一點關於我們的物理經驗的事，它就不是可靠的了。」⑯

因此，要問我們的世界究竟是歐幾里德式的還是非歐氏的，這就需要事實作出裁決，它已從純數學的象牙塔降臨大地，成為經驗科學了。

懷特海的不同之處在於，他尚未把作為邏輯的、形式的純數學的幾何學同物理的、實際的、直觀的幾何學嚴格加以區分，因此，幾何學在他的辭典裡代表上述哪一種意義，他並未作出交代。當然，按照他的數理哲學，我們不難推斷，懷特海在根本上就是反對把幾何學作出上述區分的。

鑒於上述原因，可以看出，懷特海對愛因斯坦的責難實質上僅僅表明在使用同一術語——幾何學時，雙方賦予它的涵義是不同的，因此，這裡不可能產生具有根本意義分歧的論爭。值得討論的僅在於，對「幾何學」這一術語是否有必要賦予它兩種截然不同的涵義？

我們認為，這種區分是必要的，並且，作為這種區分也正是二十世紀幾何學觀念的重大進展。

另外，當懷特海認為相對論中時間與空間量度的統一，表達的是空間的動力學化，而不是時間的空間化時，雙方的差別就比較重要了。懷特海這裡受到柏格森的影響，特別強調時間的原初性、根本性，強調空間是由時間派生出來的，所謂空間的動力學化，即指空間成為時間的函數，這裡就表明了時間的原初性質。

---

⑯ 摘自菲利普·弗蘭克：《科學的哲學》，上海人民出版社1985年版，頁102。

（當然，更根本的還是「綿延」，它是不可分割的、非均勻化的、非量化的，它派生出時間。）而時間的空間化，即指時間的量化、可逆化、可分析化，這正是柏格森與懷特海共同反對的。

還有雙方的另一分歧也比較重要，這就是應當用什麼方式來定義同時性的問題。在《自然知識原理》一書中，他對愛因斯坦利用光訊號的傳播來定義同時性表示異議。在他看來，這裡蘊含有實證主義的種子，這與他一貫反對實證論的立場自然是格格不入的。他仍然訴諸直覺。首先，懷特海認爲，固然光訊號是我們生活中極重要的因素，但是使同時性的所有含義完全依賴於它，則不能不是對它地位的過分誇張。他認爲存在有各種各樣的傳播訊號的形式，何以視光訊號與其他傳播訊號有不同的本質而單單用它作標準？事實上，有盲人，也有黑夜，然而無論盲人還是處於黑暗中的人雖然不能獲得光訊號但仍然能充分感覺到同時性。例如他們能了解自己的兩條小腿同時被樹枝擦傷是什麼意思。懷特海認爲以愛因斯坦的方式定義的同時性仍然沒有被確定；並且，即使是照此被決定了的話，也一定是不精確的。因爲我們是生活在空氣之中而不是在眞空中，而同時性嚴格定義是依賴眞空中光傳播的訊號的。

仔細探究，懷特海的上述詰難並非無可挑剔。事實上，他在例證中談及兩小腿同時被擦傷時，本質上是把同時性的定義訴諸神經傳導。但是，只要我們把神經傳導與光線傳播略作比較，即可看出，前者不能普遍化，它只涉及個體，且傳導的距離極有限，同時，還難於計量。孰優孰劣，顯而易見。因此，在現代物理中用神經傳導來定義同時性是沒有可行性的。不過，我們從這裡可看出懷特海思維的特點之一，很明顯，他與一般物理學家不同，他總是習慣於從認識論的角度、甚至從直覺的角度來考察科學問題，這裡的同時性定義問題就是典型的一例。

再如，在《自然的概念》第三章中，他自己提出了一種與愛因斯坦相對論略有差異的時——空理論，並在稍後幾年予以發揮。這一理論在根本出發點上，就是訴諸直覺，贊成柏格森的。

懷特海認爲，鑒於在我們之外有廣延的自然，這自然通過感官直接呈現在我們意識中，並同時與我們共存；鑒於對感性經驗之外的同時所發生的事情，我們在理性上可以把握；鑒於因柏格森的論證和相對論的成就，牛頓式的絕對時間已被擯棄；同時也鑒於每一運動參照係都具有自己獨特的時——空體系，因此，宇宙的時間歷程並不是一條單線的連續，他提出，呈現出來的時間進程可以表徵爲一羣線狀過程，即是說，存在多元的線性時間，每一線狀過程，都是一個時——空體系。它各各對應著各各不同的運動狀態。而這些時——空體系又是由各種不同的「綿延」派生出來的。

懷特海進而指出，根據他的多元時——空體系理論，能够推導出並非唯一的一組公式，其中的每一個公式都既能包含牛頓定律又能解釋水星運動的特點。當然，最後的判決要依賴於精密實驗觀察的數據。

很顯然，他的上述理論是作爲相對論的一個修正理論而出現的，是基於對愛因斯坦把光速傳播置於理論的中心的不滿而提出的方案。

然而，這一嘗試並未獲得成功。

眾所周知，愛因斯坦的狹義相對論主要建基於兩大假設：(1)（光速）恒定性原理，(2) 相對性原理。實質上，愛因斯坦提出恒定性原理，其著眼點和其重心並不在於強調某一種具體的傳播速度有極大值，而只是理論在邏輯上要求必須規定一個極限速度，以便通過這兩原理建立起邏輯上自治的理論體系，以解決十九世紀末出現的物理學危機，並用此理論來囊括範圍更加廣大的經驗事實。

事實上，（光速）恒定性原理和相對性原理所以有力和成功，並不在於開始提出它們時有什麼先驗的根本重要地位，並不在於它們易於理解，更不在於它們是從實驗和觀察中歸納出來的，它們的力量僅僅在於，根據它們構築的理論，其推導出的結果與實際觀察和實驗的一致性。僅此而已。而懷特海方案的銷聲匿迹，原因也在於此。

這裡我們不準備更進一步詳盡地討論這一分歧在物理學上的細節。我們只需指出，懷特海在這裡給出的與愛因斯坦略有不同的空間——時間理論以及之後在《科學與近代世界》中進一步發揮的多元時——空體系，在歷史上並沒有產生重要影響，重要原因之一是在同愛因斯坦相對論比較時缺乏與實驗證據完滿的一致性。另外，愛因斯坦的理論主要針對的是物理學發展中產生出來的巨大困難，而懷特海則主要針對認識論中發生的困難。雖然他也想同時解決科學中的問題，但事實證明，它並不是如想像的那樣簡單。

應當承認，愛因斯坦爲傳統的時間概念尋找一個經驗的基礎，對過去未加審察的同時性概念提供一個操作性的檢驗方式，以此爲發端，更新了整個經典物理學是完全合理的。這也是懷特海承認的偉大歷史功勳。至於採用光傳播訊號作定義的手段，把「（光速）恒定性原理」作爲一條根本原理，這是從根本上解決當時物理學困境的可供選擇的方式中最好的一個，從所得出的推論結果來看，與當時所掌握的物理學實驗事實是相協調的。事實證明，這種方法確實取得了舉世矚目的成功。當然，它沒有、也不可能解決歷史上遺留下來的認識論問題，特別是懷特海所稱的「自然的兩岔」困難。然而，對一個具體的物理學理論而言，那已經超出了它自身的安全邊界了。

1950年，美國科學哲學家諾瑟普（F.S.C. Northrop）會見愛因斯坦，討論相對論的基本假設問題。在論及空間中分離的事件的同時性時，談到了懷特海與愛因斯坦的分歧。

愛因斯坦說：「我簡直就不理解懷特海。」

諾瑟普回答說：「理解他並不困難，當懷特海斷言空間中分離事件的同時性有一種直觀給出的意義時，他的意思是指直接被感覺到的現象事件，不是假設的公開的在物理上定義的事件。很明顯，在這點上他是正確的。當我們聽到我們近旁的一聲爆炸時，無疑，我們確實在當時看到了遠處可見空間中的一道閃光。他認為，這是唯一的一種同時性，是他願意給出的同時性。其所以如此，理由是他要應付認識論方面的哲學困境，為了使直觀給出的事件連續體是唯一的，也為了避免在這些現象事件與物理上假設的被定義的公共事件之間產生『分岔』。」

愛因斯坦答覆說：「那眞是他的意思嗎，妙不可言。如果它是正確的話，不知會有多少問題能得到解決！不幸的是，這是一個神話，我們的世界不是那樣簡單的。」他停頓下來，沉思了一陣之後又補充說：「在那種理論中對兩個觀察者談論同一事件將是無意義的。」⑰

總之，縈繞在懷特海心中的是避免科學對象和感覺對象的「兩岔」劃分，但這一嘗試在處理相異地點事件的同時性時並未成功，我們只能選擇愛因斯坦的結論。因爲必須有這樣一種同時性理論，它脫離人們傳統的常識，正如懷特海後來所說的：「十八世紀延續下來的哲學是組織起來的常識的勝利，現代思想的新形勢是思想超越了常識。」⑱

當然，如果懷特海斷言有直接給出的空間中分離事件的同時性所指的僅僅是單個觀察者的個別感官知覺時，他無疑是對的；同樣，愛因斯坦斷言不存在上述同時性，如果這是指公開的有效的同時性，即對所有觀察者都適用的同時性時，愛因斯坦無疑也是對的，的確沒有對大家都適用的「同時」。

但這裡的前提需特別留意。簡言之，懷特海的對大家都適用的公共同時性是無意義的，因爲空間中分離事件的同時性的有效的意義並不是直觀地無歧義地給出的，需要運用愛因斯坦的操作定義。

懷特海所以產生這種同時性理論，基本原因有兩個：第一是懷特海此時期中把自然僅僅看作是由感官所揭示的東西，若強調這點爲眞，就不會有所謂空間中分離的事物的同時性概念，因爲這概念並不是由感官直接給出的。第二個原因是基於他的認識論見解，他強烈地拒絕承認「自然的兩岔」，即科學對象與感覺對象的分岔。在愛因斯坦假設中，直接感覺到的同時性與作爲科學

⑰ 希爾普編：《在世哲學家文庫：懷特海的哲學》，頁204。
⑱ 懷特海：《科學與近代世界》，頁136～137。

假設的同時性根本不同，對此，懷特海是難於容忍的。關於他對近代科學造成的認識論中「自然兩岔」的困難的拒斥，我們下面要深入探討。

不過，這裡應當指出的是，懷特海自己在幾年以後也逐步放棄了對光速恒定性原理的詰難了。

三、「自然對心靈封閉」

本世紀初，一股浪潮席捲了整個英倫三島，這就是：驅逐黑格爾絕對唯心論的幽靈，重新舉起實在論的旗幟。懷特海也並不例外。他雖然與羅素、摩爾(G. E. Moore) 的見解有別，但同樣捲入了這股風潮之中。他所關注的中心議題是：自然與心靈的關係；他提出的基本論點是：「自然對心靈封閉(Nature is closed to mind)」⑲。這就是早期懷特海新實在論的核心。

在討論這一論點之前，必須指出懷特海使用諸如心靈、思想、精神等概念時是把它們嚴格地同經驗、感覺等概念區分開的。在以下的三個懷特海使用的術語：(1) 心靈（或精神）、(2) 知覺者、(3) 知覺到的事件中，第 (1) 第 (2) 在懷特海是同等使用的，它們無分軒輊；第 (3) 則與前兩者根本不同。

對「自然對心靈封閉」這一論點，哲學界聚訟紛紜，理解不盡相同。原因在於，如前所述，懷特海把對外在世界的經驗視為自然本身，他反對脫離感覺而獨立自存的「空虛的實有」；但同時，他又認為自然對心靈封閉，自然是關閉在心靈之外的，要剔

---

⑲ 懷特海：《自然的概念》，頁4。

除自然裡的心靈的因素，反對對於自然有心理的附加。這兩方面的觀點初看起來是無法協調的，前者有貝克萊主義的陰影，後者又有樸素實在論者的簡單化色彩；如何應付這裡邏輯上的困難？特別是，如何解釋「自然對心靈封閉」？

倘若，這一論點的意義是，自然根本不能達到或不能接近心靈，自然像謎一樣不可能爲心靈所理解，那麼，如何理解懷特海所說的「知覺到的自然」？如何理解懷特海認爲「自然作爲實有的一個複合體是在感官知覺中被揭示的」？⑳很顯然，上述觀點並非懷特海本意，他並不認爲自然不能爲心靈所理解。他曾說：「自然的這一封閉並不是主張任何自然與心靈割裂的形而上學理論，它意味著……（這些組成自然的）實有間的相互關係不需要涉及心靈也能在思想中表現出來。」㉑

倘若，這裡的意思是，自然不是由心靈所構成的。它僅僅向心靈展示自己而毋需改變心靈。那麼，這種說法當然是與懷特海的論點是不矛盾的，然而這裡含有心、物二元論的因素，與他的其他思想不能協調起來，難以爲懷特海接受。雖然懷特海並未明確地否定或肯定這種理解。

倘若，它的含義是心靈不可能改變被知覺的自然，這就回到了最簡單的樸素實在論者的命題，它難以逃脫歷史上屢屢出現的對它的詰難。它完全排除了心靈的能動作用，使之變成了一個純粹被動的接受器，無法回答現代哲學、現代心理學提出的眾多問題。它獨斷地排除了各個不同的知覺主體在知覺自然時可能出現的差異，從而出現眾多邏輯上無法克服的困難。另外，懷特海還

⑳ 懷特海：《自然的概念》，劍橋大學出版社1926年版，頁5。
㉑ 同上書，頁9。

認為有些對象是存在於自然之中，但不是我們感官所知覺的。他認為：

> 「不是由感官知覺所假定的對象，對理智而言也許是已知的。例如，客體間的關係以及關係之間的關係，可能是自然界中的要素，但它們不是被感官知覺所揭示，而是作為必然的存在由邏輯推理所認識的」㉒。

例如，空間的幾何關係，就是懷特海這裡所說的只能由心靈的邏輯推理所認識，而無法由感官來知覺的客體間的關係。因此，所謂心靈不可能改變被知覺的自然，這一解釋用於懷特海的本意，是牽強的，也難以闡明「自然對心靈封閉」的眞正實質。

對「自然對心靈封閉」這一論點的較為合理的解釋，勢必聯繫懷特海這一階段哲學的整體面貌，要把這一論點置於與其他思想相協調的、有機的地位上；同時，要仔細考察他提出此論點的針對性，他心中所設想的主要論辯對手。

可以認為，懷特海這一論點主要是針對德國古典唯心論的，特別是針對康德哲學的。它從幾個方面表現了反康德主義的立場。

「自然對心靈封閉」，首先是指對於自然界出現的事件而言，心靈自身並沒有提供任何決定事件特徵的、形式化的東西，而僅僅是認識它們。簡言之，認識行為並沒有把任何東西加於經驗之上，而只是遇見已經存在於那裡的東西；或者，是借助邏輯

㉒ 懷特海：《相對論原理及其在物理科學中的應用》，頁125～126。

推理使那些未直接顯現之物顯現出來。因此，對康德的「心靈爲自然界立法」，懷特海斷然拒絕。對於心靈用任何方式構成了它所遇見的世界這類論點，懷特海都視之爲不能容忍的「心理附加」。總之，在懷特海看來，客觀世界決不是如康德或新康德主義者所主張的那樣，是「純主觀經驗的理論結構」。雖然如此，懷特海並不反對使用範疇，但他認爲範疇具有可變性，並不是在心靈中直接地、先天地、單純地構成的，並不是如康德主張那樣是不變的、永恒的十二範疇。在懷特海看來，科學是用範疇進行的一項探險，類似於用大體可以理解的、粗略的航海圖和指南針去發現新大陸的航行。航海圖絕不構成現實的新大陸，相反，倒是新大陸的疆界隨時在修正航海圖。因此，正是鑒於反對心理附加的立場，他在《自然的概念》中說：「自然是獨立於思想的。」「我的意思是說，我能思考自然而不必思考到思想本身。」㉓

「自然對心靈封閉」的第二層含義就是主張要以「同類的」方式思考自然，反對以「異類的」方式思考自然。對於「同類的」和「異類的」思維方式的差異，懷特海自己作了如下解釋：

> 「當我們想到自然而沒有同時想到思想和感覺意識本身時，那麼我們就是在『同類』地思考自然。當我們想到自然也隨同想到思想或感覺意識，或者連同後二者一起思考時，那麼我們就是在『異類』地思考自然。」㉔

所謂「同類」，是指心靈本身就是自然的功能，是由自然構

㉓ 懷特海：《自然的概念》，頁3。
㉔ 同上書，頁5。

成的。用同類的方式去思考它，就談不上任何「心理附加」的問題。在邏輯上，二者既是同類的，就是不存在一者把自己的性質附加到另一者之上的問題；只有相異之物才發生這種「附加」的問題。即是說，若用「異類的」方式去思考自然，那就加進了思維者的心靈了，因此也就導致康德的結論：我們思考的外界，正是我們加進外界去的東西。如果進一步深究，如果主張「異類的」方式思考，那麼，在邏輯上將導致無窮後退的困難。倘若我們思考某一對象，就是思考的我們關於這個對象的思想本身，即就是我們加進這個對象裡的東西，那麼，「我們關於這一對象的思想」也成了一個思考的對象，這樣，邏輯的結論是，我們就得思考有關「我們關於這一對象的思想」的思想，……循此邏輯，無窮後退，我們就始終逃不出「我們內心的監獄」，陷入唯我論的死胡同之中。

懷特海的目標，正是要衝破上述這種「自我中心困境」。這也是當時大多數新實在論者的重要理論使命。

在懷特海看來，自然是整體的、自足的，他認爲：自然的「這種對思想是自足的性質奠定了自然科學的基礎。它意味著自然可以被看作是閉合系統，其相互關係並不要求表現於它們被想到這個事實。」㉕懷特海認爲自然可知、可被研究而不必需要考慮它如何成爲已知的。「所有的思想都必定是有關事物的」㉖，這裡實際上蘊含有布倫坦諾（Franz Brentano）和胡塞爾的「意向性」（intentionality）觀念。在胡塞爾現象學派那裡，「知覺必定是對某物的知覺」，這是先驗自明，毋庸置疑的。這就是說，

㉕ 懷特海：《自然的概念》，頁3。
㉖ 同上書，頁5。

意識行為有一種根本的特徵，它總是指向自身之外的，是通過意向的途徑把對象包括在自身之中的行為，赤裸裸的不帶對象的意識是不存在的，把自身關鎖起來的意識是無法想像的，意識若脫離對象、脫離世界，即是虛無。很顯然，懷特海的思想與直接認同意向性的現象學派有某種貫通之處，它們都是反對主客體分離、反對二元論的。事實上，懷特海的觀念可以借助現象學派的語言如此表達：正是由於意識存在著意向性，因而它總能指向外在對象，逃出「內心的監獄」，從而擺脫歷史上棘手的「自我中心困境」，面對一個生機盎然的外在世界。

當然，我們不能就此抹殺二者的差異。在現象學派那裡，世界與意識雙方的地位是對稱的，雙方相互依存。意識離開世界是無，而世界離開意識也並無意義。胡塞爾認為，現實世界誠然存在，不過就本質來說，它的存在是相對於先驗主體性，只有作為先驗主體性的意謂和意向的產物它才具有意義。而懷特海則不同，他僅強調前半句話，他並不強調二者的對稱性，他所強調的還在於，意識與自然是同類的。他並且認為，我們的外在世界包含有肯定的確切的關係，它的運行遵循確定的原理和法則，而不管是否有人或其他意識存在。自然科學的任務正是在於，去發現這是一個什麼樣類型的世界，在其活動性的基礎部分有什麼關係和定律。此其區別之一。

另外，胡塞爾通過所謂「本質的還原」，把對象所附著有的特殊性質剔除乾淨，還原到赤裸裸的本質，即普遍的、非時——空的、不依靠特殊事物的本質或共相，這才是直接呈現於意識中的對象，也即事物本身。不難看出，他的這種本質、這種「事物本身」已經不是時——空中的自然現象了，它僅僅是某種先驗直觀的對象而已，這種對象與懷特海所說的自然對象顯然大異其趣。

同時，在胡塞爾那裡，事物並不直接把它們自身烙印刻痕於意識之上，意識對世界、對象而言是一種構成的關係，即，意識有一種先驗的「構造」能力，它不是消極地接受事物的印象，而是積極地能動地把這些印象「綜合」、「構造」成爲一個統一的經驗。而在懷特海，意識投射出去（具有某種「視覺思維」的特點），直接達到對象，直接達到自然本身，即是說，意識僅僅是「遇到」早已存在在那裡的自然對象而已。鑒於此，不難看出，他們雙方顯然有別。

事實上，懷特海這裡比較接近的，還是同時期的新實在論者：摩爾和羅素。

根據上面的闡述，我們也可看出懷特海早期思想帶有較明顯的摩爾式的直知對象論色彩，反對認識中的「中間媒介」，也極類似羅素所主張的「意識的透明性」，這種「透明性」決定了我們思考自然並不被思想本身所屏障，而是直接達到自然本身。應當說，這還是比較健全的理智的觀念，然而，有混同於常識之嫌。

但是，懷特海的思想也蘊涵有不同於摩爾等新實在論者的一面，因爲懷特海堅決反對區分自然爲知覺到的自然和產生知覺原因的自然。他主張只有一個自然，這就是「知覺到的自然」。他論及科學的功能時說：「科學是在幹什麼呢？……它正在決定已知事物的特徵，即，所呈現出的事物的特徵，然而我們可以省略『呈現的』這一術語，因爲只有一個自然，即我們眼前在知覺知識中的自然。」㉗ 從這裡可以很清楚地看出，懷特海這裡所反對

㉗ 懷特海：《自然的概念》，頁40。

的，是康德式的「自然的兩岔」劃分，他抨擊任何把自然分割開來，劃爲現象和本體或科學對象和感覺對象或知覺到的自然和未知覺到的自然的企圖，他認爲若這樣劃分，就「存在兩個自然，一是猜想、另一是夢囈」。㉘進而，懷特海所論及的自然，既是樸素的經驗內容，又是自然科學所涉及的各規範的基本原理的複雜體系。二者是統一的。鑒於上述論證，不難發現，懷特海是反對任何意義上的二元論，尤其是反對康德的現象與本體二元論的。

應當注意的是，懷特海以同類的方式思考自然，就是把自然視爲感官意識的終點和極限，自然就在這種意義下成了一種不具有精神關係的閉合系統，從而在自然內剝奪了所有有關道德與審美價值的成分。他承認:

> 「我還用思考自然時的『同類性』排除了任何對道德與美學價值的涉及，對自我意識的能動性而言，對這些價值的領悟是最生動的成分。自然的價值或許是論及對存在進行形而上學綜合的答案，然而這種綜合我目前並不去嘗試。」㉙

這裡的思想，與轉折時期以後懷特海的哲學迥然不同，然而我們可從這裡仔細探索到其哲學演變的脈絡。

綜上所述，懷特海以「自然對心靈封閉」論點爲核心的新實在論觀點大體上有如下幾個要素:（1）反對康德主義或任何新康德主義，主要反對康德的「心靈爲自然立法」的心理附加說和「

㉘　同上書，頁30。
㉙　懷特海:《自然的概念》，頁5。

自然的兩岔」說；(2) 自然對心靈而言，是通過感官而在知覺中被感受到的；(3) 只有一個自然，即我們面前知覺意識中的自然；(4) 自然對心靈、對思想而言，是自足的。

關於「自然對心靈封閉」的思想，在晚期懷特海的宇宙論形而上學中，有了重要的改變。它逐步過渡到具有客觀唯心論色彩的哲學：「世界在精神之中，精神也在世界之中。」㉚ 在論及後期思想時，我們將繼續討論。

四、事件：宇宙的基元

羅素曾說過：

> 「懷特海使我相信，不先假定點、瞬是世界的原料，我們就能夠研究物理學。他認為（在這一點上，我後來也同意）物理世界的要素可以由事件構成，每一事件占據有限量的空——時。」
>
> 「關於點、瞬和質點，我是被懷特海從我的『獨斷的睡夢』中喚醒的。懷特海發明了一個方法，把點、瞬和質點構成一組一組的事件，每一個的範圍都是限定的。……並且就這個問題我開始利用懷特海的新工具做研究。」㉛

早期懷特海哲學中，認識論的核心就是如上一節所闡述的，討論自然與心靈的關係；本體論的核心則是這節要討論的「事

㉚ 懷特海：《思維方式》，篇 8。
㉛ 羅素：《我的哲學發展》，頁 8、91～92。

件」理論。

以「事件」（event）作爲世界的基本要素，這一根本的轉變是懷特海受相對論的影響而產生的，同時也受了柏格森哲學的某些啟發。

物（thing）與事件的區分在相對論誕生後一時成了哲學界和科學界的重要話題。在狹義相對論的四維宇宙中，終極的元素是世界點，它由四個座標——三維空間座標，一維時間座標——表徵，空——時系統只是世界點的配置狀態。這世界點就是一樁事件。在牛頓力學中，對A物體而言，時間流逝，而A物體仍是A物體；在相對論中，對A事件，時間不同（哪怕極短），該事件就不復存在了。時間這一維構成了事件的本質因素之一。而對物體，特別是對質料則不然。於是，相對論把牛頓力學的終極實在——質點轉變成了事件；從三維轉向了四維。把宇宙從質料連續體轉變成了事件連續體。

鑒於這一轉折，懷特海在《相對論原理》中寫道：「自然界的終極事實就是事件，用相關性進行認識的本質就是借助時間和空間來詳細說明事件的能力。」㉜

所謂事件，就是在自然中實際發生的東西。一樁事件就是一個單位、一個具象。

懷特海把事件看作是宇宙的基元，是構成自然界的成分。它們處於一種流動的狀態之中。這就意味著，當我們說自然界中的所有事件時，也就等價於我們在說整個自然界。因爲除了事件，就沒有任何東西剩下了，連時間、空間也不剩下，因爲它們已融

㉜ 懷特海：《相對論原理及其在物理學中的應用》，頁63。

合進了「事件之流」中。

因此，用一句話概括懷特海早期的本體論，即：宇宙就是「事件場」。

在懷特海看來，事件具有一次性，唯一性。他指出：

「一個現實事件被剝奪了所有的可能性，它是在自然中生成的東西。它絕不會再次發生；本質上，它恰恰就是它自身——該地和該時。一個事件正好就是它所是的東西，即正好表明它如何聯繫另外的東西，並且如何不是另外東西的東西。」㉝

羅素在自己的後期哲學中強調並發揮了懷特海的關於事件的唯一性的思想，他甚至是用這種事件的不可再現性來作爲事件的定義的：

「我提出的看法是：一個『事件』可以定義為一組共同出現的性質的全部集合，也就是一組具有下面兩種性質的集合：(a) 這一組的所有性質都共同出現，(b) 這一組外的任何性質都不與這一組的每個分子共同出現。」㉞

因此，在整個宇宙中，每一事件都是獨一無二，不可重複

㉝ 懷特海：《關於自然知識原理的研究》，劍橋大學出版社1925年版，頁61。

㉞ 羅素：《人類的知識：其範圍和限度》，頁101。應當注意的是，羅素在這裡是把事件的不可再現性當作經驗事實、即物理學定律，而不是邏輯上的必然。

的，它只是經過，而不變化，這是由事件的本性決定的。因爲所謂「變化」，需有一個變化的主體，且它需存在一段時間，以比較這一主體在該時間內有否差異。事件不能作爲一個能延伸一段時間的主體，因此根據它的定義和本性，事件絕無變化。類比於數學上對微分的積分，懷特海使一系列前後相繼的相似事件累積起來可以構成一個主體，而這些事件的相繼經過，正是這一主體變化的原因。

於是，「自然就是一個過程」。㉟自然界是發展變化的，但事件絕不會變化，它們只是流過，轉眼即逝。一個事件只是湮沒在更大規模的事件之中，這些更大規模的事件延伸超過了它們。所謂「流動」：就是在形成中的廣延，這裡的廣延是指時——空廣延。因爲事件是自然中實際發生的東西，既然是「發生」，則必在時——空中。於是，在懷特海看來，事件在另外的意義上，就是時、空「兩面關係的場，事件正是借助這種廣延關係而成爲相互關聯的事物的」。㊱廣延，作爲事件的一個方面，當它與事件分離開來考察時，就是時——空連續體，即相對論中的四維流形。鑒於此，空間與時間就成了派生的概念，它們依賴於對現實事件的一種抽象。時——空只是被抽象出來的東西，只存在事件的流過與事件的互相包容的廣延這兩個事實。

事件的流過構成時間概念；事件的相互包容的廣延構成空間概念。於是，時間與空間就這樣從更原初的本體——事件派生了出來。

懷特海借助自己對四維時——空的高度抽象思想能力和作爲

㉟　懷特海：《自然的概念》，頁53。
㊱　懷特海：《自然的概念》，頁75。

邏輯學家的推理能力，指出，每個事件都是包括它自己在內的其他事件的一部分；同時，每個事件又把其他事件作爲它的部分包括了進來[37]。這裡，我們發現懷特海後期思想的某些胚胎因素，特別是「內在關係論」、「整體論」和「把握」（prehension）理論的萌芽。

鑒於上述事件間相互包容的關係，邏輯的結論是，在最嚴格的意義上，懷特海的理論中並不存在最大事件和最小事件。這裡的大與小都不能僅從空間的含義來理解。但是，作爲每個事件本身而言，它仍是個體的、單獨的，具有自己確定的地點與時間，絕不會在宇宙中重現。

概述其基本特徵，可以認爲，事件是：（1）具體的；（2）單個的；（3）流動的，一去不返的；（4）既非永恒，也不變化；（5）以其他事件作爲構成成分；（6）是特殊的和清晰的（在某個空——時區域內）。

爲了解釋經典物理學中和我們日常經驗中某些對象的表觀穩定性，懷特海引入了「持續體」（duration）的概念。持續體以有限的事件作爲其組成部分，因而它可看作是有限事件流動的「載體」。但剔除了組成它的事件後，持續體不留下任何東西。懷特海的持續體與常識中的物體的區別在於，持續體只有時間界限，沒有空間界限，因此，現在的持續體就是現時的自然的全體。

「這樣一個自然的整體稱作『持續體』，……於是整個『

[37] 懷特海：《關於自然知識原理的研究》，頁104。

現在呈現』的自然的持續體意味著一個整體的事件……延伸擴展到了現在的所有事件上，各種現在呈現的事件對意識而言是與它們相聯繫的持續體的所有組成部分，這持續體是事件的一種特殊類型，在上述意義上，一個持續體是無界限的，因為它是在確定的時間範圍內的所有存在物。……它是自然界的一個時間上的截斷面。」㊳

在這一階段哲學中，懷特海借助深入分析有限事件和持續體的關係，特別是所謂「共有」關係來處理「這裡」和「現在」、「運動」和「靜止」等概念，以作爲科學概念的更爲泛化的、抽象的基礎。在懷特海看來，形而上學無非是比科學理論概括和抽象程度更高的理論體系。他既利用邏輯，又訴諸直覺。

爲什麼在這兒需要重新定義「這裡」、「現在」、「運動」和「靜止」等基本概念呢？它的內在根據何在？

根本原因在於新的本體論。按懷特海，既然世界只是無休止的「事件流」，而不是牛頓式的常存的運動物體。那麼，所謂「各物體間的相對位置」這一概念也就失去了意義。而若究其根本，「運動」、「靜止」正是依賴上述相對位置的變化與否來定義的。所謂「運動」，正是指相對位置發生了變化，也即表示一物體在不同的時間位於不同的地點；而所謂「靜止」則相反。現在剔除了「物體」概念，剔除了「物體間相對位置」這一概念，「運動」、「靜止」等概念就無所依託了。而這些基本的概念，無論如何仍是新物理學所需要的。因而，也就必須在新的本體論的基礎上重新給出它們的定義。

㊳　懷特海：《關於自然知識原理的研究》，頁68～69。

另外，「這裡」、「現在」這類過去運用十分廣泛然而卻含義模糊的用語也引起了懷特海的不滿，他也希望在「事件理論」的基地上對之進行改造、定義，使之精確化、哲學化。

他主要運用了「共有」這一概念來解決上述問題。

什麼是「共有」關係？當一些事件和一些持續體在空間上固定並且接觸到某一持續體的兩端時間界限時，就稱這些事件和這些持續體處於「共有」關係。

「共有」關係具有雙重涵義。

（1）它作爲更爲基本的概念，派生出靜止和運動這些概念。在某事件與某持續體間達到「共有」的地方，就存在「靜止」；在某事件被一個持續體包容進去並且不存在共有關係的地方，就稱爲運動。懷特海試圖以此來作爲新型動力學的哲學基礎概念。儘管這裡有很強的思辨形而上學色彩，然而在他看來，這是爲了同事件理論爲基礎的本體論相協調而必須採用的。

（2）「共有」關係在懷特海的早期認識論中也有重要意義，因爲這一關係是建立在知覺理論之上的。一個知覺事件同其具體現實地呈現在感官意識中的持續體是「共有」的。這是分析懷特海早期認識論最值得關注的方面。

懷特海還利用「共有」這一術語試圖明確界說「這裡」和「現在」等日常用語。這些用語往往是含義模糊的，沒有明確的界限，沒有確定的意義。他分析道：

「一個事件能夠僅僅被一個持續體所共有。如果具有這種對持續體的關係，則事件必定貫穿該持續體而在時間中呈現出來，並且顯示出『這裡』的一種特殊意義。但是一個持續體可以有很多事件同它『共有』，…… 因而，『共有』就是對於一個知覺事件而言產生『這裡』和『現在』的明確意義的條件。」㊴

懷特海這裡強調的是知覺事件，因爲在他那裡，「知覺事件只是我們的身體狀態，借助這種狀態，在遠方的情況爲我們所認識。」㊵若一個知覺事件與持續體「共有」，且這知覺事件只是與之「共有」的多個事件之一，那麼，此「共有」的含義就是呈現在感覺意識中的那部分持續體，當這種「身體狀況」消失後，「現在」也就結束；而所感覺到的那部分持續體的界限，也就是「這裡」的界限。因爲對懷特海說來，知覺到的自然就是實在的自然。借助「共有」概念，他確定地劃出了「這裡」和「現在」的界限，簡言之，即呈現在感官意識中的空——時界限。循此邏輯，懷特海利用分析「機體的生活」來說明如何確定「這裡」和「現在」的特徵。

「存在一個本質的事件，它被每個感覺者所辨別，即它的每一部分的事件都被包含進了每個相繼的持續體中，該持續體為感覺者設定了這持續體『現在』呈現的特徵；相應地，也為感覺者設定了該事件『這裡』呈現的特徵，這一（本質）事件就是連結知覺者的意識和外在自然的那個機體的生活。」㊶

㊴ 懷特海：《關於自然知識原理的研究》，頁70～71。
㊵ 懷特海：《自然的概念》，頁188。
㊶ 懷特海：《關於自然知識原理的研究》，頁80。

上述這段話，明確地顯示出他要借助前面對「共有」的分析以及機體生活的各事件與持續體「共有」的關係的論述，指出如何獲得「這裡」與「現在」的準確特徵，從而爲產生「這裡」與「現在」的明確意義創造更進一步的條件。簡言之，一個知覺事件是一個有機體的意識生活的一部分，當觀察現在呈現出什麼東西時，該知覺事件就可以被機體的身體狀態刻劃出特徵。進一步說，一個知覺事件就確定了與之相連的持續體的時間界限。

如此，通過「事件」理論，懷特海思辨地爲新物理學奠定了更深一層的形而上學概念，以使科學概念的新進展不至於同它的哲學基礎發生衝突，爲此目的，懷特海還在「事件」理論的框架內替日常語言中意義含糊的部分術語，如「現在」與「這裡」等構築了他認爲更加準確的定義。

不難發現，在這些早期哲學活動中，作爲數學家出身的哲學家，懷特海曾經顯露出過對精確性的用心良苦的追求，曾經致力於對科學思想的基礎及日常語言進行形而上學式的純化和精化。應當客觀地說，他在這些努力中是顯示了很高的直覺能力和邏輯能力的，在某些方面也的確給人以啟發。但是，當時這些理論的細節並未在哲學界和科學界產生巨大影響，同時，懷特海自己也很快地覺察到這種對精確性執著的方法是達不到自己的目標的，並且有循環論證之嫌。特別是在利用「事件理論」定義「動」、「靜」、「此地」、「現在」等概念時，尤其顯得矯飾而不自然，同時，還賦有強烈的主觀色彩。

概覽懷特海的「事件」理論。應承認，其細節是不重要的，它的歷史影響主要在於提出了「以事件作爲宇宙的終極要素」的核心思想，這在現代哲學史中是有歷史地位的，另外，通過事件理論，還揚棄了「實體」概念，爲新思潮的興起，起了發難的作用。

「事件理論」對二十世紀西方哲學的影響主要是通過羅素而擴展開的，因爲懷特海本人幾年之後就已不再使用「事件」這一術語，而用「實有」和事態來代替了。關於羅素所受懷特海「事件理論」的影響，在本節開始的羅素兩段話已講得非常明確了，他還在《哲學中的科學方法》序言中，以一種典型的羅素式的誇張口吻說：「幾乎所有的我在此書中所持有的意見和『哲學問題』中所持的意見，都是懷特海的功勞。」如他在前面說到的，他確實從此就開始利用「事件理論」作爲工具，著手進行研究了，並且把懷特海的中心論點——事件是世界的終極要素——發展成了著名的中立一元論學說。羅素以其特有的清晰的風格指出：

「相對論裡對哲學家重要的事情是以空——時來代替空間和時間。據常識，認為物理世界是由一些在某一段時間內持續，而且在空間中運動的『物體』組成的。哲學和物理學把『物體』概念發展成『物質實體』概念，而把物質實體看成是由一些粒子構成的，每個粒子都非常小，並且都永久存留。愛因斯坦以事件代替了粒子；各事件和其他事件之間有一種叫『間隔』的關係，可以按不同方式把這種關係分解成一個時間因素和一個空間因素。……向來認為的粒子，總得認為是一系列事件。……因而『物質』不是世界的基本材料的一部分，只是把種種事件集合成束的一個便利方式。……精神與物質都僅是給事件分組的便當方式。……有些單獨的事件只屬於物質組，但是另外一些事件屬於兩種組，因此既是精神的，又是物質的。」[42]

從此，中立一元論以事件概念的解釋爲濫觴，在世紀初的西方哲學史上起了較大影響。其原因除了相對論在當時風靡一時的影響外，也與羅素兼容嚴密邏輯與流暢文風於一體的哲學論著有關。至於「事件理論」的創始人懷特海，則由於行文較爲艱深，術語過於晦澀，思想較爲抽象，在此階段的影響反而不及他的學生及合作者了。

懷特海與羅素的事件理論還啟迪了二十世紀一批著名的新實在論者。美國哲學家蒙太格（W. P. Montague）在〈實在論的眞與錯的學說〉一文中，明確表示：

「事件是若干性質的集合，這些性質處於占有一個時間和一個空間的終極關係中。……我想不出一個比『事件』更好的詞，來指稱現有世界中的那些基本的殊相。這些終極的殊相只能是一些項，它們本身是不變的和不綿延的，而在它們之間則產生變化和綿延的種種關係。它們是單一空間在單一剎那間的佔有者，是單一對象的時間上的橫斷面。」[43]

顯然，上述思想基本上是懷特海與羅素「事件理論」的重述，僅僅在關於「事件」的時間單位長短上與懷特海略有差異。

倘若我們仔細考察，甚至在維特根斯坦早期哲學中，也能隱

---

[42] 羅素：《西方哲學史》卷下，頁393～394。譯文略有更動。
[43] 霍爾特等：《新實在論》，商務印書館1980年版，頁254。

隱看出「事件理論」影響的痕迹。他的被稱爲經典的《邏輯哲學論》，開宗明義，斷然宣稱：「世界是事實的總體，而不是事物的總體。（*I.I.*）」誠然，維特根斯坦的「事實」與懷特海、羅素的「事件」，其含義還不盡相同。但若仔細揣摩維特根斯坦的「圖象論」，不難看出他的「事實」與懷特海他們的「事件」的相通之處是非常多的。

總之，從懷特海到羅素到部分新實在論者，甚至也包括早期維特根斯坦的部分觀點，一以貫之，有一個顯著傾向，即，都要求以「事件」、「事實」作爲本體論的基本要素，都廢棄了以「物體」或「心靈」作爲基本本體的哲學傳統，都重視把時間這一維因素整合進哲學本體論中去。這種傾向，在一定程度上影響了二十世紀主要哲學運動。作爲牛頓物理學哲學根基的「物體」、「微粒」概念，已經決定性地走上了衰落的道路。機械唯物論受到了來自科學和哲學的兩面夾擊，已經再也不可能具有重振旗鼓的邏輯力量了。

由於把事件之流看作是唯一的實在，這就邏輯地走到了揚棄「實體」這一古老概念的大門口。

但是，要深入地討論懷特海何以要取消「實體」概念，除了跟踪他的「事件理論」的邏輯運動外，還需先行分析他對所謂「具體性誤置」的抨擊。

五、「具體性誤置」之謎

所謂「具體性誤置」謬誤，懷特海所針對的主要是建基於牛頓物理學的宇宙觀的「單純位置觀念」和休謨哲學中的「簡單孤立印象」，這後二者都是具體性誤置謬誤的表現。

懷特海所稱的單純位置觀念，就是機械論世界的基點。即：只要存在某事物，則它一定在時間中佔據一個確定的瞬間，在空間中佔據一個固定的位置的觀念。而這種世界觀的根深柢固的思維習慣認爲，只要我們把一事物確定在某一固定的時空點，我們就對它作出了完美的說明。

這裡首要的問題在於，存不存在這樣的時空「點」？懷特海指出，「由於有了事件才有時間，離開事件的發生，時間也就不存在了」[44]。這樣，是否存在時——空「點」的問題就依賴於我們能否有根據把某種東西定義爲瞬間事件。

懷特海的回答是：沒有瞬間事件這個東西。

而以後的量子力學指出：在原則上，談論一個微觀對象的確定的時空點是無意義的。

在《自然的概念》中，懷特海肯定地指出：

> 「因此，（根據這種理論）知覺的即刻性是一種瞬間現在的即刻性，這種唯一的現在是過去的結果和未來的預示。然而，我們拒絕這種即刻呈現的瞬間現在。在自然中不能發現這種東西存在。作為一種終極的事實，它是一種非實有。對感覺意識是即刻的東西實際上是一段持續。當下的持續體在其自身內有過去與未來；感覺意識中的即刻持續的時間長度極不確定，並且依賴於個別感覺者的意識。因此，在自然界中也不存在對每一感覺者優越的和必然代表

[44] 懷特海：《自然的概念》，頁66。

現在的唯一因素。自然不過是從過去到未來的流動，在過去與未來之間什麼東西也未留下。」㊺

事實上，所謂「瞬間現在」，只是脫離純粹感性知覺的一種高度的概念抽象，而且，即使是這樣一種抽象，它也要受到相對論的同時性的限制，實際上它指的是自然界的一種時間上的片斷。因爲不存在對所有狀態的人而言的共同的「同時性」，這也即是說，不存在對全宇宙共同的絕對的某一瞬間。而根據相對論的時空相關性，既然時間沒有單純的位置，也就不存在空間的單純位置了。懷特海的這一觀念還受到量子論的啟發。懷特海也認爲能量的量子化必將導致時間的量子化，即時間在知覺時並不連續，它是原子化的，只可分爲一小段一小段的期間，存在最小的時間單位（即時間量子，這一思想導致了懷特海轉折時期的「時間的時期性理論」）。鑒於此，單純位置觀念與人們的實際經驗是格格不入的，懷特海強調，在人們的具體經驗中，沒有任何具體事實與這種觀念符合，我們對於自然經驗裡的原始成分中沒有賦有單純位置性質的東西，他認爲哲學上關於時間與空間方面的困難就在於把它們當作了簡單位置存在的場所。

牛頓式簡單位置觀念的主要困難在於把每個單獨的時空點孤立了起來，與其他時空關係隔絕了開來；在休謨，則是把每一個印象抽象出來，孤立化、絕對化，與前後無關。這也是一種廣義的簡單位置觀念。這兩種理智上的抽象（不論物理的還是心理的）在很多方面產生了邏輯上難以解決的問題，例如著名的歸納

㊺　懷特海:《自然的概念》，頁72。

問題。因爲若物質位形在任何瞬間占據一個孤立的位置，它同過去與未來的其他任何時間都沒有關係，那麼邏輯的結論就應該是，任何時期的自然界都同其他時期的自然界無關，於是我們就不能根據歸納法去通過觀察確立自然界之間的固有聯繫了。鑒於此，我們對任何自然定律的信念。例如對牛頓的萬有引力定律，愛因斯坦的相對論的信念，就沒有任何根據，尤其是不能通過觀察自然界而獲得根據了。因此，若按照簡單位置觀念，則必須導致反對歸納法、反對因果論、無科學、無秩序的邏輯結論，陷入懷疑論與不可知論的哲學困境，休謨通過這種觀念所走到的邏輯終點就提供了明證。

懷特海不贊成休謨的不可知論的結論，他的目的不是否定歸納法，而是改進歸納法；不是取締因果論，而是在他的新哲學體系內創立新的因果觀。關於這一點，我們下章再行詳論。

如何才能挽救歸納法，挽救因果性？懷特海的處理是徹底否棄「簡單位置觀念」，建立內在關係說。他不同意羅素的外在關係說，認爲某一事件的關係本質上就是內在於事件之中的，它構成了事件本身的要素，因爲每一種關係進入了事件的本性中，所以若脫離這種關係，事件本身甚至不成其爲事件。況且說到底，事件之所以能成爲事件，就是由於它把多種關係綜合到自身中去了。因此，一個事件總是處於一個綜合體系中，在這一體系中各事件都是相互包容、相互攝入的。因而，這裡就沒有界限分明，孤立隔絕的事件了，從而，也就沒有了「簡單位置」。依牛頓思想的深層觀念，描繪一個物體的狀態，只要找到它在時、空裡面所占據的孤立的地位即算完成；而照懷特海，所發生的一切都是事件，它被其他時——空體系的事件所攝入，它也「共有」其他體系中的事件，它的解釋，要依賴於其他時空體系的各個事件才能眞正達到。

休謨的問題在本質上也類似於此。

休謨把經驗流進行原子式的分割，變成「簡單孤立的印象」，變成時間中的一個個的點。既無依傍，又無接續；無端而生，無端而滅，邏輯上找不到它們之間的任何關係，更談不上它們與外在事件、空間的關係。這種孤立、隔絕的幻影，只能是高度抽象的產物。人們都稱休謨是經驗主義者，但懷特海不以爲然，他認爲洛克與休謨的經驗哲學的成分不多，主要提供了一種理性的分析方法。

其實，不少哲學家稱懷特海哲學才是眞正的經驗形而上學（如克勞斯）。在懷特海看來，相互孤立的印象是不能在實際的經驗中證明的，當然就更談不上是經驗中最新鮮、最活躍的成分了。他認爲，每一經驗材料，都必須在全部的具體經驗裡去認識；脫離了全部經驗的內容，我們將無法把握任何一個孤立的感覺或印象。所以休謨提出的純粹感覺和印象在經驗之中是不能找到的。仔細考察懷特海對休謨的批評，我們不難發現，關鍵在於他們對「經驗」這個術語的用法是有本質差異的。懷特海受了柏格森和威廉·詹姆斯哲學的影響，對經驗的理解明顯地打上了這兩位哲學家的烙印。柏格森認爲精神現象是連續的、不間斷的、相互融合和滲透的，是被記憶所累加的。由於記憶，意識狀態不停發展、成長，日夜奔流，無休無止，因而它是一種不可分割的「流」，即柏格森所說的「純粹綿延」。這就是懷特海所謂經驗的主要含義。很明顯，這也受了詹姆斯關於「意識流」的論點的啟迪。詹姆斯也同樣反對心理活動是由多種互不相干的獨立的感覺經驗所構成。「純粹綿延」和「意識流」，這是懷特海對經驗的基本界說；「印象」、「感覺」，以及由這兩者構成的「觀念」，這是休謨對經驗的基本界說，前者是「流」，後者是「點」；前者是「質的流動」，不可計量，後者是「單元排列」，可以計量，兩者根本不同。因此，根據懷特海對「經驗」的理解，休謨當然不能算經驗哲學家。

究竟誰可稱爲眞正的經驗哲學家，這裡主要涉及的還是如何使用「經驗」這個術語的問題，所爭意義不大。然而如果問題涉及究竟存不存在如休謨所說的那種孤立的「印象」，這就是哲學觀的差異了。

讓我們訴諸現代心理學來略加考察。

情形似乎對懷特海較爲有利。事實上，懷特海對休謨式的「孤立印象」的詰難在心理學的「格式塔」（Gestalt）理論中得到了某種意義上的支持。格式塔理論的中心觀念是整體性觀念，它的成就主要在於否認感覺印象作爲單個的、預先存在的心理成分而存在。事實上，它指出，從一開始就存在的，是一個具有整體性的整體，感覺印象只是作爲「已組成的整體結構」的成分，是被整體派生出來的。整體是第一的、初始的，因而，感覺印象並不是先在的，不是單元排列之後組合、構造成整體的，所以它們不能起「構造整體」的作用。

這裡的關鍵還在於如何解釋這種「知覺整體」的驟然出現。這裡，格式塔學派借助了現代物理學中「場」的觀念。這種「場的假說」使整體可以瞬時實現。場的假說表明，那些輸入的神經脈衝並不是如休謨所設想的是孤立地、一個一個地觸及大腦，而是通過神經系統電場的瞬時作用（正如一塊磁鐵放在鐵屑之中，磁場幾乎是同時在四周出現，瞬間形成磁力線一樣）。差不多就是同時產生出一些組織上的「完形」了。

雖然，格式塔理論所強調的是某種靜態的整體模型，而懷特海的經驗流是動態的整體模型，這是有差別的；但其強調整體，這也是二者之間最本質的相同點。懷特海特別指出，只有在整體的具體經驗中才能認識個別的經驗材料，脫離整體經驗則無法把握任何孤立印象，這與格式塔理論不謀而合。

從懷特海對牛頓式的和休謨式的「簡單位置觀念」的批評中，我們已感受到他後期「整體論」思想的萌芽。如前所述他認爲任何一個簡單的位置，都需要其他的事件和其他的時——空關係來解釋它。它與其他事件處於「內在關係」之中。因此，整個宇宙就如此層層連鎖、相互關聯，從而也就沒有絕對獨立的事物了。

把時——空劃爲各個簡單位置，把事件列爲各個孤立事件，這是一種理智的抽象，這種抽象對自然科學的發展曾經建立了巨大的歷史功勳，懷特海清楚地明白這一點。沒有這種抽象，沒有這種對時間、空間的量化處理，沒有這種被看作均勻的、同質化的時間，也就不可能有近代自然科學的輝煌勝利。對此，懷特海稱之爲一個「偉大的錯誤」。事實上，人們在思維時總是不能沒有抽象概念的，這是思維的本性之一。但是，作爲一個哲學家，最重要的是需要經常地以批判的態度進行反思，檢查你的抽象方式，審查你的前提，尤其是隱含的前提。因爲沒有一種抽象方式、沒有一個抽象概念是凝固不變，萬世永恒的；而且，思維的創造性力量正在於它能返回自身，審查自己的先定假設，從而超越這些假設和這些抽象。這，同樣也是思維的本性之一。

牛頓式和休謨式的「簡單位置觀念」，根本的問題不在於不能這樣進行抽象，而在於對這種抽象方式沒有冷靜的批判能力，把這種物理學上和心理學上的抽象及假定當成了原初的實際的經驗，把抽象視爲了具體，在懷特海看來，這就是把具體性放置錯了地方，故稱爲「具體性誤置」的謬誤。這種錯誤，有多方面的表現；我們下節要討論的哲學史上的「實體」概念，也是這種錯誤之一例。

應當說，懷特海對「具體性誤置」謬誤的剖析是比較深刻和合理的，這是一種對過時的機械論和形而上學觀的抨擊。但我們這裡仍需指出並牢記的是，懷特海所認爲的「具體的經驗」，仍是一種根據現代科學與哲學而來的「抽象概念」。這一概念代替牛頓的概念具有歷史的合理性，但並不具有終極的眞理性。

六、放逐「實體」幽靈

懷特海曾於幾年後總結自己早期哲學時指出：「我認爲實體與屬性是具體性誤置謬誤的另一例證。」[46]懷特海是把實體這一抽象概念納入自己對「具體性誤置」的批判和視宇宙爲「事件之流」的理論中來處理的。

自從古希臘亞里士多德提出「實體」概念後，實體這一抽象一直像夢魘一樣籠罩著以後的西方哲學史，長期支配了人們在本體論方面的思想模式。

本來，亞里士多德提出這一概念，主要是針對並解決埃利亞

---

[46] 懷特海：《科學與近代世界》，頁68。

學派，尤其是芝諾對運動所提出的邏輯駁難的，他要以此爲「運動」爭得一席地位。近代笛卡兒發展了這一思路，事先假定了獨立自存的實體，這種實體分別在時、空兩種共體中占有自己的簡單位置。實體分兩種：物質實體與精神實體。物質實體在空間廣延的共體中有簡單位置；作爲精神實體，後來被休謨所發展，成爲互相獨立的，在時間中有簡單位置的「印象」。當然，休謨已消除了精神實體作爲整體的實體存在，而把它分割成片段了。而笛卡兒的物質實體，後來成了機械唯物論者霍布斯自然哲學的終極材料，整個宇宙成了一羣物質實體冷漠地在按牛頓三大定律運行的無生氣的圖景。

對上述實體論，近代哲學家托馬斯·里德（T. Reid）曾作過確當的總結：

「凡不必假設其他任何東西的存在，而可以依靠它們自身而存在的東西叫實體；就它們和屬於它們的性質或屬性的關係而言，它們被稱為這些性質或屬性的主體。凡是為我們的感官所直接知覺到的一切東西以及凡是為我們所意識到的一切東西，是必須在另一種作為它們的主體的東西之中。譬如用我的感覺我可以感到東西的形狀、顏色、硬與軟、運動或反作用等等。然而這些都是東西的性質，這些性質必須存在於某種有形狀的、帶顏色的、硬的或軟的、運動著的或反作用著的東西之中。我們把這些性質所屬的主體，而不是把這些性質，稱作物體。……同樣地，我所意識到的東西，如思想、推理、欲望等等，它們必定預先假設有某種思維著的、推理著的、具有欲望的東西。我們

並不把思想、推理或欲望稱作心靈(精神實體); 而是把那個思維著的、推理著的、具有欲望的東西稱為心靈。」㊼

就一般情況而論，可看出，十七世紀後，科學守住了物質的自然，哲學守住了思維的心智(貝克萊、休謨和德國唯心主義)，這種實體二元論造成了很多弊病，是大可懷疑的。

貝克萊以一種偏激的方式否定物質實體的存在。由於過分遠離常識，受到廣泛批評。

事實上，對實體的懷疑至休謨已達到一峰巔，休謨認爲實體是哲學家構築的概念，以它作爲如色、聲、味等性質所依附的主體，以便得到支撑。它在一切變化中保持不變，其性質稱作偶性。休謨蔑視地稱實體爲虛構的，他斷言性質是可以脫離虛幻的實體而獨立存在的，因爲人的知覺中只有印象，沒有實體。

這是一次對經驗元素（性質）的解放。它們不再是實體「王國」的奴隸了。它們獨立出來，自己成了主人。

本世紀初，威廉·詹姆斯用「中立一元論」來否定實體概念。他認爲「純粹經驗」是比物質與精神更爲根本的原始的素材或材料，它們構成了宇宙。他說:

「每個實體為大家所知道的是一組屬性；……實體在任何情況下都是通過這些屬性而顯示出來；如果我們與這些屬性隔開了，我們就不會想到實體的存在，……實體這觀念所表示的，僅僅是（屬性的）結合這件事本身。在這結合

㊼ 里德:《論人的智力》，頁235。

的背後並沒有任何東西。」㊽

有證據表明，懷特海與上述反實體的傳統是有淵源關係的，但是採取了完全不同的角度。他從現代科學出發，根據他前面的「事件理論」與對「具體性誤置」的批評，他以更徹底的姿態的「實體」這個幽靈發起了攻擊。

事實上，當懷特海聲稱宇宙的終極要素是「事件」時，他已經拒斥了「實體」的存在。以一個邏輯學家的精微辨析力，懷特海敏銳地指出，亞里士多德的主體與屬性的二分法來源於他的簡單化的「主辭——謂辭」二分法的邏輯。這是亞氏的邏輯對其哲學影響的明顯痕跡。在《自然的概念》中，懷特海剖析道：

「亞里士多德詢問的一個基本問題是：我們所謂『實體』意味著什麼？在這兒，他的哲學與他的邏輯之間不幸地發生了作用。在他的邏輯中，肯定命題的基本類型就是一個謂辭表徵一個主辭的屬性。因而，在他分析『實體』這個術語的眾多流行用法中，他強調它作為『不再被其他分析所論斷的終極基礎』的意義。」

「對亞里士多德邏輯的未加審查的接受導致一種根深柢固的癖好：去假設任何在感官意識中所揭示的東西的基礎，即，在對『具體事物』的感覺中進到我們所意識的東西的根基去尋找實體。這就是近代科學的物體和以太諸概念的根源，即是說，它們是上述假設的固有習慣的產物。……因此，實體是相對『謂辭』而言的術語。它具有模稜兩

㊽　詹姆斯：《實用主義》，頁46～47。

可的性質。但倘若我們要去什麼地方尋找『實體』，我就要從事件中去尋找，事件在某種意義上是世界的終極實體。」㊾

不用進行過多的分析，可以看出，懷特海抨擊實體概念正是抨擊它是另一種「具體性誤置」的謬誤。因爲它是誕生於對亞里士多德語言邏輯的一種高度抽象㊿，並不存在於現實經驗中。現實經驗的終極要素就是事件。實體不過是把一些在時——空中相繼出現的、有相對穩定性的、類似的一組事件抽象而得出的概念。被稱爲「實體」的那些經驗每時每刻都在變化，但由於變化太微弱，以至於我們在一短段時間內察覺不出差別，就把它稱爲一個不變的基礎——實體。懷特海受柏格森影響，幾年之後更進一步分析道：

「與空間分割不同，時間的分割對質料不發生影響這一事實使人們得出如下結論：時間是質料的偶性而不是其本質。質料在時間的分割中完全是它本身，無論分段多短也如此。所以，時間的推移與質料的特性無關，無論在哪一瞬間質料等同於它自身……世界是物質或質料的瞬時構型的相繼連續。……這就是有名的自然機械論。」51

㊾ 懷特海：《自然的概念》，頁18～19。

㊿ 事實上，我們從這裡可以發現，早在本世紀初，懷特海就已經著手於從人類語言的結構和習慣中去探究哲學問題的淵源了。這種哲學分析方式，後來在語言哲學那裡發展到極致，以致成了二十世紀英美哲學的基本色調。

51 懷特海：《科學與近代世界》，頁65～66。

這就是柏格森所謂的「理智將事物空間化而歪曲了自然」，懷特海本人則認爲這只是「具體性誤置」謬誤的又一例子。

所謂「空間化」，也就是非時間化。這在經典的自然科學（尤其是物理、化學等）中表現得特別明顯。經典科學把基本點放在與時間無關的定律上。特別地，力學定律的運動方程對時間反演（即 $t \rightarrow -t$，把時間 t 換爲 $-t$）是對稱的，因此，對每一個過程而言，相應的都有一個反向的時間過程，這也就是說，自然定律是非時間化的，也即時間反演對稱的，它們與歷史進程無關，與人們的直覺相背。這也正如當代著名科學家普里高津所特別指出的：

> 「在牛頓宇宙模型（甚至在這個模型的新近方案）所導出的描述中，時間僅僅與位移有聯繫（柏格森所謂的空間化時間）。當然經典力學與量子力學的巨大的成就應歸於在簡單的孤立情況下能夠詳細研究小自由度的體系。反之，現在我們知道，當研究大體系時，時間獲得了一種與不可逆有關的新含義。我們看到經典力學的時間概念是簡化的結果，這種簡化在包含相互影響的大量自由度數的宏觀水平上不再適用了。被懷特海稱做『具體誤置的謬誤』，就是一個例子。」[52]

柏格森特別反對這種「空間化」的方式處理自然，也就是反對以數量化的、等質化的、外在的、可逆化的、靜態的、平面化和理智化的方式處理自然，他強調眞實的自然是不能如此去把握

---

[52] 諶墾華、沈小峰等編：《普里高津與耗散結構理論》，頁99。

的。它必須憑藉直覺，不能靠分析式的理智；是可逆的，而非時間反演對稱的；是質變的，而非量化的；是相互融合、相互內在的，而非相互隔離、相互外在的。

懷特海在上述根本點上與柏格森有共鳴點。他把時間進程視爲自然的根本方面。既然自然界是過程，是「事件流」，那麼，當然不存在與時間流逝無關的質料。所謂「質料」，只是對一組相關事件的大概的、簡化的說法而已。但是，雖然懷特海同情柏格森對「空間化」的上述抨擊，然而，他仍認爲以這種「空間化」的抽象方式處理自然在科學發展的某個階段是不可避免的，是必要的。否則，科學與哲學都不能進步。因此，這種「錯誤」是推動歷史發展的「錯誤」。無條件地排除「錯誤」，也就等於毀滅發展。這裡的關鍵是，要對科學中某一時期必須採用的抽象方式有一種清醒的批判式的反省能力，以便在需要作出調整和改變抽象方式的時候能迅速地打破舊框架，實現概念重組。

應當承認，懷特海上述對所謂科學中「空間化」抽象方式的看法是較爲深刻的，其中辯證法的因素也不言而喻，雖然他對黑格爾主義不屑一顧，但是作爲兩個較爲客觀的哲學家，其思想在某些方面合流看來是在所難免，因爲他們面對的是同一個前後相繼的宇宙。

如果再進一步追尋人類的「實體」概念所以頑固的現實根源，懷特海訴諸事件的某種重複現象，也訴諸人類心理傾向於簡化實際事物狀態的習慣。它可以由於省略前後事件的微小細節差異，通過高度抽象而得到實體概念。他指出:

「如果整個事件，重複前後相繼的一系列組合部分所體現的某種形式，價值的某種形式（或形態）便在一個事件內產生重複現象。因此，無論你如何根據各組合部分在時間歷程中的流動來分析事件，你總會看到同一個自為事物。」[53]

實質上，這就是事件的一種特殊的持續體。在事件理論中，我們論及的持續體，是一種「事件流」，這種事件流在時間上有界限，在空間上則無界限。而這裡我們所謂特殊的持續體就是指在時、空兩方面都有明確界限的持續體。這也就是我們日常生活中實體概念的來源。譬如，我們觀察一個對象，把它當作一個具有某些特性的東西來看待的；別的對象，也是當作一個具有別的一些特性的東西。如具有某種色，發出某種聲，具某種硬度，形狀爲球形，在某空間位置等等，剔除了這些性質，什麼也沒有留下了。而且，這些性質也是在不停地變化，實體上是一連串事件的「經過」。但是由於歷史的和現實經驗的雙重原因，有些特性被固定下來，於是形成了實體概念。所謂歷史原因是：亞里士多德把事物性質分成本質的和偶然的，而近代洛克明確地把有可用數量表示的質量，以及在空間中的位置看成某種最根本的屬性，它們表徵了實體的存在。另外，在現實經驗中，人們似乎也發現作爲性質的質量以及具有簡單的空間位置這兩點是前後不變的，是一個經驗的事實。因此，後世的「實體」，在人們的直接理解中，都至少要帶上質量和空間簡單位置這兩大特性，事實上，這也成了牛頓物理學的哲學基石。

---

[53] 懷特海：《科學與近代世界》，頁126。

照懷特海，這只不過是一組事件（如融合在一起的某種色、聲、硬度、質量、位置）的多次近似重複地產生，就成了某種近似重複發生的事件連續體，實體概念由此產生。

懷特海的這一思想，在後期的羅素哲學中有了更明確的系統發揮，在《人類的知識》中，羅素提出了其哲學所必須的五個最基本的公設，其中第一個就是所謂「永久性公設」，實質上就是把懷特海上述思想公理化（不過，羅素用常識性概念「東西」和「人」來代替「實體」這一概念。）：

> 「這個公設可以敍述如下：
>
> 已知任何一個事件A，經常發生的情況是：在任何一個相鄰的時間，在某個相鄰的地點有一個與A非常類似的事件。
>
> 一件『東西』就是一個由這類事件組成的系列。正是因為這類事件系列常見，所以『東西』是一個使用起來很方便的概念。我們可以看到在常識認為屬於一件『東西』的一系列事件中，相似性只存在於時空相隔不遠的事件之間。三個月的胚胎和成年人之間是沒有很多相似之處的，但是兩者卻通過一步一步逐漸過渡而聯結起來，因而被人看作是一件『東西』的發展階段。」[54]

概而言之，一系列在某些特定的方面彼此相似的事件就可叫做在不同時間內的同一物體（東西）。

---

[54] 羅素：《人類的知識》，頁581～582。

但是，在懷特海看來，這只是忽略了時間中各事件細節差異的概念抽象。如果把它認爲眞實實在，那就是「具體性誤置」。

由於相對論的出現，由於柏格森、詹姆斯等人的工作，懷特海認爲，應該是到了徹底驅逐「實體」這個幽靈的時候了。他的這一思想是自始至終完全堅持的。在他哲學的轉折階段，他曾說：

> 「如果你堅持認為現實世界是帶有其隱蔽特徵和性質的被動的實際實體的聚集，那麼你這一概念就是矛盾的。在那種情況下，倘若要問，這樣一種物質實體，如何能變成在另一種精神實體形成中的成分？那就無意義了。」[55]

鑒於此，懷特海特別提出要引入活動的能動性概念，以解決上述困難，如此，我們就看到懷特海的自然哲學是如何一步步導向機體論的。

在本世紀初葉，類似懷特海的這種否定實體的哲學傾向當時曾風靡一時，著名的維也納小組的創始人石里克（M. Schlick）就說：

> 「處於今天物理學中心的不再是有廣延的『實體』概念，而是更一般的時空過程概念。」[56]

科學哲學家諾瑟普說：

---

[55] 懷特海：《象徵，它的意義和作用》，麥克米倫出版公司1927年版，頁38。

[56] 《邏輯經驗主義》，下卷，洪謙主編，頁432。

「……懷特海曾下結論說，當代科學與哲學沒有實體概念的地位，也不需要實體概念。中立一元論者如羅素勳爵和邏輯實證主義者如卡爾納普教授都同意這種看法。」[57]

這裡值得注意的是，贊同懷特海取消實體概念的羅素在其他場合卻曾對持相同結論的柏格森與詹姆斯有過諷刺。結論既同，何以態度兩樣？仔細考察，不難看出各自論證自己結論的方式是不同的，也很顯然，羅素傾向於懷特海從相對論的「事件」入手的方式。正如諾瑟普所評論的：

「誠然，關於精神的片段理論並不求助於現有的實體概念，但是，這些理論的作者當中，除了懷特海，還沒有人說明過，這種片段的理論的語言怎樣才能同人類知識的其他事實的科學語言建立起相稱的和相容的關係。」[58]

應當指出的是，懷特海利用相對論的結論以及他創立的事件理論，對歷史上遺留下來的雜草叢生的實體概念進行了一次重要的清掃，在本世紀哲學史上是有其地位的。實質上，這是一次對機械唯物論的清算，成效是不可抹殺的。

但是，它也遺留了不少問題。

懷特海這一早期哲學在清算機械唯物論時，是以拒絕本體論上的二元論的名義進行的。他把自然看作是一去不復返的「事件流」，具有很強烈的赫拉克利特的色彩，在本體論上，是某種「

---

[57] 諾瑟普：《物理學與哲學》，頁156。
[58] 諾瑟普：《物理學與哲學》，頁157。

事件一元論」。這種以事件爲終極單位的新赫拉克利特主義，是否對任何批評都具有免疫力呢？答案是否定的。懷特海的解決方式被證明也有自己的邏輯困難。

如前所論及的，亞里士多德提出實體概念除了彌補柏拉圖理念論的邏輯漏洞外（實際在邏輯上並不比柏拉圖更有力），很重要是針對埃利亞學派對運動的邏輯駁難的。埃利亞學派在否認多，否認變，否認運動時，使用了強有力的邏輯手段，要想在當時的科學水平以及數學和邏輯發展的水平上來反駁芝諾等的「飛矢不動」和「善跑的阿基里斯趕不上龜」等論證，幾乎是不可能的。因爲這些問題本質上都牽涉到近代的數學分析的處理方法。亞里士多德綜合埃利亞學派的唯靜主義一元論和赫拉克利特的唯動主義的過程論，把靜的、一元的成分歸於實體，把動的、多樣化的部分歸於屬性，應當說，在當時是基本上滿足了大多數希臘人理智上的需要的。

這裡的問題是，懷特海驅逐了亞里士多德式的實體之後，同時又拒絕休謨式的感覺論和懷疑論的解決實體問題的方式，那麼他的「事件流」理論是否會重新受到埃利亞式的詰難呢？有不少哲學家提出了這個重要問題（如 R.W. 塞拉斯）。芝諾式的詰難對懷特海並不是重要的邏輯困難，而且，事實上，懷特海本人對此也是深思熟慮的。作爲一個數學家，懷特海對無窮小分析是精通的，他當然知道對於連續運動而言，芝諾的詰難對現代數學是無效的，它根本不構成邏輯困難。

應當說，懷特海及實體的事件理論的遺留問題之一是，當他同時也拒絕休謨式的懷疑論與不可知論的解決辦法時，他如何去找出因果範疇和歸納法合理性的本體論基礎？對這一點，囿於懷特海早期自然哲學的框架內是無法獲得徹底解決的，邏輯的徹底性要求超出早期框架本身。

另外，他的遺留問題之二在於，具有顯著的新赫拉克利特主義色彩的懷特海「事件流」理論，是否還承認宇宙間存在恒定的因素？其實，「流動」、「經過」是相對於不流動者，相對於穩定者而言的。如果沒有了穩定者，也就無法判定是「流」還是「不流」了，甚至談論流動與否都毫無意義了，因爲沒有了參照系。此其一，再者，譬如，「事件在不捨晝夜地流過」這類命題，是變動的還是恒定的？若是變動的，則事件就可恒定；若是恒定的，則宇宙間仍有了恒定之物。總之，倘若不利用精密的語言分析，來區分元語言與對象語言，早期事件理論並非無懈可擊的。事實上，懷特海自己也逐漸看到了某些穩定因素的存在。爲了尋求恒定的因素，爲了解決「存在」和「生成」、「永恒」和「流變」、「實在」和「現象」、「全體」和「部分」、「一」與「多」諸形而上問題，懷特海把自己的哲學視野轉向了一個更爲廣闊的領域，並借助價值論來達成了一個宏大的宇宙論體系。

第四章　哲學轉向

碧空如洗
袒露著它永恒的胸懷，夏夜的露滴
在靜悄悄地凝結，為了使清晨更顯得珍奇；
「美」都甦醒了！何以你們仍在睡夢中雙目緊閉？

——濟慈〈睡與詩〉

混沌的眼睛穿過了秩序的網膜發光……

——浪漫派箴言

於是，那不會留下任何痕迹的
時間的湍流，一變而化為水晶的卷軸。

——雪萊〈哀濟慈〉

一、渴求恒定性

1924年，懷特海應邀赴美，任哈佛大學哲學系教授，從此開始了他的專業哲學家的生涯，同時，也開始了他哲學上的重要轉折時期。

這時期主要著作是:《科學與近代世界》、《宗教的形成》和《象徵,它的意義和作用》。

如前章的後部所示,懷特海科學哲學的發展中遇到了一些根本性的問題,使他不得不超出前期研究的領域。同時,他也頗爲疑慮地看到他前期哲學的極端的「流動性」即顯著的赫拉克利特主義的色彩,隱隱地察覺到這種哲學有某種喪失理智上的平衡的缺點。他的目的,是要達到體系的完整和平衡。

於是,他開始尋求恒定性。

在長期體驗中,他深刻領會到,萬事萬物在本質上遵循兩個根本原則。在各個不同的特殊領域中,這兩個原則會以不同的特殊形式表現出來,然而在根本的意義上是一樣的。這兩個原則:(1)變化的原則,(2)守恒的原則。任何事物的本質都滲透進了這兩大原則。

只有變化而沒有守恒,則走向虛無主義,從無到無,無可把握,無所存留,最後總匯歸宗,只能得到某種轉瞬即逝的、過眼煙雲式的「不存在的事件」。

只有守恒而沒有變化,宇宙就是死寂一團,靜如死水,萬古如一,無可測量。沒有時間,邏輯上也就沒有了空間,因而在實質上,這種單有守恒沒有變化的狀態也根本無法守恒,因爲無法測定守恒與否,同時也因爲守恒是對變化而言的,離開變化,守恒毫無意義。

總之,環境是處於流變之中的,單純的守恒、甚至單純的重複都將使宇宙失卻創造性和新穎性;而無休止的變化流動又將使宇宙失卻任何穩定性、可理解性和規律性。

精神的平衡對兩者都有需求。而懷特海前期流動性極強的非平衡特徵使他轉向恒定性。

英國浪漫主義的自然主義詩篇激發了他的靈感。

「自然之形，山岳之影，僻境之靈，
恒構成天穹之貌、大地之景。」

這是華滋華斯的《序曲》。❶

「太陽溫暖，天空明淨，
波光粼粼的大海舞踊不息，
藍色的小島，積雪山嶺，
承受著莊嚴中午透明的威力。」

雪萊用詩句在同寧靜的自然對話。❷

英國詩人們面對自然無邊無際的永恒性所寫下的詩篇，使得懷特海在《科學與近代世界》中斷定：

「每一個分析自然的體系都必須面對這兩個事實：變化與持續。另外還有第三個被置於此的事實，我稱作永恒。」❸

「因此，我們從這些詩人們那裡獲得如下的理論，一種自然哲學必須涉及這五種概念：變化、價值、永恒客體、持

---

❶ 轉引自懷特海：《科學與近代世界》，頁103。
❷ 勃蘭兌斯：《十九世紀文學主流》，册4，頁273。
❸ 懷特海：《科學與近代世界》，頁106。

續、機體和融合。」❹

這是懷特海從詩人那裡獲得的寶貴的精神饋贈。

借助這些所獲得的概念，懷特海開始在理論上構建新的、色彩更爲絢麗的形而上學大厦。

在轉折階段，懷特海頻繁地使用了幾個術語，它們各自在懷特海哲學中有其特殊含義，爲便於進一步論述他如何導入價值論❺，並進而展現他哲學轉折期的概貌，這裡先作一些闡釋。

我們首先要提到他引入的「永恒對象」(eternal objects)概念。懷特海把它分爲兩類：(1) 單純永恒對象，如知覺的東西，色、聲、味等。(2) 複雜永恒對象，如概念的東西：理想的幾何形狀、數學模式等，相當於柏拉圖的「共相」或「形式」一類對象。

在懷特海那裡，「對象是自然中不流動的要素」❻。對象的這一特徵稱爲它的「永恒性」，在這之後，懷特海把對象就固定稱爲「永恒對象」。懷特海以山岳爲例，說明永恒對象的含義。山是持續的，但年代久遠也會腐蝕消融。但顏色則是永恒的，它像幽靈一樣纏繞著時間，驟然而來，飄然而去，無論到哪裡，它永遠是同一顏色，它不是生滅變化之物。一旦需要，它就出現了。

因此，「永恒對象」組成一個抽象的世界，即「可能性的領

---

❹ 懷特海：《科學與近代世界》，頁107。
❺ 價值論。axiology，這是來源於希臘文的英文詞。懷特海常直接用其英文本義“the theory of value”這一詞。
❻ 《懷特海選集》，頁280。

域」，它們脫離了現實的事件流，只有當它們進入「時——空流」之後組合起來，才能成爲具體的顯相，即現實的事態。

這裡應該強調的是，「永恒對象」只是邏輯上的「可能性世界」，並不是實在的「可能性世界」。

什麼是懷特海所謂的「現實實有」（actual entity）和「現實事態」（actual occasion）？這是懷特海後期著作中用來代替早期的「事件」的兩個術語。不過「事件」是他早期「同類地」思考自然的術語，而這兩個術語是他後期「異類地」思考自然的術語。按懷特海，「『現實實有』（也稱「現實事態」）是構成世界的終極的眞實事物。在『現實實有』的背後再也找不到任何更眞實的事物了。『現實實有』之間是互相有差異的。……然而有一點對所有的都一樣，即終極事實就是『現實實有』，並且這些『現實實有』就是複合的和相互依賴的點滴經驗。」❼

懷特海還用了一個特別的術語「進入」（ingression）來表徵「『對象』對『事件』的普遍關係」❽，在轉折階段，他把術語「進入」定義爲「某種特別的方式，以這種方式，一個永恒對象的潛在可能性在一種特別的現實實有中獲得實現，它給那個現實實有提供了確定性。」❾因此，「永恒對象」與「現實實有」是通過「進入」這種關係聯繫起來的。即「永恒對象」「進入」時——空流組合成了「現實實有」。在這個「進入」過程中，如英國詩人的直覺所體驗到的，審美的價值出現了。

譬如，我們來考察一座深綠色的山。那麼，按懷特海，它的

---

❼ 《懷特海選集》，頁585。
❽ 同上書，頁281。
❾ 同上書，頁590。

出現和存在的形而上學意義，必定有如下基本點：

邏輯上潛存於「可能性世界」的各個「永恒對象」即上述深度的綠色、山的形狀、大小、硬度、氣味……等等，在某種選擇之下，驟然「進入」「時——空流」，立即從可能性的組合變成了現實性，整合成了這樣一座現實的深綠色山巒，並獲得了自己的審美價值。

組成山巒的各永恒對象隨時變換，於是山巒的各種性狀也連續變幻，類似於在「事件理論」中我們所說的「事物」，山巒可以被稱爲「持續的實有」（持續事態）。在上述連續變化的過程中，天長日久，地老天荒，最後歸於消逝。

其他事物（持續實有）的出現與變化，也可完全類比於上述推理得出。

於是，我們的現實世界，就是按照上述形而上學假設，作爲純粹邏輯上的可能，在現實時——空中出現，作爲事態的系列而流動的。

懷特海從上述浪漫主義文學中所獲得的哲學洞見，就根本而言，就是通過審美價值在自然界中的實現把普遍的價值因素引入哲學之中。追本溯源，浪漫主義思潮本身就是抗議把價值排斥在事實要素之外的做法，這同時也是爲自然的機體觀發出的抗議。事實上，任何審美價值都是交織在表現過程之中的，因而，任何表現過程也就是實現價值。這種抽象出來的價值與事件流相比，具有恒定性。

其實，懷特海在早期科學哲學階段就已朦朧地看出了價值問題的重要性。在《自然的概念》中他說：「自然的價值或許是論及對存在進行形而上學綜合的答案，然而這種綜合我目前並不去嘗試。」❿但他到了哈佛後，對此就躍躍欲試並終於決然引入了。在《科學與近代世界》中他聲稱：「我把價值這個詞用於稱呼事件的內部實在。」⓫從這時起，他開始轉向了他後期思想的核心：價值是事件內部的恒定部分（實在），而事件的外觀則是川流不息的（過程）。

懷特海早期科學哲學的邏輯發展需要解決經典科學導致的近代哲學關於「自然的兩岔」的困難，尤其要求解決由於本體與現象分岔導致的巨大困難，但進一步深入探究則勢必超越舊有的研究範圍，以便把認識論、宗教哲學、價值論綜合進一個更大的一致性體系中，這就迫使他的哲學向深度和廣度方面擴展。因而，哲學發展的內在邏輯驅使他這一時期在認識論中發掘科學概念的基礎，在《宗教的形成》中探尋人們經驗中宗教概念的基礎，而在對這兩者的綜合中導入了價值論。這正如他幾年後所說過的一樣：「在這種意義上，科學興趣僅僅是宗教興趣的一種不同的形式。即是說，二者是價值態的兩種形式，一者求眞，一者求善，最後在審美的經驗中得到綜合。」⓬因此，不難看出，在懷特海體系中，價值論既有倫理學與美學的含義，更重要的是具有本體論和認識論的地位。

綜上所述，我們可知，價值是懷特海找到的最根本的恒定因素之一。他利用價值來實現其哲學的動、靜平衡。

其次，他還引入了「可能的價值態」，即永恒對象的概念，來求得體系的完整。因爲前期自然哲學中，還有一個困擾懷特海

❿ 懷特海：《自然的概念》，頁 5 。
⓫ 懷特海：《科學與近代世界》，頁114。
⓬ 懷特海：《過程與實在》，頁21。

的重要問題，即，現實的「事件之流」從何而來？這導致他去構築一個「潛能」的領域，在這樣一個尋求「潛能」世界的努力中，勢必在本體論方面超出早期的現實世界的研究疆界。源於經驗，又超出經驗，完全從邏輯上去推論出現實世界產生的根據和價值產生的根據，從而轉向了某種客觀唯心論的體系。

影響懷特海這一轉折的原因還有一方面是他對當時生物學進展的愈益重視。他認爲科學正在變成既非純粹物理學，又非純粹生物學的形象，科學即對機體的研究。生物學是對較大機體的研究，而物理學則是對較小機體的研究。他所謂的機體，是一種廣義的存在，即持續的實有。譬如，原子，也是一種機體。在上一章，我們論及懷特海反對「被動實體」的觀念而提出要引入活動的能動性時，他已有了機體思想的萌芽。到這一轉折階段，他的這一觀念已清晰地表達出來了：

> 「現代理論的基本點就是要闡明較簡單機體的前期狀態到複雜機體的進化。於是這理論便大聲疾呼以機體的概念作為自然的基礎。它同時要求一種潛在的能動性（實質的能動性）表現自身於個體的體現狀態中，並且在機體的達成態中演化。機體是產生價值的單位，是為自身的原因而發生的永恒對象的特性的眞正融合。」⑬

值得注意的是，懷特海之重視機體概念，重要原因之一在於它是價值產生的單位，仍然沒有離開盤桓在他頭腦中的核心觀念

⑬ 懷特海：《科學與近代世界》，頁130。

——價值。這是考察他的「機體機械論」所不可忽略的。

懷特海思想中深厚的宗教因素和虔誠的宗教感情，無疑是他所以超越早期科學哲學、實現哲學轉折的另外的一項基本的要素。

作爲一個科學家，同時作爲一個虔誠的基督徒，懷特海憂心忡忡地注意到歷史上屢屢發生的宗教與科學的衝突，在他看來，這主要是宗教不够成熟、尙在形成過程中所致。同時，也是由於人們混淆了兩類不同精神領域的功能的結果。有鑒於此，他緊迫地需要調和宗教與科學，使兩者共處於一個更爲龐大寬宏的形而上學綱領中。如前所述，在尋求動、靜平衡體系的過程中，用價值論來綜合科學與宗教這兩極，這是極其重要的一環。在《宗教的形成》一書的結論中，懷特海指出，上帝「是生命中的那種因素，借助它，評價超越了實存的事實而直達實存的價值。」[14]在這裡，通過上帝，事實與價值就完全地聯繫起來了，而上帝，簡直就成了爲製造價值服務的最高存在了。因此，在懷特海那裡，宗教哲學和認識論的和諧關係只有通過價值論才能達到。他認爲未來的歷史完全要由他那一代人處理宗教與科學間關係的態度來決定。在懷特海那裡（這無疑是西方式的觀點），除開各種直接的感官衝動外，對人類具有最強大影響的兩股力量，一個是宗教的直覺，另一個則是精確觀察和邏輯推理。他竭力反對兩者的衝突，也反對「一眞一假」的判斷，他稱這種看法爲簡單化的。他盡其所能爲宗教辯白道：

---

[14] 諾瑟普與格羅斯編：《懷特海選集》，頁527。

「應當記住，在科學和在宗教中所處理的是事件的極不同方面，科學所關心的是觀察規範物理現象的一般條件，然而宗教卻完全浸入了道德與美學價值的沉思。一方面有引力定律，另一方面則是神性的美的沉思。」⓯

懷特海所關心的，是把上述兩方面融合起來。他對歷史上的宗教不能適應世界的變化，尤其不能適應科學的變化表示不滿，但也絕不是要用科學代替宗教，而是要統一兩者於價值之中。然而，由於如他所述，宗教本身已是對價值問題沉思默想的感情反應，因而，他對宗教的改造並非實質性的。他只是要使宗教與科學互相接觸，協調發展。他以結論式的口氣說：

「宗教是表現人類基本經驗的一種類型：宗教思想的表現力發展得愈益精化並排除了混雜的想像，宗教與科學間的相互作用就愈益成為宗教發展的一個偉大因素。」⓰

事實上，懷特海使宗教納入他的體系中是把宗教作爲一種恒定的因素，作爲一種「靜」的因素來同川流不息的「事件流」保持平衡的。他把宗教理解爲一種終極的善即終極價值，從而使他在轉折時期及之後的哲學越來越濃地染上了神學色彩。宗教在他心目中，是對處於生生流動的，直接事物的外面，背後和中間的某種東西的直觀； 它是實在的， 又有待於實現；它是飄渺的可能性，又是最偉大的當下事實；它賦予流動的萬有以意義，又使人

⓯ 懷特海：《科學與近代世界》，頁214。
⓰ 懷特海：《科學與近代世界》，頁221。

困惑，難於理解；它擁有終極的善，然而又不可企及；它是終極的理想，又是無望的探索。懷特海宗教觀中的這一系列「二律背反」，反映了他在轉折時期的矛盾狀態。他在調和宗教與科學，在達成「靜」、「動」平衡以及價值與事實平衡的努力中，感到了理智的無能爲力。於是，他越來越有意識地訴諸直覺、訴諸感情、訴諸神秘主義了。

要而言之，總結懷特海拓寬自己研究領域的原因，不難發現，他的哲學轉折表現了他試圖用靜態來綜合動態，把價值輸入事實，用潛能來組合現實，用宗教來調和科學，從事件走向實有再到機體的基本思想趨勢。

而所有的這些驅使他轉折的原動力都使懷特海思想聚集在一個焦點上，這就是：價值。

二、導入價值

傳統上，價值是倫理學、美學和經濟學研究的範疇，但進入二十世紀後，它擴展到了很多領域：凡涉及道德、宗教、藝術、哲學、經濟、政治、法律和習慣的範圍都與價值相關。一般認爲，價值論涉及評價，科學涉及描述，二者是完全不同的。

懷特海的引入價值範疇是從美學領域入手的。

他利用審美價值作爲樞紐，從認識論走向價值論，並使自己的哲學開始賦有了整體主義的色彩。懷特海在論及使近代科學得以誕生的對自然秩序的信念時談到了邏輯與審美二者間的關係和相對地位：

「體驗這種信念就會認識到我們作為自身而存在時我們卻超出了自身：我們的經驗雖然是晦暗的和零散的，然而卻闡明了實在的微妙的深處；僅僅是為了使孤立的細節以本來的面目呈現，就需要在事物的系統中去發現它們；這種體系包蘊著邏輯理性的諧和以及審美成就的諧和；當邏輯的和諧在宇宙中作為一種鐵的必然性時，審美的和諧則在它面前作為一種生氣勃勃的理想，並把宇宙通往更加美好精妙的事物的破損之進展熔鑄成了一股普遍的長流。」⑰

從這裡不難看出，審美價值在懷特海著手構建他的宇宙論時是作爲一種比邏輯理性更高級的因素來引入的。如前曾述及的，他訴諸詩人的直覺，認定人類的審美直覺與機械論是根本衝突的；自然與審美價值緊密地聯繫在一起。並且，這種價值具有整體對各個組成部分的整合作用。由於他把價值視作事件的內部實在，視價值爲客觀內在的一種性質，因而帶有客觀唯心論價值哲學的典型特徵，這就是說，價值是一種超歷史的理想本質，是一種不變的內在的規範，它們構成一個獨立的、自在的、不變的、永恒的領域。他對價值劃定的這一本體論特徵，在其晚期哲學中發展成了一個完整體系。

但是，對價值這一概念的嚴格剖析表明，它既帶有主體評價的方面，也帶有客體屬性的方面，它本身是這二者相結合時發生的，兩方面缺一不可，把價值完全歸入事件的內在實在性，懷特海的價值論的嚴格推演必定要發生某種邏輯困難，最後只能訴諸

---

⑰ 懷特海：《科學與近代世界》，頁31。

上帝。這是懷特海價值學說的邏輯歸宿，這將在後面再詳盡論述。

然而，縱覽懷特海哲學思想發展的邏輯線索，可以看出，他早期哲學的困難使之轉向價值論求得解決，是極其自然、順理成章的。尤其是它需要借助一種客觀主義的、柏拉圖式的價值論，只有這樣才能越出過去的較爲狹窄的領域，而勾勒出一個宇宙論形而上學的輪廓，並使價值論在其中扮演一個整合各個分散領域的核心作用，這是他的哲學前提和發展的內在邏輯所要求的。

如前章所述，懷特海早期哲學的主流特徵還是一種新實在論，雖然它與培里（Ralph Barton Perry）和霍爾特（Edwin B. Holt）有重大的差異，但主要的努力仍在論證「自然對心靈封閉」，在某種意義上是把精神排除於自然之外，然而，這種觀點難以說明我們經驗中極爲微妙而重要的審美感覺和道德直覺，不能構築一個普遍的形而上學體系，因而，到了轉折階段，他就致力於心靈與自然的同化，尋求心靈與自然的共通點——價值因素。

懷特海走向價值論，贊同事實與價值的同一，其原因之一還在於威廉·詹姆斯對他的影響。懷特海稱詹姆斯具有清晰而深刻的天才。眾所周知，作爲一個經驗一元論者和實用主義者，詹姆斯同杜威(J. Dewey)一樣，是竭力主張事實與價值的同一性的，他們認爲眞同善和美一樣，都是價值的形態，從而爲統一認識論與倫理學、美學開了先河。雖然實用主義的處理方式遭人非議處甚多，然而它仍然啟迪了懷特海，不過使他從另一方向來處理這同一主題罷了。

我們來考察一下他如何把早期排除於自然之外的心靈逐步引

入自然，如何使精神與自然連結起來，逐步同化二者的。現在的問題是，懷特海必須超出早期認識論的範圍，進入更大的形而上學範圍，並把認識論放入這個範圍體系中的一個適當地位上。

早期懷特海認爲事件是自然的終極單位，但事件如何實現？轉折時期首先對這個問題作了如下回答：事件是融合（色、聲、味、幾何形狀等）永恒對象而產生的。這些永恒對象是自然所需要的，但不是從自然中產生的，它們只存在於潛在的可能性領域中。這已經使他進入超自然主義的觀點了。

顯然，脫離了自然主義，也就勢必脫離實在論。

上述這些永恒對象一旦以某種方式組合成一事件時，實際上，這事件就否定了其他各種可能的組合方式，也就是否定或限制了另外事件的外觀出現。因而，一個事件的實現在這種意義上就是選擇的結果。既然稱爲選擇，邏輯上就要求有某種「評價」作爲前提。因而，在客觀上，一事件的實際發生也就是誕生了一種價值。具有客觀精神的東西就以這種方式進入了懷特海的自然界。

事件內部的實在就是它的價值。

「這種實在意味著每一內在的本質，即每一種永恒對象本身所是的東西，都變得同在事件的外觀下的有限價值的發生有關。但是，價值有各各不同的重要性，所以每個事件對於事件共同體而言雖然是必須的，然而其提供的分量則由它本身的某種內在的東西所確定。」⑱

⑱ 懷特海：《科學與近代世界》，頁128。

事件內在的這種東西實質上是某種性質（該性質可稱之爲保持、持續和重現等），它使價值在實在的流轉中保持自身同一，即價值的某種形式在事件中產生重複現象。從而成爲某種持續的甚至恒定的東西。在這種情況下，整個事件內部體現出來的是同一個模式，這種模式就是價值的要素。

然而，這裡的問題在於，永恒對象憑藉什麼能組合成現實事件？懷特海爲此引入「永恒的潛能」這一概念。在這種潛能的本性中具有對所有永恒對象的「展視」（envisagement）。這裡「展視」這一術語蘊有展望、正視、設想、趨勢等涵義。因此這種「潛能」實質上是一種「永恒的能動性」。這種永恒的能動性的實質在於，它可以從一種抽象的可能性領域中，即從一種理想狀態中展視到永恒對象眞正結合時產生的一切價值。很顯然，在沒有實在性的理想狀態中，是不存在任何價值的，然而其目標中的要素則有價值，即展視的目標是蘊含價值的。反過來，「潛在的能動性」如果脫離了眞實世界中的事物，事實和事件，就沒有了任何價值。

> 綜上所述，「潛在的能動性，當它脫離了實現這一事實時，它就有三種類型的展視：(1) 對永恒對象的展視。(2) 對永恒對象綜合時價值發生的可能性的展視。(3) 對現實事物必定進入整體狀態的展視。借助於對未來的結合，這種整體狀況即可實現。」[19]

---

[19] 懷特海：《科學與近代世界》，頁128。

懷特海在歸納了潛在的能動性展視的三種類型後，特別強調，如果永恒的能動性從現實性中抽象出來，它就喪失了價值，因爲，現實性就是價值。

我們不難從上述論點中看到亞里士多德的「隱德萊希」學說的幽靈，這裡既有亞里士多德潛能的烙印，也有他的「現實」（隱德萊希）的痕迹。

上述的「永恒潛能」、「潛在的能動性」等術語，到了懷特海哲學後期，成了一個專門術語:「潛能」（Potentiality）。這裡懷特海從哲學的意義上強調潛在的可能性，與在當時出現的量子力學中對潛在可能性強調，二者在時間上相遇了。這也許不能僅僅解釋爲巧合。量子力學的奠基人海森堡（W. Heisenberg）在其名著《物理學與哲學》第九章中曾說:

「原子和基本粒子本身也不像是真實的。與其說它們構成一個物和事實的世界，不如說構成一個潛能或可能性的世界。」⑳

海森堡在闡釋量子力學的「態」這一概念時說:

「……如果人們不把『態』這個詞看出是對實在的描述，而寧可看作是對某種潛能的描述——人們甚至可以就拿『潛能』這個詞來代替『態』這個詞——那麼，『共存潛能』的概念是完全講得通的，因為一種潛能可以包含其他

⑳ W·海森堡:《物理學與哲學》，科學出版社 1974 年版，頁 123。

潛能，或者與其他潛能相重疊。」㉑

這裡，「潛能」這個概念就把現代物理學中一個根本的概念「概率」，放到了本體論的地位上。過去在經典物理學甚至在相對論中，概率只是表徵認識論意義上的誤差或精確度的概念。到了量子力學階段，把「概率」視作「潛能」，就意味著它已是理論假設中的原則上被指定的、表現科學對象本身的本體論意義上的概念了。這就正如科學哲學家諾瑟普所說的：「它的意義就在於將亞里士多德物理學中的客觀的，並且在這個意義上是本體論的潛能概念和現代物理學中的力學因果性概念調和起來。」㉒懷特海的「潛能」也正是這種本體論意義上的，因而在某種意義上，它是現代科學與亞里士多德「潛能」學說相融合之後在新歷史條件下的產物。

然而，與亞里士多德潛能說不同的是，懷特海的潛能，本質上是價值的「潛在可能性」，而且主要是審美價值的「潛在可能性」。因爲在懷特海看來，它的三種展視之一就是「對永恒對象綜合時價值發生的可能性的展視」。鑒於此，此時期的懷特海以專著《象徵，它的意義和作用》，更爲深入地討論了審美價值，尤其是藝術審美價值的核心問題，在哲學的高度上對廣泛存在於藝術、語言、數學……等領域中的象徵的本質和方式作了概括。在這本專著中，懷特海斷言：「人類似乎不得不爲了表現它自己而尋找象徵。事實上，表現就是象徵。」㉓如此，他對象徵作了如下的定義：

㉑　W. 海森堡：《物理學與哲學》，科學出版社1974年版，頁123。
㉒　諾瑟普：《物理學與哲學》，頁151。
㉓　懷特海：《象徵，它的意義和作用》，頁62。

「當人類經驗的某些部分涉及經驗的其他部分，從而誘導出意識、信仰、情感和習俗時，人類的心靈從功能上說，是象徵性的，前一部分是『象徵的符號』，後一部分是象徵『符號』的意義。」㉔

這裡所謂的「經驗」，具有詹姆斯經驗一元論的色彩，是廣義的。他們認爲天地萬物萬事，不管是物還是心，統統是經驗事態，即統統是經驗。因此，懷特海把藝術、語言、數學、科學……都看作是用經驗的一部分（如用色彩、畫筆、語詞、數學公式……）來表現經驗的其他部分（如所畫的自然對象、語言所指稱的東西、數學公式表達的規律）的方式。這就是廣義的象徵。用象徵的符號指示出符號所涉及的意義，後者就是價值。譬如在藝術家，這就是審美的實現。

更抽象地說，象徵就是兩種經驗之間的相互作用，而這種作用的產物則是價值和意義。

這種象徵，賦予萬物以價值；而價值，則使萬物生輝。

前面已提到過的浪漫主義詩人，就是通過其象徵使懷特海領悟到宇宙間價值存在的典型例證。

而對這種價值的深入分析，勢必涉及形而上學領域諸方面。

上述懷特海把藝術、語言、數學、科學等都視爲象徵的某種方式這一思想，應當說同新康德主義者，德國哲學家恩斯特·卡西勒（Ernst Cassirer 1874～1945）的思想有某種精神上的關聯。卡西勒認爲，語言就是思想的象徵化，它表現出兩種完全不

㉔ 同上書，頁7。

同的思想方式: 一是分析推理的邏輯，一是創造性的想像。一個概念只有在它體現爲象徵時才固定下來，才能讓人把握得住。他認爲象徵概念的研究爲探討人類的一般概念形式提供了一把鑰匙。在卡西勒那裡，一切文化成就，如語言、神話、藝術和科學，都是人類象徵活動的結果，這些文化現象或精神活動都是運用象徵的方式來表示人類的各種經驗的，這些象徵活動的成長，就是一部人類精神成長的史詩。

這裡的「象徵」，並不著眼於對外界的「反映」，它強調的是以象徵方式「構成」世界。進而，它根本不是「反映」一個外在世界，而是以不同的象徵方式「創造」出不同種類的世界，如神話世界、常識世界和科學世界等。這裡，已經對「認識論」的本義作了根本的修改，甚至已經「非認識論」化了。

這種傾向，已經潛伏著後來西方哲學（如釋義學）的某些思想胚芽了。

毋需仔細考察，即可看出，卡西勒的上述有關象徵的思想與懷特海的思想有一脈相承之處，甚至在用語上也極相像，只是卡西勒把懷特海關於象徵主義的思想擴展、演繹成了一個大系統，寫成了三卷本的《象徵形式哲學》，從而在哲學界造成了更大的影響。

二者的差別有兩個方面，卡西勒把象徵分類爲三種不同的方式: (1) 表現功能: 它在神話之中; (2) 直觀功能: 它通過使用日常語言構成常識世界，把知覺世界分化爲按時空關係聯繫起來的事物; (3) 概念功能: 它構成科學的世界，是一種建立關係之上的體系，不是建立在實體及其屬性上的體系。而懷特海重點研究的是後兩種（直觀功能和概念功能）以及藝術中的審美功能。

即是說懷特海研究的，都是象徵符號與其象徵的意義分離的功能，而未去研究符號與其意義融爲一片時的功能——即原始時期神話中的表現功能。在那裡，文字並不代表事物，文字本身即是事物。也就是說，懷特海的研究是「非發生學化」的，而卡西勒則是「發生學化」的研究。懷特海重點在於探究已存的象徵表現的形態，並不關心它們如何從歷史上發生。這是雙方的區別之一。

區別之二在於，卡西勒關於象徵的理論很少關涉到價值理論，而在懷特海，他把象徵符號所涉及的意義直接視作價值，這是他的核心觀念所在。懷特海正是通過對象徵的闡述，把認識作用、審美作用、宗教意義……等統一起來，然後由象徵表現的功能導入價值。從而由認識論的領域進入人類文化領域的各個方面，這樣就爲一個新的、更爲豐富和廣闊的形而上學領地揭開了帷幕。

三、訴諸歷史，創進演化

價值需要自已的載體。

誠然，現實事態是價值的發生體。但很多現實事態具有持續性，稱爲「持續事態」（或稱「持續實有」）。

在懷特海的特殊用語中，這種持續事態統統可名之爲有機體。

這種稱謂的內在根據何在？據懷特海，這同他斷然否認有機體和無機體之間存在根本的鴻溝有關，另外，也同十九世紀下半葉生物學的歷史性進展有關。

懷特海認爲，十九世紀把四個根本性的新概念帶進了二十世紀的理論科學中，這四個概念是:（1）物理場的概念；（2）原子論——物質由原子組成；（3）能量守恒原理；（4）生物進化原理。

影響懷特海哲學轉變的上述概念中，最重要者爲第四點，就是：機體的進化。

在懷特海看來，由於以達爾文主義爲標誌的生物學的勝利進軍，歷史的場景發生了重大的轉換。他據此而作結道，所有的科學都是從各不同的角度研究機體的，這些機體分屬不同的等級層次。

正是由於進化論的誕生，歷史，這個核心的概念才進入了自然科學之中。而過去的數理科學，尤其是牛頓的經典力學，則是非歷史的，時間反演對稱的。

早期的生物學以經典物理學爲最高典範，亦步亦趨，追隨牛頓力學，摹仿其方法和程序，從而把生物學還原爲物理學和化學，實質上僅僅是複雜性高一些的機械論而已。拉美特里的「人是機器」就是此類思想的凝聚。

然而，這裡存在邏輯困難。這種還原論難逃機械論和活力論的兩難處境。

衆所周知，生物體的動作受意志支配。然而如果我們認定這種動作遵循自然科學的客觀決定論，即取決於身體的原子分子的客觀運動定律，那麼意志的支配作用就化爲虛無，人們就無法憑自己的意願去操作自己的軀體的活動。倘若我們認定它並不遵守自然科學的客觀決定論，那麼科學就喪失了其普遍性和廣泛性，不成其爲科學了。

的確，在歷史上人們正是搖擺於上述兩種悖論之間，無所適從。或者讓機械論與活力論二者各司其職，各自掌管自身的領域，前者掌管非生物界，後者掌管生物界，各得其所，互相隔離。然而，倘如此，則整個世界就喪失了其自身的統一性。

如何把上述二者間的斷裂彌合起來，這是近代哲學與科學共同關注的問題之一。即是說，經典物理學與生物學的兩種不同的誠條構成了某種黑格爾式的矛盾——正題與反題，懷特海對此的反應則是把生物學方面的因素引入物理學之中，用機體論來統一機械論與活力論，在前述的意義上這就成了機械論與活力論的合題。鑒於此，懷特海有時也稱自己的哲學爲「機體機械論」，這就明白無誤地顯示出了其中的兩極因素。仔細考察，不難發現，這一理論中有系統論思想的萌芽，同時也染上了一種泛心論的色調。

在懷特海哲學中，有機體是一種廣義的存在。只要是有一定規律的有序結構體都是有機體。甚於這個意義，過去的生物體與非生物體的二元劃分業已讓位給了機體一元論。因爲隨懷特海思想的演變，進化論思潮的烙印愈益加深，他認爲現代哲學的基本任務之一，就是闡明進化的機制，即闡明如何由簡單結構體向複雜結構體演化。爲了達到這一根本要求，邏輯的結論就是：整個自然必須以機體的概念爲基礎。

懷特海機體論有兩個要素：

(1) 規律是劃分爲層次的；同時，任何規律也都是一種歷史形態，並非永恒不變的。

(2) 環境一直滲透入本質之中，各規律在不同的環境條件下會發生改變。

不難看出，除價值之外，對歷史和環境這縱橫兩大因素的強調，也是懷特海思想轉變的契機之一。

上述兩條都是直接反抗物理學中心主義的。

懷特海認爲，經典物理學討論原子性的物質實體時，只考察它與其他物體的相互作用而不考慮其不同的環境，這是物理定律永恒化、簡單化的根源。如果考慮到所有過去被視爲物體的實質上都是有機體，那麼，歷史的作用和環境的作用就都是難於忽視的了。因爲這一機體具有某種繼承性，它是繼承了它本身過去的性質、形態而來的。

鑒於此，不難獲得如下結論：個別機體的生命史，是更宏大、更深刻、更完整的機體結構的生命史中的一部分。一般而言，個別機體的存在要受到較大結構體的總體系統結構的支配，並隨較大機體所發生的變化而獲得修正。仔細考察不難看出，上述機體機械論無疑是後世系統論思想的一種原始形態。

同時，根據上述總的思想脈絡可推知，自然規律的演化與機體的演化息息相關，雙方都不是永恒態，它們都是隨時間的推移而變遷的。區別僅僅在於，比較而言，自然規律相對地具有更大的穩定性而已。在懷特海看來，整個宇宙現存的一般狀態，部分地決定了一些機體的本質；而實際上正是這些機體（無論其大小）的功能形態表現出了上述新的規律。於是，懷特海總結說：

「普遍的原則在於，在嶄新的環境裡，存在著從舊的實有轉向新形式的演化。」㉕

㉕　懷特海：《科學與近代世界》，頁128。

爲了進一步論證上述演化的可能性，他引入了「目的」這一概念。由於環境滲入了事物的本質之中，所以，倘若所處環境發生變化，則必定對機體造成影響，從而使機體在重要的方面受到修正，於是發生演化㉖。鑒於達爾文進化論對變異與遺傳的卓越結論，懷特海指出，這裡演化的前景具有某種隨機性，業已超出了物理學的機械決定論的控制之外，因而只能用「目的」來表達。即是說，演化的每一細節上都是隨機的、無目的的，然而在總體上卻發現了目的性。也即，機體發生的變異純粹是偶然的、隨機的、無方向性的，然而由於不適應環境從而不利於生存的變異體將由於生存競爭而被淘汰，因而被自然選擇而存留下來的變異體總是適應環境而與自然和諧共處的。於是機體的演化在總體上就呈現出了明顯的方向性：逐步改善性狀，結構日趨複雜，更能適應環境。即是說，在總體上，機體正在趨向一個完善的「目的」，在向「合目的性」的方向進化，雖然每一步的變異是凌亂、隨機而無目的的。於是，似乎在冥冥之中我們看到了機體進化的某種「目的」，這一目的是在自然選擇的整個過程中凸現出來的。可以認爲，在非目的微觀過程中將產生出宏觀（進化）的目的，這是現代思想的重要突破之一。後來以維納爲代表的控制論和以貝塔朗非爲代表的系統論，進而到當代普里高津的耗散結構理論和哈肯的協同學理論，在某種意義上都是從根本上復興了「目的性」觀念，從而導致了重要的思想變革的。

在自詡爲客觀性典範的自然科學中、在現代哲學中，過去曾由於亞里士多德淺薄的「目的論」而名譽掃地的「合目的性」這

㉖ 懷特海這一觀點容易被人誤解爲他贊同「獲得性遺傳」這種錯誤主張，實質上他是在哲學的意義上談「環境」，與生物學有不同。

一觀念，隨歷史進程的展開，又重新出現在學術舞臺上了。

這裡應當留意的是，懷特海所謂的「演化」，實質上所指的是結構的演化。他在闡釋持續性何以存在的原因時，曾指出，機體的唯一持續性也就是結構的持續性，而結構本身也是要演化的。基於這一出發點，懷特海站在自己的立場上批評了素樸唯物論。他認爲，若要視質料爲基本，那麼結構的持續性爲何能够出現並存在下去，在邏輯上就很難理解；但是，倘若把機體視作基本，那麼順理成章地，上述結構的持續性就是某種進化的結果。

在轉折時期，懷特海對「機體」這一概念的普遍使用還稍存疑慮。當然，對於持續體的兩個極端——原子分子和生物體，毫無疑問，有把握斷然名之爲「有機體」。事實上，生物體之爲有機體自不待言，就是原子與分子，根據現代物理學的成果，可知是結構規整、功能嚴密的，稱爲機體也是無可挑剔的。然而對上述二者之間的持續體，即宏觀的非生物體，它們的有機統一性似乎表現得較爲模糊，往往難於發現某種一致的模式結構。當然，由於它們的構成最終仍可追溯到原子分子，因而即使在此時期，懷特海仍爲追求邏輯的簡單性而稱宏觀物體爲機體，不過稍覺勉強，並有某種獨斷的泛心論之嫌。這一問題只是到了後期，機體論業已體系化和成熟化之後，才獲得稍可令人滿意的解決。

達爾文主義征服科學界之後，哲學界和社會科學界興起了一股強調生存競爭的嚴酷和自然選擇的無情的世界性思潮，這一思潮很快就發展到了極點，它與業已奔湧了近三個世紀的異教文明復興的世界性潮流合流，席捲了各歐美國家，在某種意義上，把世界投入了血與火之中。懷特海針對這一弊端，起而重新闡釋機體進化的機制，特別補充了機體與環境之間的相互依賴關係以及機體相互之間的共存依賴關係，並以此來挽狂瀾於既倒，匡正偏頗。

懷特海抨擊了過去對機體進化的簡單化理解。他指出，生物界中有所謂共存的（不同）物種，它們彼此爲對方提供生存的有利條件。鑒於這一事實，可知，正如同一物種的個體相互有利於對方一樣，共存狀態的不同物種也同樣可能互利互惠。他進而指出，在氫核和圍繞著它的電子這兩種機體上，也能發現某種初步的共存狀態，它們相互隔離而又相互依存，構成一個和諧運行的體系，因而很難於與其他對抗的種類發生尖銳的作用和競爭，這在某種意義上說明了氫核與電子之間的巨大穩定性。㉗

懷特海強調爲了完整地闡明進化的機制就需顧及兩個方面，其一是機體必須適應一定的環境；其二是機體又可以創造它們自己的環境。兩者缺一不可。

對於前者，人們過去是論述得够多了，甚至是強調過分了。人們僅僅注意到，生活資料的總量是有限的，它只能滿足一定數量的機體，於是，環境的固定性、冷酷性、永恒性就成了支配的因素，而殘酷的生存競爭和自然選擇的法則就成了宇宙間至高無上的排他性的唯一法則了，當然，勢所必然地它被推廣到了人類社會，應運而生的社會達爾文主義就是重要的代表。他們把注意力完全匯聚於人類之間各種利益的不可調和的劇烈衝突上，否棄倫理原則對於人類社會的價值。如果我們要探究各類鬥爭哲學的興起，探索各類反道德主義、反民主主義、種族主義、唯意志主

㉗ 當然，氫原子的穩定性只有用成熟的量子力學理論才能完滿地說明。

義的氾濫，就絕不能漠視這一基本的思潮背景。

上述曾風行一時的所謂現實主義思潮認爲，個人利益、種族利益、階級利益和國家利益之間的衝突應當純粹是一場智慧和力量的較量，勝則爲王，敗則爲寇，其間應拋開任何倫理原則的考慮，因爲這種鬥爭超出善惡的界限之外；甚至根本就無所謂善，無所謂惡。

懷特海特別強調第二點來補救和匡正第一點，他指出，進化的機制有一方面被人們長期忽略了，這就是創造——機體對環境的創造。然而，明顯的事實是，單個機體根本無力締創環境，毫無疑問，只有眾多機體合作協調、相互依賴，這才能聯合產生足够偉大的羣體力量，成爲足以同環境相抗衡並改造環境的社團力量。因爲只有在這種羣體合作力量的協同作用下，環境才會產生與之相應的可變性。因而，合作、協調、利他主義正是機體進化的必要條件。這裡進化對羣體合作的無法迴避的要求促進了機體的道德價值的發生，因爲合作以組成羣體社會（從而改造環境）在邏輯上就要求遵守共處原則，倫理價值於是應運而生。因此，不難看出，利他主義、同情心、泛愛……各種各樣的道德原則和人類情感並不是與進化的機制相背的，相反，毋寧說，它們是完全可以協調起來的。

鑒於上述鬥爭與協調的雙重需要，我們又重新引入了倫理道德的必要性，顯然，機體進化論的邏輯結果並不是否棄善惡的界限，而是肯定了倫理的價值。

不必深論也可看出，懷特海哲學中開始萌生的機體觀因素是一種特別適合生物學家思維方式的世界觀。雖然，在他之前，斯賓塞（Herbert Spencer）、孔德（Auguste Comte）以及後來的突生進化論（emergent evolutionism）㉘者也曾經研究過世界的機體概念，然而，無論就理論的嚴謹、精緻、深度和影響而論，他們都稍遜於懷特海的研究。歷史也表明，懷特海的機體論無論在哲學界還是在科學界都產生了較上述各派更爲廣泛的反響。

當然，這裡不能不提出的一點是，對於人類社會的有機結構及其運動規律的研究，遠在懷特海之前，馬克思和恩格斯在對人類社會機體的動態與靜態的考察中，很早就採用了後來機體論者所通常採取的研究角度和方式，因此，應當實事求是地指出，對於人類社會機體組織的研究，馬克思主義的創始人當之無愧地應被列爲無可匹敵的卓越代表。其實，西方學者也有人早就注意到了懷特海的機體論同馬克思、恩格斯思想的共同點，著名學者李約瑟（Joseph Needham）就是其中之一例。

懷特海的機體論到了他哲學發展的後期有了更爲系統的發揮，成爲其哲學思想的基本核心之一，在下一章我們要繼續探討。

四、走向形而上殿堂

懷特海轉折時期，把直覺洞見與邏輯分析相融匯。拆掉早期科學哲學的人爲樊籬，走向更爲廣闊的形而上學思辨的領域，勾勒了新的宇宙論形而上學的大輪廓，雖然對細節語焉不詳，但卻是一次重要的觀念探險。

㉘ 也有把它譯爲層創說或層創進化論或倏忽進化論的，代表人物有摩根和亞歷山大。

懷特海這裡的中心問題是：我們這個世界是如何可能的？

他的形而上學論證，主要是環繞著中心概念——永恒對象——來進行的。

如前所述，構成我們這個現實世界的「構件」，是現實實有（或稱現實事態）。有鑒於此，懷特海就從這種形而上學的直接對象即現實實有（或現實事態）開始進行分析。

現實實有（事態）完全依賴於組成它的永恒對象的不同而有所不同。因爲各種永恒對象可以同現實事態發生各種不同的組合和聯繫。譬如：一定深淺的綠色在現實事態中可以與正方體形態聯繫在一起，但是綠色和正方體形態是可以超越這一現實事態的，因爲它們還可與其它永恒對象組合成其它事態。如：綠色在另一事態中與球形聯繫在一起；或者，正方體形態在其它事態中與某種紅色聯繫在一起，等等。

另外，現實事態還與另外的一些領域發生內在關連，這一領域超越了現實事態，它們由一切有意義的假命題陳述顯示出來，通常表現在藝術、浪漫主義虛構或理想世界「烏托邦」等中間。這裡就涉及懷特海所使用的兩個術語的意義的區分，一個是一般的形而上學，另一個是宇宙學。前者可稱之爲研究一切可能的世界的學科；後者則僅限於我們這個現實的世界即「這一個宇宙」的學科。懷特海此時期主要探討一般的形而上學。

按照懷特海，永恒對象存在於抽象的脫離現實的「可能性領域」中。這是一種邏輯上的需要，邏輯上的構造，而並非是時——空中的實在。

這裡的問題是：何以要借用「可能性領域」來推導出現實世界？直接研究現實性世界豈不更方便？答案就要訴諸人類理智上

把握事物的基本心理習慣了。簡言之，對任何複雜事物都傾向於把它分解爲原始的簡單的元素，以便把握、理解，這是人類心智的一個特點。事實上，現實世界是紛繁雜亂、變幻無常的，但是如果要滿足邏輯的簡單性，在描述它時，就需要找出其中不變的、恒定的成分來組成現實。這是一種數學式的公理化方法，可以滿足人們理智上的需要。數學家出身的懷特海，採用此法是順理成章的。

而處於「可能性領域」中的永恒對象，就正是上述的「不變的、恒定的成分」。

永恒對象之間由於內在屬性的原因，具有相互間的可組合性和不可組合性。這就是懷特海所謂永恒對象的「關聯性本質」。雖然如此，由於永恒對象無限多，其組合方式就更是無限的了因而永恒對象具有組合的潛在無限性，他們一旦進入「時——空」流，就意味著在無限多個可能的世界中，選擇了一個，即我們這個現實世界。而有意義的假命題所陳述的眾多「世界」，就是除掉我們這個現實世界之外的無限多的未被選擇上的「可能的世界」。說它們是「可能的」，是因爲它們的組合方式是爲永恒對象的「關聯性本質」所容許的，因而表達它們的假命題也是「有意義」的，只是由於偶然的實際選擇的限制，使它們未能現實地出現而已。懷特海認爲「理解現實性就要求對理想化的參照，這是我主張的形而上學立場的基礎。」㉙

這就是說，在懷特海看來，我們這個宇宙的具體「顯相」和規律，並不是必然如此的，而是某種選擇的結果。

㉙ 懷特海:《科學與近代世界》，頁185。

懷特海所謂的「永恒對象」，在歷史上可與著名的「共相」相對應。但懷特海不願意採用「共相」這一概念，因爲他要極力擺脫哲學史上「共相」一詞被各個哲學家賦予的種種假定。在懷特海那裡，從根本上說，永恒對象是抽象的。這裡所謂「抽象」，即指每個永恒對象的「關聯性本質」不必參照任何具體的現實事態就能被直接理解。因而，抽象的永恒對象是「超越」具體的現實事態的。當然，超越現實事態並不等於與現實事態隔絕。相反，每一永恒對象都同現實事態有某種聯繫，這種聯繫就是永恒對象進入現實事態的「樣態」(mode)。

懷特海提出了兩條形而上學原理來界說永恒對象的本質：(1) 每個永恒對象都是個體，都以自身特別的方式成爲自身。這種特殊個性就是此對象的個體化的本質，除了它作爲自身之外不可能用其他方式描述它。(2) 作爲抽象物的永恒對象，不可能離開對其他永恒對象的涉及；也不能脫離它與普遍現實性的關係，雖然它與進入某現實事態的具體樣態無關。這就是前面提到的永恒對象的「關聯性本質」，這種關聯性本質決定了這一永恒對象何以可能進入現實事態。

原理 (1) 表明，個體化的本質僅僅是就它的獨特性方面而言的本質。更進一步說，一個永恒對象的本質僅僅是它對每個具體的事態作出的獨特貢獻。由於永恒對象在各種進入現實事態的樣態下都是其本身，因此，在這個意義上，它的獨特貢獻對所有的事態而言都是相同的。然而在另一方面，就它進入的樣態而言，每次又是不同的，因此在這個意義上，它的特殊貢獻又各各不同。據此，一個永恒對象的形而上學地位也就是一種對現實性而言的可能性。每個現實事態的特徵要由這種可能性如何對該事態實現來確定。因此，現實化就是對可能性的選擇。更準確地說，就是根據它在該事態中實現的可能性的大小，然後分等級地加以選擇。懷特海這裡的思想明顯地與他有關「潛能」思想一脈相承。

原理 (2) 主要在於闡明永恒對象的關聯性本質。這種關聯性本質邏輯地導致懷特海關於永恒對象之間「內在關係」的學說。假定A是一個永恒對象，由於A的「關聯性本質」，因而，在A與其他永恒對象之間的關係上存在一種確定性，而A與現實事態的關係卻存在一種不確定性。唯其因爲不確定，故才有選擇。既然A與其他永恒對象的關係確定地存在於A的「關聯性本質」中，因此，這種關係必然是內在關係。即是說，這種關係是組成A的成分，離開了這種關係，A就不成其爲A。這也就等於說，一旦具有了內在關係就永遠具有這些內在關係。A的各種內在關係聯合起來構成了A的意義。

另外，A內含的「可能性」其實就是A的本質可以與對現實事態的關係相容。A與現實事態的關係只不過就是A與其他永恒對象的確定關係在該事態中的部分實現。

因此，A與其他永恒對象間的確定關聯性就是A如何系統地、本質上必然地同每個其他永恒對象發生關係。這種關聯性就意味著實現的可能性。然而，由於「關係」是涉及全部有關各關聯對象的事實，不可能被孤立出來，不可能只涉及一種關聯對象。所以，在可能性的實質中就普遍地包蘊有一種系統的相互關聯。其所以能把永恒對象領域正式稱爲一個領域，是由於每個永恒對象都可以在這種普遍相互關聯的系統綜合體中找到自己的位置。

如此，我們看到，懷特海通過對永恒對象的分析，逐步走到了整體論思想的門口。

我們已經知道，一個現實事態的出現實質上是一種選擇給出的限制。如果再進一步仔細探究，這種限制實質上是一種劃分等級的過程。任何永恒對象對於一般現實事態都存在一種本質上的不確定性，即這一永恒對象既可能在這些現實事態中實現，也可能未實現。但是現實事態又要把每種永恒對象綜合進它自身，這樣它就包括了一個永恒對象對其他個別的或整套的永恒對象的全部確定的關聯。這裡特別需指出的是，上述綜合只是限制實現而不是限制內容。每一種關係仍保持它的自身同一，而進入這種綜合體的等級是每個現實事態所固有的，這些等級只能通過價值的「相關」來表現。各個不同的事態各有其不同的價值相關。最高的是把永恒對象的個體化本質作爲某個等級的美學綜合體的因素被包括進去，而最低的則是把這個永恒對象的個體化本質作爲美學綜合體的一種因素而排斥掉。必須注意的是，這裡所謂「排斥」，就是指該永恒對象的各種確定關係在事態中並未實現，因而它不能貢獻任何美學價值。原因在於，價值是通過對永恒對象的選擇性的限制而產生的，某永恒對象在事態中沒有實現，就表明它沒有被選擇出來，因而仍潛在處於「可能性」領域中，沒有獲得價值。

綜上所述，我們不難理解：全部永恒對象被「把握」到每一事態中去時都具有兩重性：(1)每一永恒對象一般地對事態的不確定關係；(2)這一永恒對象對某一特殊事態的確定關係。這就表明了在懷特海哲學中，外在關係何以同樣可能存在的理由，事實上，永恒對象對事態的關係就是外在關係。它們可以以這種「

樣態」或那種「樣態」進入事態，不是唯一的、必然的，因此是外在關係。

其實，在懷特海體系中，造成邏輯困難的，並不是外在關係，而是內在關係的學說。不妨以如下的命題表述一個普遍的原理：

有限的眞理能否存在，何以能存在？

我們知道，由於「關聯性本質」，一個永恒對象與其他永恒對象就處於一種必然的「內在關係」之中，這是一種確定的關係。事實上，某一永恒對象的各種內在關係總和就構成了它的意義，使它成爲自身。但是，誠如懷特海指出的：

> 「在內在關係方面產生的困難是我們如何解釋任何特殊眞理出現的可能性。鑒於內在關係存在，每一事物必須依賴於其他一切事物。但倘若眞的發生這種情況，那麼，只有等我們同樣地知道了其他一切事物之後，才能知道某些事物。因此，很顯然，我們不得不一剎那間說出萬事萬物來。明顯地，假定這種必要性肯定是不對的。鑒於此，它就要求我們解釋，旣然承認有限眞理，那麼內在關係又何以能夠存在。」㉚

或者換個等價的說法，旣然承認萬事萬物間內在必然關係的存在，那麼，「牽一髮而動全身」，特殊的、局部的、有限的眞理又何以能存在？

㉚ 懷特海：《科學與近代世界》，頁191。

這是使歷史上的所有一元論者困惑的核心問題之一。

羅素就曾經依靠上述邏輯分析抨擊過黑格爾的「絕對」和「大全」，抨擊過黑格爾的超越時、空的三段式推演和萬物統一、萬物一致的思想，並用自己的多元論的邏輯原子主義來取代黑格爾的嚴酷的一元論。

懷特海本人是同意羅素的分析的，他試圖用下述推理爲自己的內在關係學說擺脫邏輯上的困境。

既然現實事態是從可能性領域選擇出來的，即永恒對象進入時——空之流後被限制而組合成的。那麼，要協調內在關係與有限眞理的並存問題和邏輯上的問題，就須仔細分析永恒對象的性質。

關鍵在於，有限多個永恒對象間的有限關係何以能存在?

懷特海認爲，存在的原因正在於每一永恒對象均有自己的「關聯性本質」（如前述，顏色可與形狀達成事態，但與音調並不達成事態，等等）。在邏輯上，這種「關聯性本質」只須參照該對象本身即可決定。其他永恒對象除非是特別地牽涉到這本質中間，否則就不必參照它們。因此，並不需要無限地聯繫到其他永恒對象，這樣，就爲有限對象間的有限關係存在提供了可能性。

鑒於上述分析不難推知，在可能性領域（即永恒對象領域）中的關係並不涉及永恒對象的個體本質，這些關係所涉及的任何永恒對象都是作爲關係對象而存在的（當然，條件是這些關係對象就必須具有「關聯性本質」）。這就邏輯地走到懷特海所謂的「永恒對象孤立原理」（the Principle of Isolation of Eternal Objects）。它表明，永恒對象是孤立的，因爲作爲可能性而言，它們之間的關係可以不涉及它們的個體本質就能表達出來。（値得注意的是，上述「孤立原理」是存在於可能性領域中的。一旦永恒對象被包容進現實事態後，情況恰好相反，這時對於某些可能的關係而言，永恒對象的個體本質就呈現出了結合性。）

綜上所述，懷特海提出了兩條形而上學原理，藉以解決永恒對象間的有限的內在關係概念中所存在的困難：

> 「(1)任何永恒對象A的關係，假如被視作是A的構成成分，那麼其他永恒對象就僅被當成純粹的關係對象，而不必涉及它們的個體本質。(2)A的一般關係能被分成數目有限的關係這樣一種可分性便存在於這個永恒對象的本質之中。」㉛

上述原理中的第二條要以第一條爲基礎。理解A也就是理解組成A的關係的系統，而理解這一關係的系統並不需要了解其他關係對象自身的獨特性質，並且這一系統自身表明它可能被分析成一系列有限關係。如此，通過這兩條形而上學原理，懷特海拯救了內在關係的有限性，從而也就拯救了有限眞理的存在性。並且，他還以這兩條原理同歷史上眾多的一元論者劃淸了界限。

我們可以看出，懷特海在勾勒這裡的形而上學體系時還帶有較爲明顯的數學公理化和邏輯化的痕迹，而公理本身的提出則訴諸他自己的直覺。鑒於懷特海作爲邏輯學家所作的推理，對他的體系可進行辯難的部分，主要存在於他的公理前提之中，而不是在推理過程之中。

㉛ 懷特海：《科學與近代世界》，頁193。

不難發現，懷特海勾勒的轉折時期更爲寬廣的形而上學體系輪廓，主要是依靠分析永恒對象進行的。最後他構造了一個以簡單的永恒對象爲基礎的抽象等級體系，完成了他從新實在論向客觀唯心論的過渡[32]。

懷特海認爲亞里士多德在建造形而上學體系時，所用的原始的邏輯工具——把事物分類爲種與屬——僅僅爲西方科學的準備階段起了作用，而在形而上學中，則使人對形而上學的根本情勢發生了錯覺，最後把哲學導入迷津。懷特海認爲在把現實的東西分析爲更抽象的要素時，不應當採用陳舊的分類分析法爲工具，而應使用新的邏輯手段。懷特海之所以用「永恒對象」一詞取代「共相」一詞，原因之一也在於「共相」一詞仍帶有分類分析法的痕迹，它潛在地源於分類，把具體事物中的共同因素提取抽象出來而逐步形成概念，因而爲懷特海拒絕使用。

懷特海構造永恒對象等級體系時，主要利用了永恒對象領域的分析性質。

一個永恒對象（如一定深度的紅色）如不能再分解成各組成成分的關係，就稱爲簡單永恒對象。它的複雜性爲零。

在一個有限的永恒對象羣中，關涉到某一羣確定的永恒對象的確定的有限關係，這種有限關係本身也是一永恒對象，稱之爲「複合體」（complex）。其實，這一複合體就是一種狀態，即上述那些永恒對象羣處於那種有限關係中的狀態。處於複合體中的作爲關係對象（relata）的那些永恒對象就是該複合體的構成成分。如果這些構成成分本身也是複合體，則它們的（更低一

---

[32] 參看懷特海:《科學與近代世界》，頁184~201。

級的）構成成分對原來的複合體而言稱爲「派生組成成分」（derivative components），……如此等等。

所謂永恒對象的複雜性，就是指它可以分析爲組成成分的層次等級的程度。

依據上述術語的涵義及其分析，懷特海把抽象等級體系（abstractive hierarchy）定義如下：

「假設g是一組簡單的永恒對象，那麽『以g為基礎的抽象等級體系』就是滿足下述條件的一組永恒對象：

（1）g的成員屬於該體系，且是體系中僅有的一羣簡單永恒對象。

（2）該體系中任何複合的永恒對象的組成成分也同時是這體系中的成員。

（3）該體系中任何一組永恒對象，無論在等級上相同或相異，它至少是本體系中一個永恒對象的組成成分或派生組成成分。」㉝

上述第三個條件實際上是保證體系中的各永恒對象能相互聯結。它聯結的方式是在較高的等級中再現較低級的任何組成成分，使各級之間和同級之間不致相互隔絕。通過這種聯結方式，一個抽象等級體系就逐級產生出來。

在懷特海理論中，永恒對象的組成成分的複雜性等級必定低於該對象本身。因此複雜性爲第一級的對象的任何組成成分只可

㉝ 懷特海：《科學與近代世界》，頁116。

能以 g 組中的部分作爲組成成分；而第二級複雜性的部分則只能以第一級和 g 組的部分作爲其組成成分，如此逐級上升。

根據懷特海，如果一個抽象等級體系終止在有限的複雜性等級上，則稱爲「有限體系」；如果包含所有的複雜性等級的成員，則稱爲「無限體系」。注意，這裡強調的是等級層次的有限無限，與基礎組成部分的數目的有限或無限並無關係。

根據定義，任何有限的抽象等級體系，都有一個最高的複雜性等級，這一等級的成員顯然不能成爲同體系中其他等級成員的組成成分，並且，根據前述第三條聯結性條件，這一最高等級只能有唯一的成員。

實質上，任何複雜的永恒對象本身就是可以分析爲一個有限的抽象等級體系的對象。該複雜永恒對象其實就是這一等級體系的頂點。

在任何現實事態中，都將有簡單永恒對象以最爲具體的樣態構成 g 組。它們在一個事態中完全組合，它們自成一體，不需用其他東西解釋。但由於聯結性條件，它們必備一種特性，即必定在 g 之上有一個抽象的等級體系，並且由於沒有限制它們複合的頂點，故這一等級體系是無限的。

懷特海通過這一系列論證走到了他要闡明的主旨面前：抨擊歷史上眾多哲學家所致力追求的目標——利用概念體系來對現實事態作出精確的闡述。他指出，由於前述的理由，即在任何現實事態之上實際上都有一個無限的抽象等級體系存在，因而我們不可能通過概念來對現實事態作出完全的描述。懷特海轉折期的這一思想在其晚期哲學中有了重要的發展，並且也是承續前期的。這是他的一以貫之的脈絡之一。

如果把上述的同現實事態 α 相聯繫的無限抽象等級體系稱作「α 的關聯等級體系」(the associated hierarchy of α)，則這個關聯等級體系對於理解現實事態 α 是絕對必須的。因爲事態既然是由全部進入其中的永恒對象逐級組合而成，則上述關聯等級體系即是它的形式（shape）、模式（pattern）和形態(form)。

一個現實事態就是一個無限等級體系（即它的關聯等級體系）連同各種有限等級體系的把握包容體。無限等級體系根據自己進入事態的特殊的實現樣態綜合進該事態，而有限等級體系則根據它們各自的樣態。

懷特海從這裡把「現實事態」同早期術語的自然「事件」進行了對照，指出，自然事件只是一個完全的現實事態的抽象。完全的事態包含有在認識的經驗中呈現爲記憶、預測、想像和思維的一切。實質上，在懷特海看來，現實事態是中立的（相當於中立的經驗事態，或詹姆斯的一元化的經驗）。是把精神的東西和精神所指稱的東西熔於一爐的。而自然事件，則是現實事態中精神作用所指的那部分。正如在上一章所指出的，「自然事件」是「同類」地思考自然的結果，即在想到自然時沒有同時想到思想和感覺意識本身；而這一章的「現實事態」則是「異類」地思考自然的結果，即我們想到自然隨同想到對自己的思想或感覺意識本身，或者是連同後者在一起思考的，二者是一體的。在這裡，很容易發現，懷特海已離開了早期的新實在論觀點，特別是揚棄了「自然對心靈封閉」的早期核心論點。當然，仔細考察他的論證，可看出，懷特海並不是退回到他早年所反對的康德式的「心理附加說」的立場，在他的「現實事態」裡，精神的東西和自然的東西是完全混融一體，無分彼此的。

在懷特海看來，既然在一個實際事態之上存在著一個無限的抽象的等級體系，即該事態的「關聯等級體系」，因而，這體系中的任何一級抽象對該事態都是有意義的。作爲進入該事態的「樣態」，它們都可以認爲是該事態的「眞理」，只不過抽象的等級有差異而已。但由於等級的無限性，因而絕對不可能對一個現實事態進行完全的、精確的、一覽無餘的描述。

然而，從抽象領域的永恒對象如何實際上走向現實事態？現實性如何同深不可測的可能性發生聯繫？永恒對象如何把各種被包容和被排斥的等級體系的模式賦予現實事態？這些問題通過價值把懷特海引向了形而上學意義上的上帝。（這裡並非宗教意義上人格化的上帝，而是懷特海形而上學體系中的最高的具體原理，類似於斯賓諾莎泛神論中的神或東方佛教中無而不在的神。）

前面所探討的主要是永恒對象，主要是可能性，主要是抽象。

以下要探討的主要是現實事態，主要是現實性，主要是具體。

懷特海的上帝就成了把抽象轉化爲具體的最高的原動力，因而被懷特海稱之爲「具體原理」。[34]

我在前面「導入價値」一節中業已闡明，永恒對象所以能够組合而產生價値，關鍵在於一種潛在的能動性具有某種對對象綜合時對於價値發生的可能性的「展視」，然而這種「展視」是如何實現的呢？懷特海指出：「……每個現實事態都是加諸可能性

---

[34] 參看懷特海：《科學與近代世界》，頁203。

上的一種限制，並且由於有了這種限制，事物的定形結合性的個體價值才可能發生。」㉟即是說，由於有了限制，展視才能化爲現實，價值才能產生。

在懷特海，其他事態與某一事態的關係就是該事態的組成成分，因此必須研究其他事態是如何進入該事態的。這裡與前述的永恒對象被限制組合成價值態相對應的，是其他事態進入某一事態被限制所發生的情況。討論的重心由抽象轉向了具體。

如前所述，每一事態都有自己的「關聯等級體系」，因此，若其他事態進入該事態，就是把其他事態的諸方面加入在該事態的關聯等級體系中。於是，正如每個事態都是一切永恒對象在現實性等級的限制下的綜合一樣，相應的，在這裡，每一個事態就是一切事態在進入形式等級的限制下的綜合，即每一事態在其樣態的限制下，綜合了內容的整體。

因此，限制是達成現實性並且產生價值的關鍵，而懷特海這裡的限制，實質上就是樣態的限制。

這裡所說的樣態，是由「個體的能動性」決定的。「每種個體的能動性不外乎就是（上述）樣態，在這種樣態中，普遍的能動性被附加條件個體化了。」㊱

普遍的能動性是潛存於一切事態下面的形而上學性質，這種普遍能動性對每個特殊事態都相應有一個特殊樣態。實質上，這裡的普遍能動性同斯賓諾莎的唯一的無限實體非常相似，它可以被個體化爲多種樣態，它也可以去綜合在此樣態中的永恒對象。

普遍樣態（普遍能動性）的個體化將會以兩種方式受到限

㉟ 參看懷特海：《科學與近代世界》，頁203。

㊱ 懷特海：《科學與近代世界》，頁206。

制。

第一，它是事件的一種現實過程，本來就永恒可能性而言它完全可能形成其他情況，然而在事實上它確實只形成了這一現實過程。什麼形式限制它形成這一實際過程？ 有如下三種限制形式:（1）一切事件必須遵循的特別邏輯關係；（2）該事件遵循的特殊選擇關係；（3）在邏輯與因果一般關係中影響這一過程的個別性。鑒於這三條，可認爲這一限制就是先行選擇的限制。

第二，嚴格限制是價值的代價。假如沒有先行的價值標準來裁決在能動性的展視樣態之前的東西應如何取捨，就不可能有價值。

這樣，轉折期形而上學體系的輪廓又邏輯地走到了它的樞紐——價值，並進而以價值導出了限制的原理，導出了終極的原理——上帝。

限制的結果就誕生了價值，但倘若要尋求限制的根據，要追究出何以用這種方式限制、取捨，而不是另外的方式，懷特海認爲這純粹是非理性的。懷特海同意經驗主義如下的原則：有一種關於具體化的原則並非抽象的理性所能發現，它必須建立在經驗的基礎上。

在懷特海，上帝是最終的限制。由於限制產生價值，因而上帝是價值的誕生條件；又由於限制純粹是非理性的，因而上帝的存在也具有某種終極的非理性。懷特海認爲：「我們對上帝的本性不可能給出理由，因爲它的本性自身就是理性的基礎。」[37]即是說，理性自身是由上帝的本性溢流出來的。

---

[37] 懷特海：《科學與近代世界》，頁208。

鑒於此，懷特海反對中世紀和近代的經院哲學家希望依靠推理推導出上帝的企圖。其實，自康德之後，這一企圖已受到致命的打擊。懷特海從邏輯上指出這種本體論論證無論怎麼改變方式也是行不通的。因爲在他看來，上帝的存在性絕非理性給出的。恰恰相反，理性本身也是上帝所確立的。因而，沒有必要爲上帝的存在尋求理性的根據。

有關上帝的系統論證，懷特海在其 哲學後期 有了全面的發揮。尤其是在《過程與實在》最後一章中，上帝成了他的哲學發展的頂點。並以此爲他哲學體系的最後歸宿完成了整個大厦。對此，我們在下章將進一步探討。

在轉折時期，所給出的只是一個概略的輪廓和縮影。它留下了眾多的空白和問題，也預示了進一步的趨向。

五、問題與趨向

範圍的擴展和思想的轉折導致研究方法上的更新，同時也遺留下了大量的問題、缺陷以及有待彌補的空白，然而，也展示了將要降臨的成熟時期哲學的框架。因而，曾有學者稱這一時期的著作《科學與近代世界》是下一成熟階段的體系式巨著《過程與實在》的浪漫主義縮寫本。㊳

由於是過渡時期，因此，它提供的，基本上是形而上學體系的輪廓，而不是細節。從總體而言，它的方式是觀念探險式的、擴展視野式的以及大體規劃式的。相對而言，早期把科學哲學孤

㊳克勞斯:《經驗形而上學》，章1。

立出來進行研究，現在則必須只把它放到體系中的適當地位上，它只是與其他部分密切相關的部分之一。就目標而言，早期僅致力於把自然從心理的東西中拯救出來，而這一時期則致力於精神與自然二者的同化。早期僅追求在一定限度（自然哲學或科學哲學）內的完滿和外觀的邏輯自洽性，而這一時期則在更爲廣闊的範圍中對認識論、本體論、宗教論及價值論均有所涉及，但相互之間僅有鬆散的聯繫，尙未熔於一爐。

在這樣的情勢下，轉折時期顯得似乎比早期「缺陷」更多，因爲它的各部分看來是支離破碎的，似乎還未有堅實的統一的基地，從而也留下問題與空白。然而，唯其如此，它比早期自然哲學蘊藏有更大的邏輯內驅力，以其大致的輪廓加上其細節的不具體和不完滿，這就潛在地使他的哲學具有了一種向完整體系運動的趨勢。

對他在這一時期的哲學研究所遺留的問題，下面舉其犖犖大者進行討論。

在這段時間內，懷特海是把現實事態（或現實實有）作爲時——空的量子，即時——空中的最基本的單位來進行考察的。在懷特海哲學中，所以能產生這種時間性世界的基本單位，主要有三項建構性因素，由於這三者，才使現實事態得以產生:

(1) 永恒對象；(2) 能動性或創造性；(3) 上帝。

這裡的能動性或創造性是指一種潛存於一切事態下的形而上學性質，它能使新事物穩定地、自發地產生。毋庸置疑，這裡的能動性或創造性具有某種神秘的性質，但作爲一種基本的假定，顯然是不可避免的，也是難於替代的。

永恒對象是可能性，上帝是限制者、實現者和協調者；永恒對象是「價值的可能態」，而上帝則使價值最終地得以實現。

「永恒對象」、「能動性」和「上帝」三者綜合起來，就產生了「現實事態」（或「現實實有」、「現實事件」、「把握體」，視上下文而定），這就是早期階段「事件」的後繼者。在本質上，現實事態是「實現價值的單位」，它可以具有精神的方面，它是精神與自然的熔融體。各個現實事態之間由於內在關係的系統而在實質上相互關聯，在不同的程度上每一事態是其他事態的組成成分；反過來，其他事態也是這一事態的組成成分。

現在進一步考察永恒對象。

懷特海對永恒對象的分類，他的單純的永恒對象，如色、聲、味等，是某種主觀型的永恒對象；而他的複雜永恒對象，如幾何形狀、數學模式等，是某種客觀型的永恒對象，但即使是後期，在懷特海那裡仍是某種絕對簡單的感官對象的關係形成的較高等級的永恒對象。因此，總起來說，懷特海的永恒對象比起柏拉圖的理念和中世紀的共相而言，更加具有主觀的、感覺的、精神的成分，由於他的永恒對象是現實事態的組成成分，因而，懷特海哲學的泛心論因素是顯而易見的，他的這一因素在後期哲學，尤其是情感理論中有了更充分的發展。

永恒對象構成了可能性的領域。從絕對單純的感覺對象開始，逐級上溯，我們可以發現各種複雜性等級的永恒對象。每個複雜的永恒對象都可分解爲一個等級體系，因而該等級體系的水平即可代表該永恒對象的複雜程度。如前面所述，由於永恒對象的「關聯性本質」，因而必定有一些不相容的永恒對象，它們間的關係不能綜合爲較爲複雜的永恒對象，即是說，對於複雜的永恒對象必定有一種確定的邏輯限制，這種限制使得某些複雜永恒對象不可能產生。可以認爲，這裡所推論出的邏輯限制就是懷特海所謂的「特殊的邏輯關係」。於是，這裡的問題變爲：這種「特殊的邏輯關係」是不是一種永恒對象？

不難推知，邏輯關係的限制必定要訴諸範圍，這個範圍作爲對象類型的限制性特徵，顯然應是存在的。然而，範圍，在懷特海對「永恒對象」的諸界說中，都不能被列爲一種「永恒對象」。但是，事實上，照懷特海一貫的說法，永恒對象間的任何關係也是一種永恒對象，只是其複雜程度更高而已。因而上述的「特殊的邏輯關係」理應在永恒對象領域中占一席地位，但它不是作爲某種抽象的「實有」，而應當是作爲某種法則罷了。這裡顯然是懷特海未能清楚地加以闡述之點。

於是，根據上述推理，我們容易了解，要經驗一個單純的永恒對象，依賴於其單獨的「可感知性」；而要經驗一個複雜的永恒對象（上述「特殊的邏輯關係」、「邏輯限制」），就須依賴於它的「可思維性」了。反之，單純的永恒對象，爲了可能被認識，必須被感覺；而複雜的永恒對象則大可不必，雖然它的組成成分必須被感覺。

因而，在懷特海的這一階段哲學中，單純對象和複雜對象的區分導致的一系列邏輯後果並未進入懷特海的視野，從而不可避免地遺留下了一些尚待解決的問題。

永恒對象是某種潛在的價值，即是說，一旦它們進入時——空流而被限制，就誕生出現實性的價值。這裡的問題是，懷特海在本階段所指的價值究竟是狹義的還是廣義的？即是說，是單指美學價值還是包括倫理價值和宗教價值等？在懷特海這時期的著作中，他從未明確地排除後兩者。然而我們分析他的論點的邏輯結論，卻產生了某種困惑。不難想像，美學價值可以客觀地被分析爲顏色、幾何形狀、數量等等因素的融合，即可以被分析爲永恒對象的組合，但是，對倫理價值（善）、對宗教價值（聖），也可能進行類似的分析嗎？也可能把這兩種價值分解爲永恒對象的組合嗎？我們很難想像有這樣的可能性。事實上，當我們深入價值論的複雜的心理學方面時，許多根本的問題就產生了。但是懷特海迴避了這裡的困難，上述問題只是到了後期才又被重新提出並被深入地討論。而在這裡，卻留下了一些裂縫，尚未被塡補。

事實上，當懷特海把現實事態同它的價值區別開來討論時，在邏輯上具有較強的力量；但當他把二者等同看待，把現實性完全等價於價值時， 這種論點所獲得的支持是不充分的 。在聯結「描述」和「評價」二者時，如果不輸入某個根本的形而上學第一原理，或者，如果對後者不使用主客體相互間關係的術語來表述，那麼，「事實」同「價值」間的鴻溝是很難塡補的。因此，雖然懷特海引入「價值」，把事實與價值的等價性作爲樞紐，對於他的更寬廣的形而上學體系的形成，對於他的哲學轉折都具有中心的作用，但，對上述等價性所進行的論述，在這一階段還缺乏邏輯力量， 並造成了某種意義上的術語混用，這是必須提及的。因此，懷特海的這種客觀唯心論的價值學說，很難經受得住當今分析哲學的元價值論的犀利分析。

事實上， 二千多年來， 不少哲學家一直在架設事實與價值之間的橋梁，致力於統一眞喜美。企圖把「善」與「美」奠立在「眞」的基礎上，用通俗的語言，即要從「是什麼」推出「應當怎樣評價」。只要對這個問題作一深入思考，即可發現，關於評價的問題，總是涉及主、客體兩個方面的。因而，價值應當說總是滲入了主觀因素在內。邏輯的要求是，要架設事實與價值之間的橋梁，需有某種「價值論的公理」作爲中介，即從根本上明確規定什麼是善，什麼是美：如果沒有這種公理對善與美的明確規定，則「從事實導出善與美」就無從談起。而這個「價值論公理」本身，又絕不是從事實推出的。因爲它僅僅在替善與美下定義。同時，也因爲評價必定包含有主體因素，還因爲從「怎樣」到「應當怎樣」沒有邏輯通道。這就是問題的焦點所在，也是所謂規範科學和事實科學長期隔絕的癥結所在。

懷特海主張一種客觀唯心論的價值哲學，他把價值視作事件內部的實在，是流動世界中的恒定的東西，構成一個獨立、自在、不朽的領域，他企圖以此來迴避上述的邏輯困難。但究其根本，他對價值的上述限定其實就是他自己的「價值論公理」，是他對價值下的定義，只是這一定義稍稍偏離了人們對價值一詞的傳統用法，剔除了「評價」行爲中的主觀因素，也就是說，把最終的，唯一的評價權利轉讓給了上帝罷了。

因而，他的價值哲學既有客觀主義傾向，又有神秘主義成分。

我們前面業已闡明，懷特海的價值是劃分了等級層次的。在他看來，只要出現某一現實事態，價值隨之產生，但這僅是一種自爲的價值，是價值的單位。但是，若該事態與其他事態具有和諧相處的關係，那麼它就具有更多的價值，這是一種結合性的價值。

達到最高的和諧是上帝的目的，然而世界何以存在著不和諧，存在著惡？這就不能不考察三種宇宙建構因素中的其他兩種：（1）永恒對象；（2）能動性或創造性。作爲建構材料的永恒對象，顯然是被動自在的。因此，邏輯的結論是：創造性既是「善」的同時也是「惡」的滋生地。即是說，創造性既是產生價值的因素也是毀滅價值的因素。創造性將使事態超越自身，超越與其他事態的共處關係，能動地去確立某種新的個體獨立性，它是一種面向自由的潛在衝動。

這就導致了懷特海價值論中的一個困境，就價值的等級層次而言，究竟是「和諧」的價值重要，還是「自由」的價值重要？是持續性重要還是變異性重要？不難看出，這裡內蘊的衝突範圍遠遠超出了懷特海價值觀本身，在某種意義上，這裡涉及了東方的價值觀核心（和諧）和西方價值觀的核心（自由）之間的衝突。

懷特海的論點並不是前後一致的。當他強調和諧的重要性、強調結合性的價值時，他寫道：「重要性依賴於持續。持續就是在時間歷程中保持所獲得的價值。」[39]而當他強調自由、強調獨立、強調創造性的衝動時，他又有了如下的論述：

> 「就未被毀損的價值而言，具有約八百萬年歷史的一塊岩石，遠超過任何民族存在的歷史。因此，最好把生命的產生視為在機體那部分上面一種獲得自由的企圖，視為攜有自身利益和能動性的個體獲得確定的獨立性的企圖，而不是純粹被視為是環境的恩賜。」[40]

不難發現，上面兩段引文的強調點有其不協調之處。

石頭的持續性是一種價值，生命的創造性衝動是一種價值，

---

[39] 懷特海：《科學與近代世界》，頁278。
[40] 懷特海：《象徵，它的意義和作用》，頁64～65。

顯然生命的持續比石頭短，而石頭又不具有面向自由的衝動，那麼，何者更有價值呢？

這裡的問題是，誰來評判二者的價值？是被動的馴順的岩石還是主動的不馴的人呢？或者，如果每一方都以自己的方式去評價，那麼，以什麼標準來判別和諧與自由這兩種價值的高下呢？很明顯，評價主體的未定性決定了標準的未定性，自然也就決定了和諧與自由兩種價值比較的未定性。無疑，這也是懷特海遺留給他後期哲學的重要問題之一。

任何一種價值論，由於使用一些象徵性的、譬喻式的詞彙，通常給人一種似是而非的滿足感，然而每當進一步深入分析考察時，確定性和明晰性就退隱了。對於我們東方人來說，每當接觸「和諧」、「結合性」等術語時，往往升騰起一種親切的、舒適的模糊感覺，從而喪失了一種縝密的分析態度，這種「認同性」抵銷了對此類術語批判考察的能力。然而當我們遇到「自由」、「特異性」等術語時，精神上常常本能地戒備起來，心理上也潛在地滋生一種抗拒的傾向，這種「排他性」由於拒斥任何親切感和舒適感，而代之以某種隱隱約約的格格不入的感覺，從而難於同它們順應起來，難於把它們同化進入我們傳統的心理結構中去。

懷特海本人對這兩種價值的態度在此期間並未徹底明朗化，他的論點的前後差異，他論述方式的某種象徵式的或浪漫主義的特點，使人感到在轉折期間他的立場是含蓄的、難於捉摸的。

懷特海對因果問題的觀念，早期主要是通過反對簡單位置觀念和建立內在關係說來進行的，因爲若物質位形在時——空中占據一個簡單的孤立的位置，那麼它同上下、左右、過去未來都沒有任何關係，於是，歸納法失去依據，因果性沒有道理，從而落入休謨式的懷疑論和不可知論的困境。懷特海用內在關係說應付這一困境：一個事件的關係是它的內在的因素，因而事件處於一個綜合體系中，與其他事件相互攝入，相互把握，從而就相互關聯。懷特海早期哲學就是這樣來「拯救」因果性的。在轉折時期，懷特海進一步用「把握」這一概念來論證內在關係說和反對簡單位置觀念。他認爲，如果我們要從自己最素樸的經驗著手，很顯然，我自身在某個位置感知事物，我的感覺就發生於我所處的位置，並且完全依賴於我身體機能的活動方式。但是我的身體雖然在上述位置活動，然而它卻對我的認識展現了遠處環境中的一個方面，一種狀態。因而，對這一方面的認識就必將逐步變爲一般的知識，從而懂得身體之外的事物的存在。倘若這種認識帶來了超越世界的知識，這就必定是軀體生命將宇宙的一切方面都統一把握於自身之中了。因此，懷特海進而認爲，在某種意義上，每一事物在所有時間內存在於一切地方，因爲每一個位置在全部其他位置中都蘊有自己的那一方面；從而每一時——空都把握了並反映了整個世界㊶。於是，照這種理論，萬事萬物必定互爲因果，相互作用。

在《象徵，它的意義與作用》一書中，懷特海從經驗的類型這一角度再次探究了因果性。他指出休謨主義者把因果性看作是某種思維的習慣，而康德主義者則把它看作是（知性）思維的範疇，對他們而言有一個共同點，即都把所給與的唯一的材料視作是純粹的、雜亂無章的感覺材料。懷特海不同意這種說法。㊷他

㊶ 參看懷特海：《科學與近代世界》，頁111～112。
㊷ 參看懷特海：《象徵，它的意義和作用》，頁64～65。

反對休謨，在於休謨的前提導致不可知論與懷疑論；他反對康德，在於他認爲康德「因果範疇」是「心理的附加」。

由於上述理由，懷特海特別不同意把因果性從經驗中剝離出來，他特別強調因果性是被我們所直接知覺到的，因果與感覺材料本身是融合一體，無分軒輊的。在《象徵，它的意義與作用》中，他著重論述了因果的基本性、原初性（primitiveness），尤其是我們知覺經驗中的統一性。因爲我們的經驗不是一個一個互不相關的孤立的「單純印象」，而是連綿不斷的經驗流，前後是緊密相連的。懷特海以他作爲數學家的身分，特別以數學方式分析了在連續的經驗之流中，相鄰兩個經驗間的聯繫。這裡所謂「相鄰」，即「瞬間過去」與「現在」之間，其實中間是沒有空隙，沒有間斷的，即是說，「現在」與「瞬間的過去」具有統一性。因果本來就存在於經驗之流中，不必附加進心理意義上的「因果範疇」。他把這種具有統一性的知覺經驗分作兩種類型，第一種是膚淺的直接的顯相；第二種類型就是因果式的經驗模式，他說：「這後一種類型，就是因果性的模式，它是支配原初基本的生命機體的經驗，這些機體具有一種對於命運的感受，它們來自這個命運，並且走向這個命運。……這是一種深沉的基本的經驗。」㊸

在這裡，懷特海試圖廢除傳統因果性概念中所隱含的「力」的幽靈，該觀念認爲似乎從原因到結果有一種「力的傳遞」，原因「作用」於某物，「使之」產生了某種結果。這是荒謬的。他把因果性視爲知覺經驗中的基本因素。因果性是直接知覺到的，

㊸ 參看懷特海：《象徵，它的意義和作用》，頁44。

不需要從外部加進知覺經驗中去。經驗本身是渾然一體的，是統一的，它不可分離爲因果範疇和感覺材料兩部分。經驗就是一切。除了經驗，再沒有其他什麼了。這，就是懷特海前後一貫的信條。

如果細心考察，不難發現，到現在爲此，懷特海已經有了兩種不同的對因果性的解釋了，前者訴諸他的「內在關係學說」，後者則訴諸他所認爲的因果性的「可直接感知性」，即因果的「基本性、原初性」和經驗的「統一性」。

我們由此也稍可窺見懷特海思維方式的特色：對同一個理論對象，他總是試圖從不同的角度向它投去光輝，從而使對象展示出不同的側面，不同的色彩。

其實，他對因果性的闡釋並不限於上述兩種。

事實上，在《科學與近代世界》中，懷特海同時又把因果性歸結爲某種信念，歸結爲主觀因素。他斷言：「首先，如果沒有一種廣泛的本能的信念，相信事物的秩序特別是自然秩序的存在，科學就無從誕生。」[44] 他還進一步訴諸神學傳統進行論證：「我的解釋如下：在近代科學理論尚未發展起來之前，關於科學的可能性的信念是不自覺地導源於中世紀神學的。」[45] 在懷特海看來，中世紀對神的理性的堅定不移的信念，來源於西方文明的兩個基本因素：希臘哲學的理性主義和基督教中近乎人性（而且有理性）的上帝。對因果關係的信念即溯源於此。不難看出，懷特海這一思想與前面兩種對因果關係的「拯救」大異其趣。當然，前後論述的目的不同，前者是表達懷特海對因果關係本身的

---

[44] 懷特海：《科學與近代世界》，頁14。
[45] 同上書，頁24。

看法，是他對宇宙間何以存在因果關係進行的形而上學論證；後者則是懷特海對人們何以具有因果觀念而給出的一種解釋，前者訴諸思辨、訴諸推理；後者訴諸歷史、訴諸社會。

我以爲，不必對於懷特海援引神學傳統不屑一顧，實質上，他只是企圖用歷史事實來解釋因果觀，解釋現代科學的誕生。應當看到，中世紀神學家和經院哲學家，在論證上帝存在，及論證各神學教義時，他們都竭力調動一切推理手段，千方百計在理性中尋求根據。正是由於這種對理性的尊崇，所以，當文藝復興，特別是啟蒙運動也同樣利用理性來摧毀神學教義時，才能在整個歐洲所向披靡，摧枯拉朽。崇尚理性的經院哲學在徹底的理性的衝擊下，無以自衛，潰不成軍。他們本來訴諸理性是論證神學，而理性自身發展的邏輯卻使神學聲望掃地。即是說，神學家們爲自己訓練了掘墓者——理性能力，這才是歷史的辯證法。

有一個明顯的歷史事實可作對比。當休謨利用很難反駁的理性論證作雙刃劍，一面砍向宗教教義，一面砍向人們日常信守的歸納法和因果觀等科學基石時，宗教由於其在歷史上固有的尋求理性論證的傳統，所以受到致命打擊，從而使休謨反宗教的論證在歷史上也造成重要影響。而他反對歸納法，反對因果性的論述，事實上並未受到科學界的認眞看待，這可以歸咎於當時科學界的某種意義上的「非理性主義」思潮。科學家們從根本上完全信仰自然的秩序，而不管休謨的推理如何難於駁倒。雖然，在哲學上，休謨的這後一論述引起了經久不衰的討論，迄今仍未止息。

因此，懷特海常稱科學在這個意義上是反理性主義的，或者，如他後來在《過程與實在》中緩和一點的說法，即：「自然科學表現出了一種理性主義與非理性主義的奇怪的混合。」[46]在這裡，所謂理性主義，指科學在其大前提之內，是依從數學式的演繹推理的；而所謂非理性主義，則是指科學對其大前提本身，以及對「自然的秩序」的無批判的信仰的態度。

訴諸理性論證以加固信仰的企圖往往最終被理性所毀。相反，一開始就沒有求助理性，而採用一種權威式的毋庸置疑的灌輸方式進行傳教的各種信仰形式，如各種早期東方宗教，如伊斯蘭教原教旨主義等等，它們也絕不會受到理性的挑戰，不會由於類似啟蒙運動的各種理性活動而掀起宗教改革的狂潮。這也從反面印證了前面所述各點。

當然，當懷特海論及科學的非理性主義時，這裡的非理性一詞與人們通常的用法恐怕並不完全合拍。問題很大程度上在於如何定義「理性」這一概念。倘若「理性地」被理解爲在大前提範圍內嚴格遵守邏輯程式的理智活動，那麼，科學是「理性的」；倘若「理性地」被認爲是對任何事物，包括「自然秩序」等信念，都毫無例外地採取一種邏輯的、分析的、批判的態度和方式，那麼科學就是「非理性的」，並且在這個意義下，人類過去曾被視作是標準的「理性事業」的一些領域，恐怕也難逃「非理性」之名。

總結上述，我們看到懷特海對因果性的論述採取了多種角度的透視。他的基本點，是以休謨和康德爲主要的論戰對手，反對以主觀主義的方式來處理因果關係，把因果性視爲人類普遍經驗中固有的、基本的、原初的、客觀的成分。但是，他的前後論述

---

[46] 懷特海：《過程與實在》，頁7。

並不是完全協調一致的，特別是第三種處理把因果關係視爲一種本能的信念時，已帶有較強的主觀色彩了。它與視因果性爲經驗的一種類型，爲經驗的統一性所決定，並可直接感知這一論點是很難確立某種邏輯上的相稱和相容的關係的。這就驅使他更進一步去統一對因果性的協調一致的理解，在幾年之後，他已逐步把因果性納入他的整體論思想的框架中去處理了，在後期《思維方式》第八章，他寫到：

「唯一的可理解的因果關係的原理，是奠立在（相互）內在理論上的。每一事態都假定先行世界的能動性乃是它的本性。這就是為什麼事件彼此間相對處於確定的地位的道理。同時，這也是為什麼過去的質能（qualitative energies）會聯合在一起成為每一個現在事態中的質能類型的道理。這就是因果關係的理論。」[47]

無疑，後期的因果關係理論是確立在客觀主義的整體論基礎上的，它的包容性要比過去的大得多，然而，如果不參照他後期的整個理論框架，這一因果理論也就不知所云。

六、面對文明的精神分裂

讓我們從哲學史的源流和懷特海的個人文化背景來簡單鳥瞰一下他的哲學轉折的基本脈絡。

---

[47] 《懷特海選集》，頁918。

遠在上世紀末和本世紀初，新康德主義者李凱爾特（H. Rickert）、文德爾班（W. Windelband）和釋義學的先驅狄爾泰（Dilthey, Wilhem）就把自然科學與歷史的文化科學作了嚴格的區分。尤其是李凱爾特，他認爲自然科學是尋求規律，尋求齊一性的；它處理的是可重複的普遍性事實；而歷史人文科學則是尋求理解，尋求評價的，它處理的是一次性的、不可重複的獨特歷程。前者是規律性的，後者是描述性的。自上述區分爲哲學界大多數人所接受之後，自然科學與歷史文化科學日益加速地分道揚鑣，人類文明分裂爲二，知識分子分裂爲二，有人稱之爲「兩種文化的鴻溝」。在這樣「兩種文化」的分裂態勢下，哲學界兩大派的分裂也愈益觸目驚心，分析學派與自然科學聯繫較多，而人本主義則與歷史文化科學及藝術緊密相關。

同時，眾所周知的事實是，新康德主義者，尤其是文德爾班等人，是以強調價值著稱的，他把價值論當作他的哲學的核心。他把事實的知識和價值的知識分別歸屬於自然科學和歷史文化科學。前者表述事實之間的關係，後者則表示主體對於對象的估價，二者涇渭分明，截然不同。

在懷特海看來，這種兩種文化的分裂是人類文明的巨大悲劇，對未來將產生毀滅性的災難。

在他那裡，這種分裂肇始於現代文明的專業化分工。

專業訓練所導致的人性的異化引起了他的嚴重關切。現代社會對高智能者採取的教育方式主要是專家訓練法。專家們在各自特殊的狹隘的精神領域中專業化，並在自己所經營的極小的專業範圍內不斷地搞精鑽深，增進知識，皓首窮經，無暇他顧。

毋庸諱言，在近代文明初創時期，這種分工曾導致了極其偉大的進步，取得了眾多的專門知識的成就，它使人們在其短暫的一生中能看到某一專門知識領域的劃時代的變革和發展。

然而它給人類釀成的苦果也是難於下咽的，而且這一果實會越來越苦，越來越澀，直至下決心砸碎它。

事實上，文藝復興式的巨人再也不復存在了。在當代，一個量子化學家往往對現代文學一竅不通，對現代音樂和美術格格不入，對歷史僅知ＡＢＣ，到植物園和動物園說不出幾種名稱。當然，反過來更是如此，一個畫家或歷史學家會感到量子力學的矩陣和方程簡直就是天書。

這是人性的畸形和異化，它潛藏著對未來發展的致命的危機。每一分支都在發展，但都只在自己那一支上爬行。其結果是各分支越離越遠，日益孤立。每個人在思想上只限於一隅，難於與他人進行精神交流，終其一生他只會在一套極狹窄的抽象概念中思維，而這個抽象概念所由產生的現實世界，他卻是越來越隔膜，越來越不理解了。實質上，任何概念的抽象都是不足以包容豐富多彩的現實世界和人類精神活動的，於是，據懷特海，由於這種過專的訓練，中世紀知識分子的禁欲主義到近代就被一種知識禁欲主義所取代了，這種知識禁欲主義是指除了專業化的狹隘範圍之外，對任何其餘知識領域和現實領域都拒絕作具體的全面考察。人成了這種專業化分工的奴隸，職業，尤其是知識分子的職業和專業成了他的基本符號和象徵，至於他作爲人的其他方面，則完全被抹殺了，或者說，完全成了上述專業符號的一個極不重要的附屬物。

懷特海憂心忡忡於這一分離的趨勢所導致的危險。由於文化和人性的異化，理智的指導性力量被削弱了。知識界的領袖們失去了精神上的平衡，他們懂得的、看到的只是與他們專業有關的一個局部、一種抽象、一類環境，沒有能力看到具體的全局，而全局問題則往往被託付於不能在任何一項專業競爭中獲勝的中等人物。結果就造成了這樣一種觸目的對比：一個社會的專業化職能的成就愈益增大，而社會的前進卻喪失了總的方向而陷入迷惘之中。

另外在整個精神文化領域還並行出現下列相反方向的發展，即特殊的抽象理論有發展，然而具體的理解卻在退化。於是，整體與局部背道而馳，或者整體和全面沉淪於某一局部領域中，從而喪失了整體自身。這一弊病的出現是源於傳統教育太過分地偏重於理智性的概念性的知識分析以求得公式化的理解，沒有對現實事態中產生價值的直接狀態作具體的、直觀的領悟，即缺少對某一機體在其環境中所實現的各種生動的價值的領會。譬如，即使你完全懂得了彩虹在大氣中形成的一系列物理原因，然而你卻可能恰恰忘記了彩虹在現實中出現時所呈現的奪目的美。對這種價值的直接感受絕不是理智化的、概念化的和分析化的傳統教育所能替代的。如果教育僅僅注意一套抽象的概念，那就會扼殺人性中許多根本的東西，同時，也扼殺了人類的想像力和創造力。

因此，除了自然科學文化之外，歷史人文學科也是至關重要的，藝術和美學教育更是不可或缺的。

眞正的大智慧是平衡發展的結果。雖然知識的某種專業化仍是必要的，但是絕不可成爲它的奴隸。只有平衡發展的智慧，才能增加個性的深度。

哲學界兩大思潮的分裂態勢與上述兩種文化的分裂是平行出現的。

所有這一切知識界、文化界的基本態勢，在懷特海的精神上激蕩起一種強烈的使命感。

由於早年較全面的家庭環境和學校教育的訓練，懷特海兼有數學家、新物理學闡釋者、浪漫主義文學研究者、哲學史家、宗教感濃厚的學者等多重身分。鑒於他自身的這一集自然科學和人文科學於一身的地位，鑒於他對當時兩種文化分裂的痛心疾首，因此，他渴求文化的統一，反對兩種文化、兩類知識分子的割裂。並訴諸價值與事實的統一，以求拯救世風。

在自然科學內部，他從某種泛物理學觀走向了泛生物學觀，從而開始了向機體論的過渡。

在所從事的哲學領域上，他從某種拘謹的數學式的自然哲學走向了富於歷史感的廣闊文化哲學。

在哲學觀點上，他從早期的新實在主義走向了以價值論爲軸心的一種客觀唯心主義。

這一轉折，使他的哲學更加脫離了以他的早期合作者羅素爲重要代表的分析哲學的潮流，而後者在維也納學派的推波助瀾之下，已蔚爲大觀了。

這一轉折，也使他的哲學逐步接近了大陸思辨哲學的某些體系式的特徵。雖然在轉折時期還遠未成熟，尙缺細節，但其過程哲學的基本構架的輪廓已經具備了。

他由數學、邏輯和科學的殿堂向形而上學的教會走去。

第五章　後期過程哲學

夫大道不稱，大辯不言，大仁不仁，……。

故知止其所不知，至矣。孰知不言之辯，不道之道？若有能知，此之謂天府。注焉而不滿，酌焉而不竭，而不知所由來，此之謂葆光。

——莊子〈齊物論〉

靜與天語。

——李商隱〈會昌一品集序〉

一、本體論的核心

1929年，懷特海發表了他的體系式巨著《過程與實在》，這是他 1927～1928 年中在愛丁堡大學所作的吉福特講座❶蒐集而成的一本宇宙學形而上學的專著。這標誌著他的哲學已進入最後的成熟階段。隨後，1933 年發表《觀念的探險》，1935 年發表

❶ 吉福特講座（Gifford Lecture）是以英國貴族吉福特的基金設立的講座，專門邀請名哲學家作哲學與宗教問題講演。詹姆斯、羅伊斯、杜威、懷特海都曾任主講。

《思維方式》最後以兩篇他所謂代表他「最終哲學觀點」❷的論文〈數學與善〉和〈不朽〉作結，從而完成了他的哲學體系。

作爲總結，懷特海的最後兩篇論文都是論述價值的。這就可以看出一個明顯的趨勢；從轉折時期發端，懷特海後期哲學中的價值論因素與日俱增，愈益占據中心地位，而且，這種價值色彩的增加與懷特海整個哲學的日趨形而上學化是同步並行的。

所以造成這一趨勢，須從下述幾點中去尋求答案。首先，這是懷特海自己的哲學發展內在邏輯運動的結果。其次，受浪漫主義文學運動的刺激和影響。第三，是他作爲一個虔誠的基督徒對平衡科學與宗教的精神需求。第四，是他企圖統一兩種文化，統一自然科學與歷史文化科學，統一分析學派和大陸學派，統一認識論與價值論的潛在的渴望。最後，我們還要看到當時方興未艾的新康德主義「西南學派」（亦稱巴登學派或弗萊堡學派）的某些影響。

鑒於懷特海哲學中這種價值的因素遞增的趨勢，鑒於價值論可作爲理解他的哲學轉折和後期哲學的一把鑰匙，所以我將從他的價值論入手來概覽懷特海成熟階段的過程哲學體系。

在〈不朽〉這一總結式的論文中，懷特海闡述了他的過程哲學的本體論的核心。

懷特海把整個宇宙抽象爲兩個部分，即事實世界（亦稱能動

---

❷ 〈數學與善〉以及〈不朽〉是懷特海分別於1939年12月和1941年4月在哈佛大學的講演。希爾普（P. A. Schilpp）在編《懷特海的哲學》一書時，請懷特海寫一篇「答覆」收入該書，懷特海即把這兩篇論文作爲自己「最終的觀點」的「總結」交給了編者，作爲對他的提問者和批評者的完全的答覆。此二文的主題都是涉及價值論的。

性世界）和價值世界。

「……價值世界強調的是眾多之中的本質統一；而事實世界強調的則是實現統一性時的本質多樣性。於是作為這兩個世界緊密結合的宇宙，就表現出多中之一和一中之多來。……一個世界（能動性世界）的基本特徵是變化，另一個（價值世界）的則是不朽，然而要理解宇宙就要求每一個世界都展示出另一個的影響。」❸

在懷特海那裡，事實世界與價值世界並不是相互隔離相互孤立的，恰恰相反，兩者是相互關聯、相互作用的，事實世界給價值世界提供可能性，價值世界給事實世界提供意義。兩者中每一方都使對方具體化，離開了對方，它本身就是無效的。在懷特海看來，事實與價值在根本上具有同一性。

他特別論述了兩者間的這種緊密聯繫：

「強調恒久性的世界就是價值世界。就其本性而言，價值就是非時間性的和不朽的。它本質上並不植根於任何流動的環境中。某種可生可滅的環境僅僅是由於它分有了某種價值的不朽性才成為可評價的。宇宙中固有的價值對任何瞬間而言具有一種本質上的獨立性；並且，這一價值倘若脫離了對流動事實的世界的必然的參照，它就會喪失它的意義。價值涉及事實，並且，事實也涉及價值。（這一陳

❸ 《在世哲學家文庫：懷特海的哲學》，頁693。

述是同柏拉圖並且也是同從柏拉圖派生出的神學傳統直接抵觸的）」。❹

值得注意的是，懷特海特別用括弧注出了他同柏拉圖及神學傳統的矛盾之處。誠然，由於柏拉圖的理念論斷言現實事物只是理念的「摹本」或「幻影」，是不眞實的，只有理念才是眞實的；由於他認定理念獨立於人和事物之外，與事實世界的存在與否無關；由於他認爲具體事物永遠達不到理念，因而，與懷特海所認定的事實世界同價值世界的相關性和同一性是格格不入的，的確相互抵觸。但是，這只是問題的一方面。

問題的另一方面是，懷特海在構築他的這種兩個世界的本體論時，之所以聯想到並提及柏拉圖，正是由於兩者的理論具有某種相似性，尤其是思維方式上的某種近似性和可比性，所以才驅使懷特海時時強調兩者的區別，以期不被混同。倘若兩事物風馬牛不相及，完全沒有可比性，無所謂「近似性」，那麼，對這種毫不相干的事物也就完全沒有必要提醒人們注意它們之間的矛盾和抵觸了。眾所周知，懷特海對柏拉圖的推崇是超過了推崇哲學史上任何一位哲學家的：「我們如要指出西洋哲學史的特徵，至少有一點可說，就是一切的哲學著作，都不過柏拉圖的注解罷了。」並且，他也確以柏拉圖的繼承人自命。❺因此，他的哲學中的某種準柏拉圖主義色彩是隨處可見的。事實上，就是把他的上述本體論與柏拉圖的理念論作一簡圖對照，也極易看出其中的淵源關係（當然，加上其差別）來：

---

❹ 《在世哲學家文庫：懷特海的哲學》，頁684。
❺ 參見賀麟：《現代西方哲學講演集》，頁105～106。

柏拉圖：宇宙
- 現實世界（摹本，幻影，有生有滅，以理念爲目的）
- 理念世界（原型，實在，永恒不變，獨立於現實世界）

懷特海：宇宙
- 事實世界（變化，有生有滅，多樣性，給予價値世界以可能性）
- 價値世界（永恒，不朽，統一性，賦予事實世界的意義）
- 二者相互關聯，不是獨立的存在

當然，懷特海的上述本體論最易引起人們聯想到的，還是新康德主義的西南學派的價値論，尤其是文德爾班與李凱爾特的理論。

在文德爾班看來，存在有兩個不同的世界，一個是「事實」世界，一個是「價値」世界。事實世界是表象世界，理論世界；價値世界是本體世界，實踐世界。與之相應，也存在兩種不同的知識，一種是「理性」知識，一種是「實踐」知識，也即事實的知識和價値的知識。一切關於事實的知識的命題都是表示兩種表象的內容的相互歸屬關係，而一切關於價値知識命題則表示估價意識的主體與被估價對象間的關係。由於估價本身邏輯地導致主觀的意志、情感等特性的引入，因而是不定的，各各不同的，從而也就邏輯地走向相對主義。爲了避免上述困難而確立標準，文德爾班引進了作爲規範論的普遍價値學說，即：除了與特殊估價主體相應的特殊價値外，還存在與一般估價主體相應的普遍價値（「標準價値」、「價値規範」）。特殊價値是心理學的對象，而普遍價値則是哲學的對象。❻

---

❻　參看劉放桐：《現代西方哲學》，頁123～125。

李凱爾特更一步系統化地發展了文德爾班的價值論。他認爲，世界是由三個王國——現實、價值和意義——所組成的。現實被對象化的局部科學（自然科學、社會科學）所瓜分了，財富和評價（經濟學和心理學）也屬於局部科學。作爲價值的價值問題則屬於哲學。爲此目的，哲學通過對現實生活，特別是對評價活動的內在固有意義作出解釋，而把這兩個王國結合起來。注意，李凱爾特認爲評價活動雖然指向了價值，但它並不就是價值。李凱爾特把評價活動所固有的這種指出價值的意義稱作內在的意義。但是，內在意義只是使價值王國隸屬於評價活動，而評價活動並非價值王國，不具有任何意義。李凱爾特修正了文德爾班關於哲學對象是普遍價值這一論點，在李凱爾特，意義的領域是把第一王國（現實王國）同第三王國（價值王國）聯結起來的中間王國，因而，哲學的任務是解釋上述的意義領域。

此外，德國哲學家哈特曼（Nicolai Hartmann）的先天價值說，視價值爲潛在的。認爲勻稱、和諧、至善等價值都是先天存在，價值永在另一世界中。這一理論也與懷特海有頗多不謀而合之處。此處就不擬詳述了。❼

不難看出，懷特海的價值論的某些根本方面同新康德主義西南學派的價值論頗多類似之處。重要的是，他們在實質上都是從本體論的角度看待價值，賦予價值以某種極根本的性質，從而可與事實並列爲宇宙的基本要素。深入考察即可理解，本世紀初至今，哲學界對價值理論的熱中，在源流上可追溯到康德對認識論、倫理學及美學的劃分，但他們已使價值這一概念超出了倫理

---

❼ 參見賀麟:《現代西方哲學講演集》，頁71。

學與美學領域，把價值泛化並進而本體論化，從而呈現出某種共同的泛價值主義的形態。

但是，懷特海同新康德主義者們的差別也是很明顯的。

鑒於懷特海對所謂「自然的兩岔」劃分的一貫反對，因此，他並不把事實世界和價值世界視作某種獨立自存的實體，而只是把二者都看成是對同一個宇宙的抽象。並且，在懷特海那裡，二者是緊密相關，絕非孤立獨處的。「對兩個世界任何一方的描述，都蘊含有包括借助對方世界的特徵（來說明）的地方。」其理由在於這兩個世界都是從宇宙中抽象出來的，同時，每一種抽象都蘊含著對實存整體的涉及。不存在自足的抽象。

「有鑒於此，不能認為價值是脫離另一世界的基本特徵能動性的。……這些價值的本質就是它們在活動的世界中實現（自己）的能力。」[8]

懷特海進而把評價作爲兩個世界的中介，從而在邏輯上把二者聯結起來。

「兩個世界的這一內在關連就是評價，它同時也是一種修正的能動性。……於是，宇宙的兩個方面就是有機世界（即能動性世界）和價值世界。價值是非時間性的，同時，由於引入了評價，它也就設定具有了在時間中修正事件的功能。每一個世界都僅僅能由參照另一世界而得到解釋；

[8] 《在世哲學家文庫：懷特海的哲學》，頁685。

然而這種參照並不依賴語詞，也不依賴其他指示的明確形式。」❾

這裡須特別要提及的是，懷特海雖然導入評價活動作爲兩個世界的中介，但是他的「評價」並不是在主對象關係的基礎上給出的，反對主——客兩分法是他一以貫之的思想。早在他哲學活動的初期，如我們在他反對「實體」觀那一節所闡述的，他就認爲實體就是由於受亞里士多德「主辭——謂辭」邏輯的影響而產生的觀念。在轉折時期，在《科學與近代世界》中，他再次清算亞里士多德這一早期的初級邏輯導致的思維方式在哲學界留下的陰影。主體——客體這一專門短語對於經驗中被揭示出的基本情勢而言，是不好的一個術語。它眞正說來只是亞里士多德的「主辭——謂辭」的殘留物。它已經預設了各種不同的主辭被其謂辭限定的形而上學理論，即主體具有私自獨有的經驗世界的理論。倘若接受這一點，我們就無法擺脫唯我論。關鍵的一點在於短語「主體——客體」指出了客體下面的一個基本的實有。從而，按這種理解:

「客體僅僅是亞里士多德謂辭的幽靈而已。然而在認識的經驗中所揭示出的原初情勢卻是『客體中的我——客關係』。我的意思是指一個中立的世界，它超越了標誌著我——客關係的『此地——現在』，也超越了作為同時呈現的空間世界的『現在』。它還是包括了過去的現實性、將

---

❾ 同上書，頁685～686。

來的有限潛能、抽象潛能的整個世界以及超越於、實現於以及對比於實際呈現過程的永恒客體領域的一個世界。」⑩

因此，懷特海對「評價」這一術語的理解絕不是就主客關係而言的，他把「主——客」這一用語視爲現代哲學應當擺脫的亞里士多德幽靈，他尤其反對近代哲學自笛卡兒開始的對這一觀念的強化，照他看來，笛卡兒使近代哲學的研究面向了靈魂的內在現象，是一股有害的主觀主義潮流。就這一點而論，他同羅素有大體類似的看法。因此，懷特海在使用「評價」這一概念時完全避開了主體與客體的關係，而客觀化地把它定義爲兩個世界的內在關聯，並賦予「評價」這一活動以「修正」、「激勵」和「厭惡」等職能，是在兩世界間的一種客觀的調節活動，是二者間客觀化的中介。

很顯然，懷特海的這一立場是帶有鮮明的客觀唯心論色彩的。

據前所述，可以發現，新康德主義者文德爾班和李凱爾特在上面兩關鍵點上同懷特海是不同的。

首先，他們的強調點在於區分事實世界和價值，強調點是兩者的根本不同之處；而懷特海則著重在強調兩者之間的聯繫，強調兩者之間的相互依賴。他們認爲兩者具有獨立性、隔絕性，和某種意義上的實體性；懷特海則認爲兩者不具有實體性，它們都是對同一個宇宙的抽象，兩者緊密相關，互相依賴。

其次，西南學派的新康德主義者從根本上說，是以主體——

---

⑩ 懷特海:《科學與近代世界》，頁177。

客體的關係爲出發點來闡述其價値論的，他們所謂價値命題，就是指表示估價意識的主體與被估價的客體之間關係的。無論這意識是個體意識也罷，普遍意識也罷，總之逃不脫主——客關係的範疇。而評價，就是主體對客體的評價。在懷特海，如前所述，反對在哲學中引入亞里士多德的遺物：主——客關係，他的世界，在某種意義上是柏拉圖式的客觀化世界；而「評價」，在他的價値論中，是兩個世界的客觀的內在關連。

綜上所述，新康德主義的西南學派仍帶有某種主觀主義的特點，而懷特海的價値論在根本的方面則是客觀主義的。

懷特海的這種以價値論爲軸心的本體論，在其成熟階段，呈現出越來越強烈的整體主義色彩，它從價値這一核心放射出去，聯繫到哲學史上各種不同的主題和領域。他自己晚期各個論題和論點，在價値之「光」的照射下，從價値論的角度，都呈現出各自不同的或略微有所變化的色彩。

懷特海認爲，上述兩個世界具有某種共同因素，因而可用代表這些因素的某一術語來描述。這些因素具有兩重性，而兩個世界各強調它的某一方面。

「理念」，在懷特海看來，就是兩個世界的共同医素。

他既把理念看作是希臘哲學的偉大成就，同時，也把理念視爲希臘思想由於放錯了理念在宇宙中的地位而釀成的悲劇。

這一悲劇就在於把理念看作是「獨立實存」的，是孤立的，自足的，無須參照其他任何事物即可被理解。

懷特海擴展了他早期思想中反對「簡單位置觀念」的成分和贊同「內在關係說」的因素，指出：

「幾個世紀中，充斥哲學文獻中的這個錯誤概念就是『獨立實存』的概念。其實，沒有這種實存的方式；每個實有都只有借助同宇宙其餘部分錯綜交織的方式才能被理解。」⓫

希臘傳統下的「理念」，就僅僅被看成「獨立實存」的實有。從而造成了不少困難。

懷特海曾舉「紅色」這一理念為例說明其多方面性。

交通燈的「紅色」出現，導致「汽車停止」這一事實；

光輝的日落的「紅色」，導致自然美這一價值的實現；

藝術家畫日落「紅色」的意圖的出現，它是藝術美這一價值的潛在，並將面臨實現。而這個意圖自身又已經實現於宇宙中。因此，「每個理念都具有兩方面，即價值形態和事實形態。當我們欣賞『實現了的價值』時，我們正在經歷這兩個世界本質上的匯合。」⓬

按懷特海看來，如果只強調理念的一個方面，那就僅僅是思想中的一種抽象。但若同時考慮了它的兩方面，我們就是在擴展宇宙的終極特徵。終極特徵就有相應的兩個方面。一面是有生有滅的世界，這是一個短暫事實的世界，但該暫時的事實正在獲取已實現價值的不朽性。另一面則是非時間性的世界，它是一個純粹可能性的世界，但該可能性正在獲取時間性的實現。這兩方面的橋梁，就應當是結合兩方面「理念」。鑒於此，理念絕不應該

⓫　《在世哲學家文庫：懷特海的哲學》，頁687。

⓬　《在世哲學家文庫：懷特海的哲學》，頁688。

被孤立化、抽象化，它不是一種簡單的「獨立實存」。

仔細分析即能得出如下結論，作爲本體論的懷特海價值論，在主要的方面是柏拉圖主義和新康德主義（西南學派）的一種混合物。它以本體論意義上的兩個世界的劃分爲基石，重新考察了他自己的早期思想以及哲學史上的部分重大問題。從而進一步從一個新的角度拓寬加深了他的宇宙形而上學。新實在論的成分愈益淡化，而神秘主義的因素卻愈益濃重了。

儘管如此，懷特海的價值本體論（即泛價值論）仍然有其深刻與獨到之處。本質上，這一理論是用於解決自希臘哲學以來的形而上學中心問題：存在與生成、靜與動、一與多、本體與現象、永恒和流變的。而早期佔據重要地位的認識論研究在這一階段僅處於從屬的地位。因此，懷特海的哲學歷經在這一意義上也可看成：從近代認識論追溯到古希臘的本體論；由笛卡兒式的中心問題「我怎樣才能認識世界」追溯到直接向世界發問，「世界究竟是怎樣的」。

在處理上述中心問題時，懷特海用自己的價值論來調解巴門尼德式的「存在、永恒、靜止、一」同赫拉克利特和多元論者的「生成、流變、運動、多」之間的對立；同時，在更大的範圍內用價值論來融合前蘇格拉底自然哲學「世界是什麼」的問題和蘇格拉底式的「善是什麼」的問題之間的斷裂。在對上述問題的闡發中，懷特海顯示了頗爲精深的思辨能力和不少給人以啟迪的帶辯證法因素的思維方式和洞察力。

懷特海利用價值論對（1）個體同一性的穩定性和（2）科學定律的穩定性的闡釋，就是其典型的範例。

在我們具體的現實世界中，有什麼東西能使我們直接洞察到價值世界與事實世界的聯繫呢？在懷特海看來，我們的現實世界是一個由不停流變的「現實實有」所構成的，是一個瞬息萬變的宇宙，在這樣一個世界裡，什麼東西是與具有不朽性、永恒性的價值世界的具體連接點？

這就是個體同一性和科學定律的穩定性。

「在現在事態的瞬時之中個體同一性的保存是事實世界中最引人注目的特徵。這是對它的暫時性特點的部分否定，這是由價值的影響而導入的穩定性。在自然科學定律中也可以看到這種穩定性的另一方面。」⑬

懷特海以一種柏拉圖式的方式指出，事實世界中的「個體同一性」和「科學定律的穩定性」是對價值世界的不朽性和永恒性的摹仿品。這裡，柏拉圖「摹仿說」的影響確是很顯然的。

我們著重討論個體同一性的問題。

懷特海強調指出：

「對於理解能動性世界與價值世界本質上的融合而言，在變化的事態世界中的『個體同一性』這一問題是關鍵性的例證。」⑭

實質上，只要細心考察，不難了解，所謂具有「同一性」的

⑬ 《在世哲學家文庫：懷特海的哲學》，頁689。
⑭ 《在世哲學家文庫：懷特海的哲學》，頁689。

個體，事實上無時無刻不在變化，無時無刻不在消解和生成，這一個體其實只是暫時性事態的前後連續序列而已。

然而，這種純粹的事實上的暫時性如何能達到價值的不朽性呢？個體同一性又如何部分地否定了自己的暫時性特徵呢？

我們必須進一步深入考察個體同一性的實質。我們來看一個現實事態的連續序列， 其中的每一個 現實事態在 它自身的存在中，用了一種過去的自我同一性的強調化的經驗，使得它的前一個事態具體化，並把它納入現在的直接瞬間事態中去。這就是個體同一性的實現。這裡的所謂強調，是指抽象時著重從某一方面來表達對象，例如，理想的事物：眞善美，理想的圓、方、線、點等帶有無限性的東西，都是強調的方式。上述這種對自我同一的強調，就是忽略了其細微的差異而完成的。當一段較長時期過去後，這個現實事態的連續性序列的前後事態會有較大差異，然而在一短段時間裡， 同一性（或稱相似性）如此占有壓倒的優勢，以至於我們很難辨認出事態的變化。舉例來說，當說「同一性」這一個詞時，人們認爲說「同」這個音的人和說「性」這個音的人是同一的。其實，這兩件事之間相差幾分之一秒，說話者其間也發生了極細微的變化。然而，他在說這個詞時仍然體驗到他的自我同一性；並且，聽講者對其個體同一性也絕不懷疑。說出此詞的這一事態一旦完成，它就已經被拋進了永不會再生的歷史的事態之流中，然而，作爲說話者，卻被視爲具有同一性的個體繼續留存下去。

綜上所述，當事實的細微變化表明在價值的更細微的變化中有著某種根本特徵的同一性時，「個體的同一性」就被展示出來了。就這是價值的不朽性進入了流變的事態之中。

「這種同一性承擔了使事實成形和使特殊價值實現的雙重作用。」⓯

如前所述，懷特海把「強調」看作是人類對事物進行理智抽象的基本特點。他指出：

「抽象包括強調，而強調使經驗活躍起來，……現實性所特有的所有特性都是強調的方式；由於這種方式，有限使無限活躍起來。」⓰

個體同一性的實現是借助於強調才達成的。

「在連續的變化中，價值類型的保持是強調的一種形式。細節流變中的統一樣式加到了各個不同的重要的細節上，並且闡明了從細節中引出的這種強調的樣式的內在價值。」⓱

就這樣，雜亂混沌的多樣性就被「強調」鑄造成了占優勢地位的一種統一性。多，變成了一，流動，變成了持續。在懷特海看來，這正是藝術和道德目標的本質。倘若事實世界脫離了這種由保存價值的優勢特徵而生的統一的方式，那麼，整個世界將墮

⓯ 《在世哲學家文庫：懷特海的哲學》，頁690。
⓰ 同上書，頁681。
⓱ 同上書，頁690。

入混沌虛無的深淵之中。

在我們的世界上，個體同一性也是人類普遍經驗的一個支配性的因素，對各個文明體而言，這點是一致的。事實上，法律，尤其是民事訴訟法的基本概念就奠立在個體同一性上。犯了搶劫罪的同一個人要被送進監獄，雖然在判刑或收監時並不是作案那同一瞬間，但法律仍確認前後的「兩個個體」具有「同一性」。同樣，一份檔案材料保存了幾個世紀仍然有效，這是法律確認前後兩個事態具有「同一性」。

其實，不用再行舉例，我們就可以同意懷特海，甚至可以推而廣之。極而言之：對「個體同一性」的確認，從根本上言，是人類文明的重要基石之一。我們很難想像，倘若有朝一日驟然喪失了這種強調的方式和思維的方式，宇宙將成爲什麼樣的狀況?人類是否還可能繼續存在?（其實，那時，人類這個詞業已失去了意義。）當然，只要不消除表現於各語言中的人類思維方式的總體，要想消除個體同一性也是不可能的。

然而，按懷特海，當今人類思維方式的主要危險並不在於即將喪失這種「個體同一性」的強調方式，恰恰相反，危險來自對這種「同一性」強調過分，超出了它的安全界限，忽略了它的起源。即是說，忽略了這些具有「同一性」的個體，其實從根本上說並不在時間中精確地「自身同一」，而是流逝變化的，消解生成的。

懷特海這種反對過分強調「個體同一性」的思想實質上影響了美國的普通語義學的核心思想，以至後來一時成爲美國哲學界的一種時髦思潮。普通語義學的重要代表人物斯圖爾特·切斯(Stuart Chase) 在 1955 年發表的《詞的威力》一書中就有與

懷特海極相似的觀點:

「顯然，一個客體是與自身同一的。然而眞是如此嗎？如果我們使一個蘋果在桌上擱一個月，它還是「同一的」蘋果嗎？蘋果10月 1 日與蘋果11月 1 日是同一的嗎？顯然已不同了。鮮亮的果皮變黃起皺，酥脆的果肉變軟變爛。所以，蘋果 1 是一個變化過程，它的特徵在一分鐘內有細微變化，一天之內即小有變化，一月之內則大變了。在自然界中，沒有什麼東西與它一瞬間之前完全同一。甚至於馬特霍恩山峰也在慢慢消解，岩石不停地崩潰下峽谷。鑽石當然壽命較蘋果長得多，然而仍然不是永恒不變。有一些新的同位素從生物有機體中排出一半數量所需要的時間僅僅是幾秒鐘。因此，我們要特別留意，不要把蘋果、鑽石、民族或國家看作一成不變的東西。」⓲

這裡的思想幾乎處處與懷特海吻合，其聯繫是顯而易見的。同時，懷特海也對亞里士多德式的僵硬的種屬劃類進行了抨擊，他指出，各個個體和各個種屬之間的界限其實並非截然劃一，精確明晰的。

「我們不能精確地分析任何一個個體的存在；同時，我們在劃分種和屬時也缺乏任何精確性。對實踐的目的而言，在瞬間即逝的環境中的這種劃分是發展思想的必由之路。

⓲ 斯圖特・切斯:《詞的威力》，頁138。

然而，我們不能給出充分滿意的定義來說明我們所指的，『實踐的目的』或『瞬間即逝的環境』的意義。結果，我們就面臨著人類生命、動物生命、蔬菜生命、活細胞以及連同個體同一性的物質存在在內的一個模糊的序列延展，雖然，『物質存在』在普通的用法中是無生命的。」⑲

這一觀點也影響了普通語義學，切斯在分析亞里士多德的邏輯時指出，倘若只與我們頭腦裡的詞打交道，那麼，同一律、排中律、矛盾律都是令人滿意的，譬如，字母A等同於A等等。然而，一旦越出詞的界限，處理我們頭腦之外的事物，倘若不對這三定律加以限制，則會謬誤百出，他指出：

「亞里士多德的第二條（排中律）和第三條（矛盾律）定律在很多情況下會出現漏洞。以動物與植物之間的區別（A或非A）為例。存在一種極小的有機物尤格勒納（euglena），在充分的陽光下它呈現綠色，其生活方式類似『植物』，然而在陽光消失之後，它又像動物一樣消化醣。鑒於此，尤格勒納可以是『植物』也可以是『動物』，這完全決定於它處於一月之中的什麼時候。更準確地說，它既非植物亦非動物，它根本就不屬於這兩類。醫學史有大量眞實的例證，它們表明，男人通過外科手術可變為婦女，反之亦然。1953年，各種報刊大量報導一個年輕貌美的婦女的事情，這『婦女』不久前還是個男人。既

⑲ 《在世哲學家文庫：懷特海的哲學》，頁691。

然此人又是『男人』又是『女人』，這就否定了矛盾律。」⑳

普通語義學把上述觀點推到了極端，並加以系統化，企圖以此作爲開山利斧，重新審視全部人類文化，反對各學術領域中的概念抽象，在美國曾一度掀起思想界的一股潮流。而懷特海，則始終把自己的類似思想限制在思辨的本體論形而上學領域中，比普通語義學顯得較有深度。

研究懷特海關於「個體同一性」及其與兩個世界的關係的思想，應當承認，它是從一個新的角度，也以一個新的深度觸及了一與多、靜與動、永恒與流變等古老的哲學課題，懷特海哲學那種追本求源的思維方式在這個問題上有很典型的表現，並且，他的這種思辨帶有很圓熟的辯證法技巧，雖然，他自己也許並不承認這一點。客觀而論，他對個體同一性的分析是深刻的，並給人以啟示。

關鍵的問題在於是否需要借助「價值」這一概念來進行上述分析，因爲這裡「價值」的含義與它原來在歷史上的用法相比已稍有差異。這個問題涉及懷特海整個價值論的核心，我們在最後再詳細進行總的闡述和評價。

與上述懷特海對「個體同一性」的分析相類似，可以借助兩個世界的關係來闡明科學定律的穩定性和人類的一個部落、一個民族、一個國家的歷史延續性，個性的同一性保持等各不同的連續的事態序列。它表明了這一理論在應用方面的普適性。鑒於這

---

⑳ 斯圖特·切斯：《詞的威力》，頁141。

一種分析與對「個體同一性」分析在程序上的相似性，本文不擬在此贅述。

正如我們已看到的，懷特海後期的價值論愈益趨向本體論化，愈益超越「主——客關係」之上，愈益關注於古希臘以來西方哲學的本體論核心問題。它是在新的條件下，利用新的科學成就和術語去調解赫拉克利特主義和巴門尼德主義的一種泛價值主義。

然而，作爲本體論的價值論如何與我們日常的價值經驗相聯繫？奠立於這種本體論上的認識論是什麼？倫理觀又如何？美學有什麼特點？這都不能不涉及到懷特海在具體闡述價值時的「模式（或形式）理論」和「情感理論」。

二、東西方兩類「和諧」

具體而言，「模式（或形式）理論」與「情感理論」是懷特海構築的兩種基本的價值論。

「模式理論」主要出現在懷特海稱爲「自己哲學的總結」的〈數學與善〉裡，其思想還散見於《過程與實在》、《觀念的探險》和《思維方式》之中。

〈數學與善〉是懷特海討論數學與價值間的關係的主要論文。這裡的「善」（大寫的 Good），是對眞善美的統稱，也即代表肯定的價值（正價值）。相反地，「惡」（大寫的 Evil），即包括假醜惡，代表否定的價值（負價值）。在懷特海那裡，數學是對模式的研究。譬如，幾何、代數、分析……是這種模式的屬，而每一個屬又包括各種各樣的種。鑒於此，研究數學與善，也就是研究「模式與價值」。因此，這裡的研究主題就是價值的「模式理論」。

數學的概念與善的理想，二者間有聯繫嗎?

柏拉圖認爲，有。他根據自己對數學的直覺來闡述善的概念，曾作過一次著名的「善的概念」的演講。但這篇演說並不成功。從此，數學與善脫離了關係。

現代西方分析哲學認爲，沒有。他們認爲數學與善分屬兩個絕對隔離的領域。數學是重言式的系統，它表達的是前提與結論之間永眞的蘊涵關係，〔如，$((p \rightarrow q) \wedge p) \rightarrow p$就是重言式。用中文述之即：若$p$則$q$，且$p$，那麼$q$。〕它對世界並無所述說；而善作爲一種價值，表達的是「應當如何」，即表達主體對對象的評價、願望。二者相去不可以道里計。

懷特海認爲，有。因爲他認爲二者都在經驗中有淵源。都是從經驗中的高度抽象。

> 「人類智力能夠從大量例證中抽象出事物的一種類型。人性的這一特徵的最明確的顯示就是數學的概念與善的理想，該理想超出了任何直接的認識。」㉑

數學與善是顯示這種抽象能力的最明顯的典範。而這種抽象，就是以某種方式進行的強調。在數學方面，這種強調產生了精確性的概念。現實中本沒有這種精確性的經驗，例如，並沒有精確的直線、精確的圓。但倘若著重從某些方面、而忽略其他一

㉑《在世哲學家文庫：懷特海的哲學》，頁672～673。

些方面去考察，這就是一種強調的方式。它產生了理想的精確的圓和直線等等。在善的方面，這種強調使事實世界昇華到價值世界。因爲理想使事實受到激發，概念性的經驗使理想活躍，這種刺激意味著從現實經驗過渡到其理想領域，昇華爲善。例如，日落展示了天空的燦爛，這就是由於概念的刺激增添了價值觀和美感。

這裡，懷特海把抽象的基本方面等同於「強調」，從而把「強調」提升到了基本概念的地位。

懷特海是通過具體闡述模式與價值的關係來進一步說明數學是如何聯繫善的。在考察模式與價值的關係時，我們須先考察懷特海對有限與無限之間關係的處理。

在懷特海，宇宙是無限的，而模式是有限的。但是，正如沒有「簡單位置」一樣，也沒有單純的自足存在的有限模式。「在本質上，有限涉及一個無限的背景」。㉒例如，畫在黑板上的一個直角三角形，是一種直角三角形「模式」的特例，實際上它代表的是無限多個這一類的直角三角形。另外，黑板上的直角三角形，作爲一種確定的模式，也並不直接把它的無限多種性質展示給人的意識。像它斜邊上的正方形等於其兩邊上正方形之和等等無限多性質，都隱藏在這個簡單的直角三角形中。「小孩知道老師講的是什麼，這就是用粗粉筆線在黑板上相當清楚地畫出的直角三角形，然而他並不知道蘊藏於其中的無限的性質。」㉓理性意識在這裡表現出了局限性，它不能認識一切，但可以通過認識

㉒ 《在世哲學家文庫：懷特海的哲學》，頁674。
㉓ 同上書，頁668～669。

某種有限模式而邁向無限。數學的對象是模式，模式本身可以被有限的認識能力所把握；但模式又部分地揭示了無限宇宙的特性。如果不通過對模式的認識，即不通過有限，我們就無法認識無限。這是有限與無限關係的一個方面。

另一方面，懷特海認爲：

「無限沒有性質……即無限自身是無意義和無價值的，它憑借具體化為有限的實有而獲得意義和價值，離開了有限，無限毫無意義並且不能同非實有相區別。」㉔聯繫到轉折時期，我們知道，價值是通過永恒客體組合的選擇性加以限制而產生的，因此：

「全部價值都是有限的賜與，對能動性而言，這是必要條件。此外能動性還意味著聚集物模式的創造，而數學正是研究模式的。於是我們在這裡發現把數學同善與惡相聯繫的本質線索。」㉕

在懷特海，作爲價值的眞善美，是一種理想物，具有無限的性質，而模式是有限的。於是模式與價值的關係，其實也就變成了有限與無限的關係。

「如果無限不具體化為有限的價值則它是虛幻的，同樣，如果有限實有脫離同無限的關係就毫無意義。……研究這種理解就是哲學的定義。它也就是為什麼處理有限模式的

㉔ 同上書，頁674。
㉕ 《在世哲學家文庫：懷特海的哲學》，頁674。

數學，與『善』『惡』的概念相關的理由。」㉖

應當說，懷特海關於有限無限相互依賴的論述是較爲深刻的，同時與他的整個體系也是協調的。

因此，理解模式與價值的關係需研究有限與無限的關係，而這種研究又勢必引導到考察該問題的兩方面，即：(1) 有限的實有如何需要無限的宇宙，(2) 無限的宇宙如何靠具體化爲有限物的能動性而獲得意義和價值。如果我們聯繫到懷特海的萬物具有內在關係的思想，是不難推究上述兩方面的答案的。

我們來進一步探究模式究竟是如何具體地同價值聯繫起來的。

所謂模式，在懷特海，主要指把各存在物聚集在一起的方式，這裡還有「結構」的含義。如幾何學是把點、線、面等聚集在一起的方式和結構（如前述的直角三角形）。而代數則涉及把數聚集在一起的各種方式和結構，……等等。數學就是對各種類型的模式及其關係的分析。這裡的「模式」含義是極其廣泛的。

「模式具有重要性這一概念同文明一樣古老。每種藝術都奠基於對模式的研究。社會組織的凝聚力也依靠行為模式的保持；並且，文明的進展也依靠這類行為模式的僥倖的變更。因此，模式對自然顯相的輸入，這類模式的穩定性，以及這類模式的變更，對善的實現來說，都是必要條件。」㉗

㉖ 同上書，頁675。

㉗ 《在世哲學家文庫：懷特海的哲學》，頁677～678。

但是，他所說的所謂模式的「輸入」、模式的「穩定性」和模式的「變更」，都是關於模式發生的某種過程。

這裡就發生了一個問題，即：模式自身是否就是價值？

懷特海的答覆是否定的，他一定要求訴諸價值經驗：

> 「模式自身既不是善，也不是惡。然而每一種模式的存在只有通過對（經驗）的現實的或理論的理解才能決定。……倘若不涉及到錯綜複雜的各種經驗模式，那麼你就不可能討論善與惡。」㉘

雖然，懷特海的個別闡述是不够準確的，使人有可能誤解他認爲有某種與「自在的模式」（模式自身）相對應的「自在的價值」，如他曾說：「模式只是我們理解經驗中的一個要素，這一要素或者是作爲直接的價值，或者是作爲追求未來價值的能動性的激發力。」㉙這裡的直接的價值含義就頗爲模糊，似乎表明模式自身就是「自在的價值」，然而綜觀懷特海關於價值的模式理論的整體，並不呈現出這種類似柏拉圖的「摹仿說」的色彩，他總是把價值置於諸經驗的過程中去考察，特別是訴諸模式的「情感背景」，關於這一點在他的價值的情感理論中還要詳加討論。總之，倘若把模式自身就視爲自在的價值，那麼，這就遠離了「價值」這一術語原初的本意，並且在他的整個體系中造成某些困難和不協調，因此懷特海對模式的這一意義持否定態度。

懷特海的模式理論的眞正含義在於主張，模式只是達到價值

㉘ 同上書，頁679。
㉙ 同上書，頁678。

的要素之一。

事實上，任何實有的存在必定有其自己的模式，而按懷特海，實有（或稱事態）是價值的載體，因此，對價值而言，模式作爲一種本體論的條件，顯然是必要的。

另外，據上一章的闡述，永恒對象在現實組合時必定產生價值，即是說，潛在的能動性的三種展視之一就是價值的展視，這就意味著，能動性也是價值產生的必要條件。

於是，我們不難看出，若分別而論，模式或能動性這兩者中的任意一方面，都只是價值的必要條件，都不是價值的充分必要條件，因此，要把模式本身自主地等同於價值，是沒有邏輯依據的。只有把模式與能動性二者綜合起來，作爲最普遍的本體論條件，才形成價值的充分必要條件。

剛才我們已提到，懷特海把價值的產生主要訴諸經驗，訴諸「情感的背景」，這就是他關於價值的「情感理論」。這一理論在《過程與實在》第三部分和〈數學與善〉之中都被詳細討論過。

我們已講過，只有對模式而言發生了某種過程，才能區分善與惡，才能討論價值，這些過程即（1）模式的輸入，（2）模式的穩定和（3）模式的變更。而要能控制上述三種過程的條件，必定需要用某種情感過程的術語來表述。因此，倘若不涉及經驗的模式，就無法闡明善與惡等各類價值。事實上，模式總是同人們對經驗的理解相聯繫的。一個模式自身既非善，亦非惡，但對經驗的理解不同，就出現善惡的區別。因此，懷特海認爲：「模式在有限多個享有那一模式的情感單位（產生經驗的機體）中具備導入善或惡的功能。」[30] 他以圖畫爲例進行了討論。譬如，一幅

---

[30] 《在世哲學家文庫：懷特海的哲學》，頁680。

畫的幾何模式可能是好的，但配上顏色之後，也許就變醜了。另外，每一種單獨的顏色或許是貧乏、不定和印象模糊的，但這些顏色以某種模式組合起來可能變得生氣勃勃，多彩多姿，給人以鮮明的印象。因此，要刻劃任何其中的成分，都不光要用自己的個別特徵，同時要考慮到它與其他成分的關係，哲學的關鍵就在於要在存在的個體性和存在的相關性之間保持平衡。存在的本性是，通過情感獲得模式，它強調一組有限的選擇出來的個體，即模式化的實有，例如，顏色和聲音的空間排列。模式的概念強調存在的相關性，即各實有是如何相互聯繫的。一個模式中的每一實有進入別的模式，並在存在的多樣性中保留自己的個體性。這種模式中的每一個個別實有互相配合的關係作用於該模式的情感單位，從而在情感單位的經驗中造成了善或惡，因而可以說，這種情感單位由於經驗到模式而導入了價值。前面關於圖畫的討論表明，討論善與惡需要涉及各種各樣錯綜複雜的經驗模式，需要對經驗模式的理解有相當的深度，否則，一個單薄的模式可能阻撓預想的實現，成爲懷特海所謂一種「輕微瑣碎的惡」，譬如，用一幅黑白寫生畫取代全彩色的畫就是如此。這裡「單薄的模式」是指某種簡單化的模式，它會使我們所期待的東西不能實現。上述黑白寫生代替全彩配色就是這種單薄模式所形成的一種惡，但它是一種輕微瑣碎的惡。因爲據懷特海，黑白畫較之彩色給人經驗的印象較爲淡薄，較爲晦暗，不够強烈而刺激。但是，除此之外，還有導致強烈經驗的兩個模式也可能相互衝突。這樣，就導致一種由主動的激烈對抗所產生的強烈的惡。這種惡與前一種簡單輕微的惡是完全不同類型的，這種類型被懷特海又分爲三種形式:（1）概念與實在相衝突，（2）兩個實在相衝突，（3）兩個概念相衝突。

在懷特海哲學中，每個實有（事態）都有心、物兩極。從物極看來，實有在時——空之中；從心極看來，實有有自己的價值。於是，通過心極，現實實有和價值世界就連結起來了。

既然實有都有心、物兩極，那麼持續的實有自然就必定是有機體。

既然每一實有都有心極，這就意味著每一實有（事態）都有其心理學的方面。在這種泛心論的前提下，懷特海對價值的情感理論作了進一步論述。

一個達到了完整性的現實實有（現實事態）也就獲得了「滿意」，它是一種「理想」的實現㉛。在此之前，有對這種理想狀態的「預期」，這個階段的發展是由「欲望」來表徵其特點。懷特海用了上述帶有明顯的心理學色彩的、特別是帶有感情因素的術語來表達他關於價值的情感理論。對此他在《過程與實在》中作了如下的闡述：

> 「身體經驗原始的根本的形式是感情上的——盲目的感情——在另一事態中公認是異在的感覺以及作為一種主觀的激情而被同等地控制。」㉜

在懷特海那裡，某種「欲望」、「預期」、「滿足」和「理想」的形式貫穿於所有的自然事態之中。他認爲，普遍存在著對某種「滿足」的「要求」，一旦「要求」達到，則發生「模式的

㉛ 懷特海：《過程與實在》，頁323。
㉜ 懷特海：《過程與實在》，頁246。

僥倖變更」。「要求」與「滿足」二者間的心理學關係涉及作爲經驗機體的具體事件， 模式或形式是這一經驗發生的方式。如果模式的「輸入」、「穩定」和「變更」有一般結構的話，那麼，它們作爲經驗的某種結構，正是在上述感覺心理的情況下發生。因此，正是在這個意義上，善與惡最終都依賴於「情感的單位」，即產生經驗的機體。有鑒於此，價值，無論善與惡，都具有情感的特徵，它是在正確的能動性的模式下被經驗的。於是，我們在這裡看到懷特海價值要素的另一個要點是在把事態訴諸對「情感的單位」的分析中產生的。

這樣，我們就遇到某種互有區別的對價值本性的描述。在價值的「模式理論」中，尤其是當懷特海分析有限與無限的關係，指出研究有限模式的數學與價值緊密相關時，他的理論呈現出某種客觀唯心論的色彩。而在價值的「情感理論」中，當他把價值的產生完全訴諸心理學關係，訴諸「情感的單位」時，其主觀唯心論的色彩就凸現出來了。這裡「情感的單位」即產生經驗的機體，也即「有機體」。

從邏輯的觀點來看，客觀主義的價值論會遇到一些難以迴避的困難，相反，主觀主義的感情論的價值論由於與價值經驗的密切結合，反而顯得持之有故。所以，前者遭到了大量的詰難，而贊成後者的卻所在多是。其原因恐怕主要在於價值這一概念兼具的主觀與客觀兩方面的含義。它既取決於對象的價值特徵，又取決於評價主體對對象的觀念，它是二者的某種很複雜的統一，不可能確立一種絕對的價值標準。[33]

---

[33] 懷特海:《過程與實在》，頁246。

價值的「模式理論」面對的就是這種挑戰。人們若進行深入探究即可看出，作爲前數學家的懷特海，通過對「數學與善」的分析所得出基於有限與無限關係上的價值概念，與人們日常對「價值」一詞的用法是不完全吻合的。存在有價值的「一般的普遍的條件」嗎？它能够統一起我們各個背景、個性迥然不同的評價者的價值經驗嗎？歷史已經表明，尋求價值產生的「普遍公式」是徒勞的，沒有意義的。退一步說，即使是確實存在這種產生價值的模式的「一般普遍條件」的公式，也還存在如下的問題，在這一客觀的公式和價值經驗之間有一段距離，需要某種「中介」來連接，那麼，這一「中介」是什麼？或者說，這一「中間原理」是什麼？它如何塡補客觀公式和價值經驗間的溝壑？懷特海並未給出答案。而且，在我看來，由於懷特海對價值經驗的形式化處理過於普遍化（即把眞、善、美的經驗一併處理），因而，要找到答案幾乎是不可能的。

與此相對照，作爲來自內省心理學的有關價值的「情感理論」，必定與產生價值的實際經驗緊密相關，在邏輯上既然沒有重大的困難，因而也就獲得了較爲廣泛的認可。如在他的情感理論中，分析價值的根本情況就是考察機體對環境刺激的有利或不利的反應。這些反應或許是從軀體及其環境的關係中推導出來的，或許是某種純粹理論的觀點。在上述每一情況，機體的愛憎都顯示了現在的趣味，並確立了將來的趣味風尙。「喜歡與否」作爲善與惡的標誌是在一般的願望的範圍之中和願望的滿足之中的。所以，關於價值的情感理論闡述了事態的本性，在對價值的解釋中優越於模式理論。

顯而易見，懷特海的上述價值的情感理論同杜威的價值論有著某種親緣關係。即是說，兩者都顯示出某種泛生物學的傾向，都受到進化論的強烈影響，他們都是從機體對環境的適應反應入手的。差別在於，杜威把一切訴諸變動、發生發展，而懷特海則在常流變動之中尋求不朽、尋求永恒。但他們兩人中有一點是共同的，就是對經驗的極端重視，對用經驗來闡釋價值，他們都付出了極大的努力，並得出了某些在根本上具有一致性的結論：反對事實與價值割裂，主張二者的等同。對杜威與懷特海而言，無論何處出現事實，價值的衝突必定應運而生。

這種事實從根本上說就是機體與環境的對立和統一的關係。在《過程與實在》中，懷特海哲學中的進化因素是隨處可見的。實際上，在他哲學轉折的階段，我們已經看到了其思想中明顯的進化論因素。在後期他再次論述了道德價值的發生過程。機體與環境本來相互依賴，融爲一體，不可須臾分離。特別表現在機體對食物的需求這點上。有鑒於此，生命過程中特別引人注目的特徵就是掠奪。然而單純的掠奪如若發展到極點，就使一個機體羣的羣體組合成爲不可能（或趨於瓦解），從而也會從根本上危及作爲羣體的機體的延續。因此，懷特海在《過程與實在》中把道德感的發生與掠奪聯繫了起來。

> 「然而，無論是否為了普遍的善，生命就是掠奪。正是在這一點上，道德感連同生命一起變得敏銳了。」㉞
>
> 「生命是對自由的渴求：一個持續實有使它的任何一個事態融合入其家世的延續之中。」㉟

㉞ 懷特海：《過程與實在》，頁160。
㉟ 同上書，頁159。

同時，

「生命意味著創新」[36]

上述討論使懷特海在《觀念的探險》中斷言：「善與惡處於現象之下和之外的深遠處。」[37]這裡當然不是否棄善惡標準的劃分，而是把它置於更深的層次，使之成爲不可抗拒的法則。這種企圖從進化論導出道德來源的思想，同杜威的思想主流並無二致，若更遠地追溯，還可找到其先驅尼采的倫理學。它們與康德的「絕對命令」說大相徑庭。

然而，他們三人（懷特海、杜威、尼采）雖然有不少相似之點，但懷特海與杜威相比，並不強調一種主動性的試探行爲和所謂「實驗邏輯」；與尼采相比，並不特別重視意志的地位，他重視的是一種原初的、模糊的對環境的一種主觀感情反應。

「笛卡兒的『Cogito, ergo sum』被錯譯為『我思故我在』。然而我們所意識到的，絕不是赤裸裸的思想或赤裸裸的存在。我發現我自身本質上是情緒、享受、期望、畏懼、後悔、對選擇的評價以及決定的統一體，所有這些都是對環境的主觀反應，在我的天性中它們是很活躍的。我的統一體——笛卡兒的『我在』——就是我把紛亂的材料定形化為一致的感情模式的過程。個體的享受（即經驗到價值）就是來自執行自然活動中的我，……」[38]

---

[36] 同上書，頁159。
[37] 懷特海：《觀念的探險》，頁345。
[38] 《懷特海選集》，頁919。

另外，由於「生命意味著創新」，因而生命體不只是被動地適應環境，同時，也要創造環境、改造環境，使環境來適應生物的生存，這樣，進化論在懷特海手中，就不僅具有了被動適應的一面，而且也有了主動改造的一面。但要改造環境，單一的機體是無能爲力的，只會被環境所毀滅。只有機體結成團體，組成社會，同舟共濟才能締造更好的環境，使之能適應機體的生存。而在這種結成社會，合作携手以對抗自然的過程中，道德價值也必定會應運而生。

這樣，概括懷特海關於價值經驗發生的幾種闡述，有如下基本點。在道德價值方面，首先是發生在基於羣體延續的需要而對掠奪的平衡， 其次是在創造新 環境的過程中 必定要求一種社會化、集體式的合作，從而也產生道德觀念。在一般價值方面，則發生於對自由的渴求、創新的衝動以及對原初的主觀感情反應的一種定型化過程的享受。

上述價值發生論明顯地賦有進化論的色彩，它與前述的本體論形而上學化的價值世界的理論判然有別。某種程度上，價值發生論帶有一定的實證論因素。然而，如果把它邏輯地推到終局，可能導致一種對非馴化的、野性道德及非協調的、反傳統的野性美學的容忍，在有些方面，就接近了某種尼采式的結論（當然，懷特海本人並不承認他的這一泛生物化的價值發生論的上述類似尼采的邏輯後果，因爲作爲一個寬宏大度的英國紳士式的學者，懷特海與尼采在實踐上正好相反）。並且，這裡的價值發生論與前述的分宇宙爲價值界與事實界的本體論也大異其趣。關於價值本體論的思想是杜威等人竭力反對的，㊴然而，在強調價值經驗

㊴ 參見約翰·杜威:《經驗與自然》，章10。

方面卻受到杜威高度評價。㊵在實用主義者和「徹底的經驗主義者」杜威看來，在哲學史上，由於人們把經驗與自然完全割裂。從而犧牲了價值和情感，使情感與意志的對象就成了主觀的東西，被排除於實在領域之外。而杜威則把經驗與自然看作統一的實在，竭力恢復價值在人類世界中的地位。因此，他欣賞懷特海的下述看法，即：價值自有其經驗根源，進而言之，所有的哲學討論都在經驗中有其根源，正如懷特海在《過程與實在》中所說的：

> 「對直接經驗的解釋，是對任何思想的唯一證明，而任何思想的出發點，則是對這種經驗的組成成分的分析和觀察。」㊶

因此，人們稱懷特海的過程哲學爲「經驗的形而上學」不是沒有理由的，鑒於此，善的一般條件也導源於善的經驗自身，進而一切價值都籠罩著經驗的色彩。

在價值經驗中，如前所述，存在著某種由主動而激烈的對抗產生的惡。如何來看待並處理相互衝突的價值？懷特海爲此引入了「調整」（adjustment）這一概念，來解決這一衝突，從而化「惡」爲「善」。對此懷特海有相當多經院式的思辨論述，並無多大的重要意義，絕大多數懷特海研究者也不屑一顧，本節亦不擬詳論這一點。

比較有啟發意義的是懷特海對正負兩種價值：「和諧」

㊵ 參見：《在世哲學家文庫：懷特海的哲學》，頁661。
㊶ 懷特海：《過程與實在》，頁6。

（Harmony）同「不協」（Discord）之間矛盾、關係的論述。作爲正面價值「和諧」的對立面，「『不協』——在其自身的破壞和惡中——目標是從腐朽陳舊的事物迅速轉向尙有新鮮氣息的理想，是一種正面的感覺。」㊷它是組合事件中感覺的衝突，在另外意義上，它又是探險的本質。因此，「不協」既處於同「和諧」對立的關係之中，同時，又處於分有「和諧」本身含義的關係中。即是說，「不協」與「和諧」既是作爲對立的雙方，又是相互包容、相互滲透的。事實上，在懷特海那裡，「宇宙中的『不協』源於如下事實：『美』的模式是繁複多樣的，它們並不具有可以和諧共存的必然性。」㊸但是，不言而喩的是，「美」本身就蘊涵了「和諧」。因此，「不協」之中包容了「和諧」，而如前所述，「和諧」之中又滲入了「不協」。這兩者既衝突而又滲透的關係導致了懷特海把「和諧」劃分爲互成對照的兩類形式：

（1）純粹的、定型化的「和諧」。這是常見的一類「和諧」。倘若缺乏重要的對象，則勢將降爲較初等的類型：平凡、馴順、模糊、平衡。沒有強烈撼人的衝突對比，沒有不可預料的怪異和探險，與世無爭，聽任自然，四平八穩，節奏徐緩，以抹殺組成成分的特性爲準，以中庸爲極境，以大一統爲標尺。在倫理上，則強調某種逐漸過渡的等級體系，強調秩序，以「下」服從「上」爲根本；在美學上，則推重寧靜無欲，返還自然，追求統一，反對強烈的對比。不難看出，這是一種東方的、古典式的「和諧」。

㊷　懷特海：《觀念的探險》，頁330。
㊸　同上書，頁342。

「人法地，地法天，天法道，道法自然」，「無欲以靜，天下將自定」，「躁勝寒，靜勝熱，清靜為天下正。」㊹

這是老子的信念。它以順應自然，歸璞返眞，淸靜無爲爲至高境界。

「無為而治者，其舜也與！夫何為哉？恭己正南面而已矣。」㊺

「天何言哉？四時行焉，百物生焉。天何言哉？」㊻

這是孔子的訓示。他強調自然的天是應該尊奉的最高準則，天人合一，即爲和諧。

「天地有大美而不言，四時有明法而不議，萬物有成理而不說。聖人者原天地之美，而達萬物之理。是故聖人無為，大聖不作，觀於天地之謂也。」㊼

「……淡然無極，而眾美從之，此天地之道，聖人之德也。故曰：夫恬淡寂寞，虛無無為，此天地之平，而道德之質也。」㊽

這是莊子的見解。他主張否棄褊狹，不執一端，平衡精神，全面不偏，萬物齊一，眾美兼備，順應環境，無欲無爭，自忘其

㊹ 均出自《老子上、下篇》。

㊺ 孔子《論語·衛靈公》。

㊻ 《論語·陽貨》。

㊼㊽ 《莊子·外篇·知北游》。

身，乃與天合。

即如墨子，也主張「順天意」，適應環境。

不難從上述先秦諸子的態度看出，中國主流文化中所追求的和諧、自然、中庸的境界與懷特海這裡劃分的第一類型的「和諧」有頗多相似之處。它基本上不是劃開人與自然，從而探索自然，征服自然，而是追求順應自然，與自然渾然一體。這種比較靜態的價值觀念對於一種文化形態的穩定，進而對於社會的穩定都是很有助益的；然而倘若僅此一端，長此以往，則會出現扼殺創造和進取精神的危險。人們從「天人合一」到「樂天知命」、「知足常樂」、「君臣之綱」、「三從四德」的發展中業已發現了上述保守因循的陰影。

(2) 賦有冒險性、新異性、高度理想化，攜有目標的「和諧」。這種「和諧」並不完全取消了第一類「和諧」的所有特點，但更重在強調「創造」，強調多樣性，總之，在很多重要的方面與上一類「和諧」恰成對照。這是融入了「自由」這一成分的「和諧」。實質上，這是東西方最高價值的結合，即「東方式的和諧」與「西方式的自由」結合的產物。在懷特海看來，這是更爲高等的價值。同時，這種結合可獲得某種內在的動力，驅使新的模式不斷地誕生。「並且，（具有探險本性的）『不協』的某種混雜還是從一種模式轉變到另一種模式的必要的因素。」[49]

這種「不協」與順應環境、抹殺個性的定型化的「和諧」恰好處於兩極。實質上，在與環境的衝突中，「不協」內蘊有創造的衝動。倘若我們認眞咀嚼一下「不自由，毋寧死」這句廣爲流

---

[49] 懷特海：《觀念的探險》，頁342。

傳的典型的西方式口號，不難體味出它在其他類型的文化中是難於同化、甚至是難於理解的。我們的文化強調的是我自己應如何修身，「克己復禮」，以便與自然協調，以便與社會其他的人協調，是要把自己與他人不同的地方，即獨特的個性抹掉，從而與萬物合一。我們頭腦中時時懸著一把利劍、一道濃重的陰影，就是，我如此行事則他人對我如何評價，社會對我如何評價，等等，這把利劍和這道陰影支配了我的全部生活，「裁剪」了我的全部行爲方式，不得越雷池一步。因而絕不是去考慮我如何去發揮我與眾不同的個性，以便獨異於社會，創生出嶄新的東西。而上述那句簡單的口號與此正相反對，它極端恐懼的就是被環境束縛而混迹於芸芸眾生。這裡表現出了對創造的極端渴望，對精神枷鎖的深惡痛絕，對求奇探險的拚死追求，對新事物的絕對崇拜和對舊習俗的棄之不顧。因此，雖然是一句略嫌簡單化的口號，然而卻從一個角度表徵了西方文化的某種特色，因而，在某種意義上，「不協」，對他們的美學和倫理學都是極端重要的（現代藝術即是典型的例子）。

在上述意義上，這裡的「不協」與「自由」有著極相通的意義。而在懷特海，滲入了這種「自由」因素於「和諧」之中，就彷彿點鐵成金一般，具有一種神秘的創造性力量，可以把世俗的、平凡之物化爲神聖的理想之物，把微不足道化爲顯赫高貴，從混亂中創造出協調，把衝突轉化爲和平，相反相成，多樣統一，從而進入一種更高的精神境界。

這裡值得一提的是，在懷特海的價值理論中，有類似於桑塔亞那（George Santayana）把倫理價值和美學價值，或者說，把善和美並不作根本的區分的看法，如前所述，懷特海用大寫的「

善」來概括稱這兩種價值，他認爲兩者都是作爲「滿足」形式的感覺類型。同樣，桑塔亞那也認爲：

「審美判斷和道德判斷同知識判斷對照之下可以歸為一類。這兩者都是價值的判斷，而知識判斷則是事實的判斷。」㊿

「不但道德旨在求得的各種滿足，歸根到底是審美滿足，而且當良知業已形成，正確原理取得一種直接的威信時，我們對這些原理的態度也將成為審美的態度。」[51]

但是對於眞與美（即桑塔亞那所謂「知識判斷」與「審美判斷」），懷特海就它們的區別與聯繫進行了較爲深入的闡述，並對之劃分了等級層次，把美看得更爲重要和根本。如所周知，康德雖然也把其第三批判（《判斷力批判》）視爲前兩個批判的綜合，希望使之成爲解決理論理性與實踐理性之對立關係的鑰匙，但畢竟，康德自己努力的著重點和他對後世的影響主要還是在《純粹理性批判》上。在這種意義上，康德仍然繼承了自希臘以來西方文明的基本傳統，把求知、把對眞理的追求視爲最根本的追求。而東方文明，尤其是中華文化，在本質上帶有強烈的審美色彩和倫理色彩，相應的不計利害的爲求知而求知的傳統就不如希臘傳統強固而醒目，這是爲許多學者所指出過的，故不擬在此贅述。

應當說，懷特海下述對眞與美關係的論述，是受到東方文明

㊿ 桑塔亞那：《美感》，頁16。
[51] 桑塔亞那：《美感》，頁21。

的某些影響的，可作爲他稱自己的哲學「東方意味特別濃厚」[52]的注解。在《觀念的探險》中，他寫道：

「同眞相比，美是一個更寬泛、更基本的概念。當然，這裡使用的兩個術語都是就最普遍的意義而言的。……美是各項不同的經驗相互間的內在統一，並從而產生了最大的效果；因此，美就涉及實在的各組成成分間的內在關係，也涉及現象的各組成成分間的內在關係，同時還涉及現象與實在間的關係。由此，經驗的任何部分都可能是美的。宇宙的目的就直接指向了美的誕生。……然而，眞，通過兩種方式具有一種狹隘的意義。首先，眞，在任何重要的意義上，都只涉及現象與實在間的關係。它是現象同實在的統一。其次，在『眞』的情況下『統一』的概念比在『美』的情況下『統一』的概念的含義更狹窄。對『眞』的關係而言，它要求那兩個關係物有某種共同的要素。」[53]

仔細考究可知，同「眞」相比，「美」同「和諧」的關係更爲緊密。東方的審美直覺和西方的邏輯推理二者如何統一起來以便創造一種新的哲學、新的文化，一直是懷特海晚年關注的焦點之一。事實上，在文化傳統中，西方和中國對智力有不同的要求，中國人需要成千上萬小時（如果是士大夫，則幾乎用畢生精力），才能在讀與寫方面熟練並維持這種熟練。這一訓練過程一方面使他的記憶力、洞察秋毫的能力和審美觀念發展到了極高的

[52] 賀麟：《現代西方哲學講演集》，頁103。
[53] 懷特海：《觀念的探險》，頁341～342。

程度，但在另一方面，這種訓練又並不助長其邏輯思維如分析能力，（這一能力曾在先秦墨家、名家中閃過光，以後則被儒、道的消長競爭、尤其被儒學大一統所湮滅。）而這種能力從希臘羅馬時代開始在西方已經成爲極爲牢固的傳統了。因此，如果用一種不準確的說法，中國文化有某種審美文化或價値文化的特點，西方文化中更主要的則是科學文化或邏輯文化的成分。懷特海的目標，則是達成兩種文化，兩類哲學的綜合，借助東方文化中的精華來補救西方文化中的缺陷。爲什麼後期懷特海對價値論傾其全力，這也是因素之一。

綜上所述，總結懷特海有關價値的「模式理論」和「情感理論」，聯繫到他的價値本體論，不難看出，價値論已成爲懷特海後期哲學的一個關鍵點了。他一方面利用價値論對當代倫理和當代美學進行了自己的哲學概括；另一方面，價値論還是他構築自己後期整個形而上學宇宙論大廈的軸心概念，是他連接這個整體論大樓的各個部分的粘合劑。因爲在懷特海看來我們這個現世世界的基本成分就是「現實實有」（或「現實事態」）。「『實有』的概念十分廣泛，所指的可以是任何能被想到的東西，一個人所想到的不可能僅僅是虛無，而被想到的東西即可叫做一個實有」。(54)而價値，按懷特海的說法，就是現實實有中的「實在」。因此，價値是通向懷特海哲學體系的必由之路。他在《思維方式》中總結到:

「要粗略地掌握實在，就須分它為三方面：(1)整體，(2)

---

(54) 懷特海:《科學與近代世界》，頁168～169。

其他，(3) 我自己。這是一種原始而模糊的分法。整體性掩蓋了對進入它自身的其他（部分）的分析。同時，這一分法在根本上還奠基於作為一種價值經驗存在的意義，即整體的價值經驗，以及區分為這個價值經驗和那些價值經驗的部分。作為『一』的『多』和包含『多』的『一』具有不確定的意義。同時，這裡的『一』也有兩重涵意：『一』的意義是全體；『一』的意義是在『多』之中。

這一說法的根本基礎是，我們的經驗是一種價值經驗，它表現了『保持』或『拋棄』的模糊涵意；並且，這一價值經驗在與它共存的許多意義中辨別出了自身，同時，價值經驗多重性的這一意義，在進入價值經驗的整體時、在進入眾多其他價值經驗時以及在進入自我的價值經驗時，辨別出了它。存在著對自我、其他以及整體的感覺。在它欣賞『拋棄』和『保持』時，這是一種有關存在的劃分的模糊而基本的表達。我們既是我們之中的每一員，又是其他人中的一員，並且，我們所有的人都被包容進了整個的統一體之中。……每一事物對自身、對其他、對整體都有某種價值，這就刻劃了現實性意義的特徵。由於這一特徵的緣故，價值就構成了實在，於是，道德的概念就出現了。我們無權去磨滅作為宇宙本質的價值經驗。存在在其自身的本性中是維持其價值大小的。同時，也沒有單位能使自身同其他事物、同整體分離。所以，每一單位都有它自己存在的權利。它為自身保持價值的大小，並且這就包括，同宇宙分有價值的大小。無論在任何意義上存在的事物都有兩個方面，即它的個體自身和它在宇宙中的意義，並且，這兩方面的任何一方都是另一方中的因素。」[55]

懷特海就這樣通過價值，把個體事物同整個宇宙聯繫了起來，從而使我們得以登堂入室，得以窺見他的後期整體論色彩極濃的過程哲學體系概貌。

三、整體主義，兩極平衡

我們在前面已提到，轉折時期寫的《科學與近代世界》實質上是懷特海後期體系式的本體論與宇宙論巨著《過程與實在》的浪漫主義縮寫本，《觀念的探險》是他概括人類文化進展的精神哲學專著，而《思維方式》則是懷特海概括他的機體論哲學的講演，最後兩篇論文〈數學與善〉與〈不朽〉則是他從價值論的角度對他的後期哲學的總結。這樣，《過程與實在》、《觀念的探險》、《思維方式》以及〈數學與善〉和〈不朽〉這五篇著作就完整地構成了懷特海成熟時期哲學體系的全貌。

這一體系可以看作是西方哲學史上整體主義色彩最爲強烈的哲學體系。

在懷特海，既然任何事物都具有它的（1）個體自身和（2）它在宇宙中的意義這兩方面，實質上，這就是我們在前面所述的每一個實有都具有心、物二極的論點。這裡「極」一字就含有相反相成（因爲兩極相通），不可分離之意。個體在宇宙中的意義，就是它要同宇宙分有價值，這是精神的一極，是超時空的；

---

[55] 懷特海：《思維方式》，頁150～151。

另外，它又是在時空之中，瞬息萬變的。孤立來看，這兩極都無意義。事實上，它們也絕不可能割裂開。每一極都通過雙方的相互依賴關係發現只有在對方之中自己才得以完成。因而，生成，目的是爲了存在（即在宇宙中的意義）；而存在，目的是爲了新事物的生成（即產生出個體的自我）。

「沒有一個實有只是由其個別特徵，或者只是由它與其他實有的關係來表徵的。每一個實有本質上具有一個個別特徵，同時本質上也是潛在的或現實的關係的一極。個別特徵的一些因素，成為關係的一部分；並且，反過來，關係又成為該特徵的一部分。換言之，沒有一個實有能被視為脫離了大千宇宙的；同時，沒有一個實有能被剝奪其自身的個性。」[56]

值得注意的是，這裡的整體論思想同黑格爾式的整體論在根本的精神上仍是大相徑庭的。當黑格爾的「絕對理念」展開時，個體只是成了「理性的機巧」所利用的可憐的手段，「絕對」吞沒了個性，個體性已經喪失了獨立自存的價值，這是一種嚴酷的絕對一元論。在黑格爾那裡，分立性是不實在的，除全體而外，任何東西從根本上說都不是實在的。

而懷特海的整體論則不同。他認爲，「哲學的關鍵是在存在的個體性和存在的相關性之間保持平衡。」[57]他固然重視個體與整體間的關係以及個體在整體中的地位。然而，他也並不泯滅個

---

[56] 《在世哲學家文庫：懷特海的哲學》，頁678。
[57] 同上書，頁680。

體自身的重要性，他的企圖是在這兩極之間取得平衡，即是要在羅素與黑格爾之間取得平衡。鑒於我們在上一章所論及的「永恒對象孤立原理」，懷特海使他的「內在關係」成了有限的，而不是無所不包的無限連環關係，因而也就兼容了「外在關係」的存在。因此，懷特海雖然是一個堅定的整體主義者，但他本質上也是一個多元論者，他企圖用自己的在個體性和相關性之間保持平衡的體系來為歷史上聚訟不休的一元論與多元論的對立尋求某種解決。在《觀念的探險》中，他強調指出：

「宇宙是多，因為就整體和完全的方面而言，它被分解為眾多的終極現實性。……宇宙是一，這是由於普遍的內在性。於是，在這種統一性和多樣性之間的矛盾中有一種二元論。瀰漫於整個宇宙中存在著作為該二元論的基礎的對立面的聯合。」(58)

不言而喻，這裡顯示出了懷特海同黑格爾式的辯證法的某種貫通處，然而，如前所述，他在根本上並不是一元論者。他仍然屢屢強調個體的實在性、分立性的實在性以及外在關係的實在性。他仍然強調個體的獨立自存的價值，而這，又是由他的「永恒對象孤立原理」來保證的。

因此可以說，懷特海的整體論仍然是大有異於黑格爾的絕對一元論的整體論的。實質上，究其文化傳統的背景，上述區別正在某種程度上曲折地反映了英美式個人主義的價值觀與德國普魯

(58) 懷特海：《觀念的探險》，頁245。

士的國家主義價值觀的分野。

眾所周知，自宗教改革之後，普魯士的國家主義思潮就成了該民族的主導思想。德國人大多數對國家持如下看法，國家不是由獨立的個人建立或組成的，它根本就不是單個個體的總和，它的目的更不是爲個人的任何利益服務。國家乃是至高無上的實體，它先於人而存在，是高於一切價值的價值。在國家中，人民應當是只有義務沒有權利的。因爲正如黑格爾所表達的，在大多數德國新教徒那裡，「國家是在地上的精神，……神自身在地上的行進，這就是國家。」(59)它至高無上，無可非議。因而，在他們看來，有一種比個人生活更高的生活，這就是民族的或國家的生活，每一個個人都必須爲這一較高的生活犧牲自己，放棄自己獲取個人幸福和自由的權利。循此邏輯，戰爭就是英雄主義人生觀的頂點。黑格爾以如下的方式推崇戰爭：「戰爭還具有更崇高的意義，通過戰爭，……各國民族的倫理健康就由於它們對各種有限規定的凝固表示冷淡而得到保存，……持續的甚或永久的和平會使民族墮落。」(60)

因此，照這種普魯士國家主義，國家的利益也就是它自身的最高法律，再沒有任何高於國家利益的倫理戒條了。道德與政治沒有關聯，因爲在他們那裡，國家是不受任何道德規範約束的。

更進一步，這些國家至上主義者認爲，個人對權利的要求始終是商業精神的結果，他們指出「1789年的理想——自由、平等、博愛——正是典型的商業理想，這些理想除了爲個人謀利

(59) 黑格爾：《法哲學原理》，頁258～259。
(60) 黑格爾：《法哲學原理》，頁341。

外，是沒有任何其他目標的。」

因此，所有的分歧可以歸結到一點，即：是公民爲國家而存在？還是國家爲公民而存在？以黑格爾爲代表的德意志國家主義者持前一種觀點，而發端於洛克的英國式自由主義、個人主義者，包括懷特海在內，持後一種看法。

毋庸諱言，某種觀念形態在某一歷史時期的流行與否往往帶有民族的或國家的色彩。事實上，西歐三個主要國家，近代以來的主導性法哲學觀念是有差異的，因此，在一定意義上，斯賓格勒的如下論斷仍表達了部分事實：

「西方三個最後的國家所企求的三種生存方式是以三個有名的口號為代表的：自由（英國）、平等（法國）和共有（德國）。它們表現的政治形式是自由主義的議會制度、社會的民主主義和極權的（國家）社會主義……」

德意志式的國家主義自俾斯麥之後得到了強化，給這個國家的公民帶來了悲劇式的後果。在二十世紀，作爲兩次世界大戰的發動者和法西斯主義的罪惡淵藪，世界人民以及德國人民都爲之付出了歷史上空前巨大的代價，而系統化於黑格爾等德國哲學家的強調社會高度組織化和崇尚戰爭的國家主義思潮是難辭其咎的。

在這些國家主義者那裡，充盈著一種對於高度組織化的盲目崇拜，他們的目標，是要使經濟生活組織化，政治生活組織化，文化生活組織化，使社會生活的一切方面和一切層次都高度地組織起來，從而使整個社會像一個大兵營，統一號令，統一指揮，統一計畫，統一輿論，統一步伐，統一行動。這些希特勒思想的精神先驅遠在上世紀末就認定，日耳曼種族業已發現了組織的意義，在他們看來，當其他西歐北美國家仍在個人主義制度下生活著的同時，他們業已獲得了組織化的制度。

這一過程的邏輯終點，就是法西斯主義。

這是其國家主義的自然的、順理成章的結果，因爲在這些普魯士國家至上論者那裡，權力是屬於整體的，每個人在這一組織化的整體中都有一定的地位，一個人或者是命令別人，或者是服從別人，你無可逃遁於這種權力等級化的社會金字塔之外。

以洛克和密爾（John Stuart Mill）爲代表的英美個人主義傳統則與上述國家主義傳統正相反對，而懷特海正是屬於這個傳統中的。他們強調每個個人在宇宙進程中的獨特性，這種獨特性正是人性尊嚴和個人價值的來源之一。懷特海指出：

> 「沒有一個實有能被剝奪自己的個性。……一個模式中的每一實有進入其他模式，同時，在存在的這種多樣性中保留（實有）自身的個體性。」[61]

因此，在任何一種社會模式中，每一個人的獨特個性都不能被磨滅、被剝奪、被扼殺，相反，它應被保護，被保存下去，並且伸張發揚。這正如密爾所主張的：

> 「人類要成為思考中高貴而美麗的對象，不能靠著把自身中一切個人性的東西都磨成一律，而要靠在他人權利和利

---

[61] 《在世哲學家文庫：懷特海的哲學》，頁678～679。

益所許的限度之內把它培養起來和發揚出來。」[62]

這種獨特的個性，依密爾的見解，正是人類社會的福祉。

英美個人主義的根本特點，就是並不著重強調個人作爲團體和國家的一員，而是強調個人作爲一個獨立實體的崇高價值，他不是分有團體的偉大，而是他自身就足以成爲偉大。即是說，把個人當作「人」來尊重，承認在他自己的範圍內（儘管這一範圍較狹小），他的觀點和愛好是至高無上的，允許他發揮自己的個人天賦和愛好。普魯士國家主義者認爲，爭取個人幸福這種行爲本身就是不道德的、自私自利的，只有完成一個更高的實體所指派給你的任務才是值得稱頌的，英美個人主義者則反其道，他們爭辯說，爭取個人幸福，這正是天賦的、不可讓與的基本權利，倘若只要認定任何個人純粹只不過是社會或國家那樣更高的實體的工具，僅僅是爲這些實體的目標服務，那麼，不寬容和殘酷壓制異議、完全抹殺個人的生命和幸福這類後果就會隨之而來。因而，個人主義者認爲最重要的美德在於：追求個人自由、寬容，尊重他人意見，具有獨立的精神、正直的性格和維護自己的見解而不爲上級的意志所左右的意願，服從眞理而不是服從權勢。具有幽默感，和藹謙遜，尊重他人隱私和對他人的善意的信任。而普魯士國家主義者崇尙的美德則是：嚴格服從上級，勤勉而有紀律性，徹底而頑強到無情的程度，對於上司指派的任務赤膽忠心，專心致志，有強烈的責任感。而在執行過程中還應表現出自我犧牲的決心和大無畏的精神。總之，一個完美的普魯士國家主

[62] 約翰·密爾：《論自由》，商務印書館1982年版，頁67。

義者就是一件完善的執行任務的工具。

這裡劃出了兩類道德價值標準。

英美個人主義者針對人們對他們將導致利己主義氾濫的批評爭辯說，說個人主義（individualism）等同於利己主義（selfinterest）是一種誤解。他們認爲個人主義的基本點在於尊重個人爲自己作出決定的自由，尊重在其自身的範圍內個人的選擇、判斷、愛好和行爲方式是至高無上的，崇尚獨立不倚，個人對自己行爲的後果承擔責任，不是對上級而是對自己的良心負責。因而，是以利他主義（altruism）還是利己主義作爲自己的行爲準則，這問題並非只是個人主義者獨有的問題。但這裡的關鍵是，只有個人主義者認爲應當尊重個人作出上述任何一種選擇的權利，但是他必須對自己選擇的後果負責。個人應當是自己生活目標的最後判斷者，而且，個人的行爲應當儘可能受自己意志的支配，而不是他人意志的支配。

因此，個人主義與利他主義並不是矛盾的。

利己主義與利他主義都只是某種行爲方式的表層現象，而個人主義則是英美大多數知識分子的深層價值觀。

在他們看來，道德僅僅是，而且必然是個人行爲的現象，道德的實質在於個人憑藉自己的獨立判斷去獨立地行事、做人，並承擔後果。它不是推諉責任於更高的實體，而是直接訴諸自己的良心；不是用強力逼出來的責任感，而是個人自願地爲他人作出犧牲，這才是任何道德的根本。

在個人負責的範圍之外，既無所謂善，也無所謂惡。

倘若一個人僅僅是上級或某個更高的實體的馴服工具時，他當然不可能有自己的道德水準，他只是另外的實體的道德水準的顯示器而已，因爲他已經沒有了自己的意志，自己的判斷，不能成爲道德水準的載體了。

在他們看來，對徹底的國家主義者而言，嚴格禁絕去做的行爲是沒有的，因爲若某種行爲是有利於「國家利益」的，即使該行爲在公認的道德標準中是禁止的，國家主義者也會做的，因爲「國家利益」就是他們的最高準則、唯一標準。

因此，凡是有一個團體的至高無上的目標的地方，是談不到任何倫理道德的。一個減輕甚至否棄個人責任的團體或運動，其結果肯定是反道德的。

根據上述，作爲兩種文化傳統，德國的國家主義價值觀與英美式個人主義價值觀在某些根本點上是相互衝突的，雖然，這種劃分並非嚴格一律，涇渭分明，但在統計意義上是站得住的。兩種價值觀與相應的兩種搞哲學的方式也是互爲因果的。

因此，懷特海，雖然在其哲學前提的邏輯驅使下獲得了某種整體主義的結論，然而，有著英美個人主義文化背景的懷特海的整體論與具有普魯士國家主義文化背景的黑格爾的整體論，雖然同爲整體論，其實相去甚遠。

我們前已指出，懷特海是要在兩極之間取得平衡。再深入探究，即使是整體這一極，懷特海強調的也只是各個體之間的聯繫。他指出：「模式的概念強調存在的相關性，即事物是如何相互聯繫的。」[63]這就明確顯示，懷特海的整體論只是強調天下萬物之間的聯繫，並不強調萬物爲一體，並不強調一元化，它仍是一種多元論。他平衡一元論與多元論的解決方式爲歷史證明是有

[63] 《在世哲學家文庫：懷特海的哲學》，頁679。

某種啟發作用的，茲不贅述。

懷特海的整體論在根本上同他的價值論相關連，我們在前面業已闡釋過了。這種價值的參與使個體在某種程度上尚能保持自己獨特的個性，但這種個性同樣是受到限制的。因為在這個個體之內，已涵融了其他實有的關係在內，尤其是涵融了整體的因素在內。在這種意義上，「任何事物都存在於所有的地點和所有的時間內」。在《過程與實在》中，懷特海用下述方式闡釋了這一點。

「在現實實有的生成中，許多實有的潛在統一體——現實的和非現實的——獲得了某一個現實實有的眞實的統一體，以至於該現實實有就是許多潛能的眞實的『合生』。64……在許多現實實有進入一種現實性的眞實的『合生』中，對一種因素的存在而言，潛在性是隸屬於所有實有的一種普遍的形而上學特徵；並且在它的宇宙中的每一項都被包容進了每一個『合生』之中。換言之，對每項『生成』而言，它是潛在的，這就屬於『存在』的本性。上述就是『相關性原理』。沒有兩個現實實有產生於同一個（潛在的）宇宙，雖然兩個宇宙間的差別僅僅存在於某些現實實有之中，（這些實有若被包括在某一宇宙中，就不在另一宇宙中）並且這差別也存在於被每個現實實有引入世

64 「合生」，Concrescence，來源於熟悉的拉丁動詞，意思是「共同生長」。它的分詞（具體的） Concret 常被用於完全自然的實在的概念上。因而，concrescence 對於概括，達成完全的複雜的統一體的許多事物的概念是有用的。它規定了每個他物應當以何種程度被把握進作為一個統一體的某物。

界的那些從屬實有之中。」[65]

分析這裡的含義，可知，在「合生」中，每個新的實有在其自身包容了其他的現實實有，於是就成了「合生」的構成要素。無論何時何地「合生」出現了，則按上述途徑，這也就是新的實有了。某時某地這些新實有的「合生」一旦出現，更新的另外的實有又誕生了。但是，「存在」之中包容進了新實有的組成成分。因而，一旦新實有出現，這些成分也隨之出現。所以，在上述意義上，「所有事物都存在於所有地點與時間內」。

這就表明，「合生」的遞嬗出現如何逐步把所有的新實有的成分包容進去的。

這裡的潛在的宇宙，就是永恒對象領域。上述論斷已經極鮮明地表現出懷特海哲學的整體論思想，他的這一特色是貫穿於各個時期的，到後期則達到登峰造極的地步。

從前面已知道，他的事實世界與價值世界相互聯繫，密切不可分；而在事實世界中，空、時相互聯繫；同時，空——時連續體與實有相互關聯；實有與生命相互關聯，生命與心靈相互關聯，就是在心理方面亦是如此。

「心理認識被視作一個整體的內省經驗，把整體自身作為單一的顯相所具有的一切報告給它自己。這個單元是它各部分發生事情的整合（integration），但不是它們的數量的集合（aggregate），作為一個事件，它具有它自身的統

[65] 懷特海：《過程與實在》，頁30。

一體。這整個統一體，作為一個自為的實有來考慮，就是進入事件宇宙的模式化方面的統一體的把握體。它關於自身的知識產生於它自身和其他方面被它把握的事物之間的關聯。它知道世界是一個相互關聯的系統。因此看見自身被反映在其他事物之中。這裡的其他事物，更特別把包括它自己身體的各部分在內。」66

於是，整個世界層層相應，互相扣鎖，環境一直滲入了事物的根本特性之中。

這就是懷特海式的整體論。

在這階段，「現實實有」取代「事件」，成爲現實世界中的終極單位。實質上，事件由實有組成（實有之源）。

而「現實世界就是一個過程，這個過程就是現實實有的生成。因而，現實實有也就是被創造物；它們也被稱作『現實事態』」。67

懷特海在《過程與實在》中提出了他著名的「過程原理」，鑒於此，他的哲學被廣泛稱爲「過程哲學」。

「『一個現實實有是如何生成的』也就構成了『那現實實有是什麼』；以至於對一個現實實有的這兩種描述不是獨立的。它的『存在』就由它的『生成』構成。這就是『過

---

66 懷特海: 《科學與近代世界》，頁174。
67 懷特海: 《過程與實在》，頁30。

程原理』。」[68]

通過仔細考察不難發現，這一「過程原理」正是懷特海早期哲學的「事件理論」的概括和發展，這一表述比早期更為廣泛和圓熟，也更加概念化了。這一原理對當代哲學與科學思潮有相當的影響。例如，著名科學家，諾貝爾獎獲得者普利高津就認為當代科學思想研究的對象「從『存在』走向了『生成』」，他並且特別提到了懷特海哲學對他思想的影響。（關於這一方面，在下章將再論及）

懷特海進一步具體考察了現實實有的生成，並對我們前已提及的「把握」[69]進行了詳細說明。

「對一個現實實有深入其最具體的因素的首要分析，揭示出它是把握體的合生，這些把握體產生於生成的過程中，所有進一步的分析就是對把握體的分析。使用把握體這一術語進行的分析被稱之為『分割』。

每個把握體由三要素構成：(a) 進行把握的『主體』，即在其中把握是一個具體因素的現實實有；(b) 被把握的材料；(c) 該主體如何把握該材料的『主觀形式』。

現實實有的把握——是其材料包括了現實實有的把握——稱為『自然的把握』；永恒對象的把握——稱為『概念的把握』。意識並不必然包容於上述把握類型的任一種的主

[68] 同上書，頁31。

[69] 把握，Prehension，「一件單個要素被占有的每個過程稱作把握」。它表達實有之間，或實有永恒對象之間的一種動態、主動的關係。

觀形式中。

存在兩種把握，(a)『正面的把握』，稱作『感覺』；以及(b)『反面的把握』，被叫做『從感覺中排除』，反面的把握仍然有主觀的形式。在組成該主體的統一體的把握的漸進合生中，反面把握使它的材料歸於無效。」[70]

正面的把握就是我們日常的感覺。尤其是正面把握中的「自然的把握」，就是對實有的整體性感覺（即格式塔的完形感覺）；而「概念的把握」，則是在感覺時把對象分解成爲形、色、聲……等永恒對象而異。總之，正面把握也就是感覺的進入、出現、發生。

反面的把握，是某實有否定掉了原先可能實現而實際上並未實現的一切潛在方面，即一切未達成的永恒對象的組合。以反面把握的「概念把握」爲例，一座綠色的山不是紅色的，因而作爲紅色的永恒對象就沒有進入這座綠山的實有中，然而永恒對象紅色同綠山之間仍然有把握關係，只不過是反面的把握而已。

把握是宇宙的基本能動性，作爲現實實有的把握性事態，只是過程的基本能動性的一次暫時選擇，絕非永恒不變的。一個事態的正面和反面的把握決定了該事態的根本特性。使一個事態最終達到這種特徵的動因稱爲「主觀目的」。我們在上一章已指出，這一「目的」觀念是從機體進化中導引出來的。這種目的在事物之內部，是使事物成爲自身的內在衝動，開初是潛在的，微觀的，在事物發展過程中逐漸在宏觀上顯現，變爲實在。由於這

---

[70] 懷特海：《過程與實在》，頁31～32。

一目的有排除無限的可能性的潛力，能挑選並容納某些因素進入統一化過程，因而，它決定著事物在自我形成中加入何種把握，宇宙中每一事物都與其主觀目的的實現有關，並且，每一事物又以其不同強度的主觀目的來把握其他事物，懷特海對主觀目的的這一闡發，很明顯地受了亞里士多德「隱德萊希」學說的影響，在亞里士多德，潛能變成現實，事物得以完成，達到了其自身目的，就稱爲「隱德萊希」。而懷特海的主觀目的開初也是潛在的，在發展過程中才得以顯現和實現，變爲現實。因此，兩種學說的繼承性是明顯的，其泛心論的因素也是毋庸置疑的。

然而，這種主觀目的是如何由潛在變爲現實，走到其邏輯的終點的呢？這又要回溯到我前面業已提到過的「合生」。「合生」這一原則決定了一事物以何種程度被把握進入作爲統一體的某物，而合生的這一選擇決定方式，又是受主觀目的調配的。懷特海把每一個現實事態都稱作一次合生，這就表明，每一實有都是以各種不同的關聯程度，對宇宙中其他部分加以把握，這也就是前述「任何事物都存在於所有的地點和所有的時間內」的原因。這種萬物之間的相互把握（或相互「感覺」）的理論，就邏輯地使他的整體主義的本體論導向了整體主義的後期認識論。

認識，只是把握關係之一種。就是通常所謂的主體對客體的一種「自然的把握」或「概念的把握」。但是這種把握的「主觀形式」可以是多種多樣的，「存在許多種主觀形式，譬如：情緒、評價、意圖、反對、厭惡、意識……等等」[71] 如果不考慮這眾多的主觀形式，而把認識論局限於對外界的感官知覺中，這就

---

[71] 懷特海：《過程與實在》，頁32。

使認識論的範圍僵化了，並且造成了一系列難以克服的困難。

「十八和十九世紀的認識論的弱點在於它自身純粹以對感官知覺的狹隘表述為基礎。並且在各種不同的感覺方式之中，把視覺經驗挑選出來作為典型範例。結果，就把構成我們經驗的所有眞實的基本因素給排除掉了。」[72]

在懷特海看來，這種感覺主義是模糊與混亂之源。

事實上，像看、聽、觸、嗅、嚐…… 等各感官所獲得的知覺，在揭露宇宙的本質方面是極膚淺的。譬如，就感官知覺而言，一塊石頭是硬、實、靜止的某種存在，但上述只是關於石頭那部分宇宙的極端膚淺的說明，如它內部時時在進行著激烈的分子運動，有無數空隙，遵循某種運動方程等等都無法通過感官獲得。

總之，第一，感官知覺忽略了它所感知的結果與自然內部的基本活動之間的差別；第二，就是科學，它也沒有賦予它的活動的公式的任何意義。如，對於自然的公式與自然實際外觀間的差異，使得公式失去了任何說明的作用。

懷特海認爲，任何感官知覺都不能脫離我們自己身體狀況的作用和參與。即使是在視覺經驗中，我們也察覺到身體的干預。我們直接知道，我們用眼來看。其次，各種嚴格的試驗均證明，我們看見什麼，在何處看見，全依賴身體的生理作用。任何使我們身體內部按一定的方式起作用的方法，都會給我們提供某種視

---

[72] 懷特海：《思維方式》，頁223。

覺。其實，所有的感官知覺都只是我們的身體作用的結果。

進而言之，前述的那些主觀形式；情緒、評價、意圖、反對、厭惡、意識……等等，也都是身體內部按一定的方式所起的某種作用的效果。

因此認識論必須考察個人經驗對於個人身體的依存關係。這也就是懷特海主張的所謂身心統一論。

「對哲學而言，最根本的事實是，心理經驗的整個復合體乃是來源於這種身體的功能或受身體功能的影響。並且，我們的基本感情就是這種溯源於身體之感覺，這就使我們具有身心統一的要求。」[73]

既然如此，那麼，我們的當下經驗的基本性質取決於如下兩個因素（1）身體；（2）先前的經驗作用 。即是說，我既有身體又有經驗長流。而先前的經驗是先前的感官知覺以及先前的那些主觀形式如情緒等的混合體。因此，我目前的經驗就要受到更複雜的因素的支配。根本不能只由現在瞬間對外界的感官知覺所決定，而是我目前的身體狀況，精神狀況（即主觀形式）以及過去的經驗長流決定的。離開了這些，只談感官知覺，那麼連很多基本的東西都不能揭示。例如，「目的」、「動機」，就不是我們的感官所知覺到的，我們只是知覺到一系列的行爲及其結果，然而在事實上，在法律上，舉證動機卻是起訴的重要依據。倘若不承認動機和目的對身體行爲的指導作用，那麼，「蓄謀殺人」和

---

[73] 懷特海:《思維方式》，頁220。

「失誤殺人」就沒有區別了，這顯然是荒謬的。

懷特海指出，過去自然科學的方法論原則之一，是把心理活動排除於自然界的組成成分之外。倘若我們承認這一方法中所包蘊的限制條件，那麼，它作爲一種理想化的方法，作爲觀察自然的一種角度，自有其合理性。然而，過去對這種方法所含的限制條件卻往往並未指出，以爲這就是唯一的包蘊一切的方法，這就產生了種種誤解。

概括而言，懷特海接受了威廉·詹姆斯的意識流理論，認爲，我自身無非是從誕生到死亡的一串連續的「經驗長流」，我當下的經驗就是現在的我。又根據他的相互把握理論，被我經驗的這個世界，無非就是我身心的各種作用如何把它呈現出來以便我去經驗的東西。在我們的經驗中，絕不僅僅是某種簡單的感官知覺，或者，更簡單的視覺。實際上，前面提到的那些主觀經驗形式（也即「把握形式」）：如情緒、評價、目的、反對、厭惡，……等等，都是我們對被經驗的世界的精神反應。因而，被經驗的世界就構成了我們的精神世界，鑒於懷特海的這一意義，我們要按自身的身心組合來解釋世界，即是說，世界是在精神之中的。

不難看出，由於他採納了經驗一元論，這就邏輯地走到了某種主觀唯心論，已經遠離了早期哲學的新實在論了。

另外，由於我們的身心事態只是我們的世界事態中的一個組合事態，所以，我們又按照世界的一般作用的意義來解釋身心組合，即是說，精神是在世界之中的。

譬如，按懷特海，我在這個房間之內。但是，此房間即爲我目前經驗中的一項。如前所述，我的目前經驗正是現在的我。於是，房間又在（現在的）我之內。

這種忽此忽彼的相反相成關係是懷特海哲學的特色之一。

在這種以「把握」爲依據的認識論的基礎上，懷特海再次根據「相互內在」原理又考察了因果性問題。如我們已指出過的，懷特海的哲學方法特色之一在於，把同一個主題置於不同的「透視角度」，並用不同的「光線」去照射它，使之顯現出不同的樣式和色彩。即是說，他在不同階段，從不同的層次，從不同的方面，以不同的方式去探討同一個主題。因果性問題就是典型的例子。在上一章的第四節，我們已較全面地概論懷特海對因果性問題的三種處理方式：（1）通過反對「簡單位置」觀念來批駁休謨的因果觀。（2）通過「因果性」的可直接感知性和「基本性、原初性」以及經驗的「統一性」來批駁康德的「因果範疇論」，即他所謂的「心理附加說」。（3）因果關係的信念溯源於希臘哲學中的理性主義和基督教中近乎人性的上帝。到了後期，懷特海把這三種處理方式都統一起來，納入整體論的相互內在理論體系中。由於這種處理主要是前三種方式的概括，沒有提出更新的角度和方法，我們在這裡就不予詳細論列。[74]

四、有機宇宙

鑒於懷特海提出的「相互內在原理」。我們已看到，他推論出「世界是在精神之中，同時，精神又在世界之中」的論斷。他要統一精神與自然，這就引導他走向考察「生命在自然中的地

---

[74] 參見懷特海：《過程與實在》，頁236～260。

位」這一核心問題。這也就是在他哲學中地位愈益重要的機體論。在上一章中我們已可概括獲知，實質上它是某種泛物理學與泛生物學的融合，而連接二者的核心概念，則是懷特海所認爲的現代物理學的基本要素：能動性，這是從現代物理中的「能量」中擴展而來的。

他的基本論點是：

「我們也要求，在我們的自然概念中的不足處，應當由它同生命的融合來補充，在另一方面，我們還要求生命的概念應包含自然的概念。」[75]

他的這一論點同他關於事實世界的構成的理論密切相關，他把自然界的所有「顯相」(occurrences) 分爲大體的六類，每一類都是「持續的實有」。

「第一種類型是人類的存在：身與心。第二類包括所有的動物生命：昆蟲、脊椎動物和其他種屬。事實上，也就是除人類之外的所有各類動物生命。第三類包括所有的植物生命。第四類由單細胞生命組成。第五類由全部大規模的無機集合所組成。其大小可與動物體相比，或更大些。第六類由所有的在無限小尺度上的『顯相』構成，它們是被現代物理學的微觀分析所揭示出來的。」[76]

---

[75] 懷特海：《思維方式》，頁205。
[76] 懷特海：《思維方式》，頁214～215。

在懷特海，這六類之間實質上並沒有不可逾越的鴻溝，各個形態之間的區分是逐漸泯滅，最後的界限是模糊的，所有的形態都可以用「有機體」稱之。他這裡的「有機體」是一個泛化了的概念。所以這樣命名，原因在於：(1) 所有的「顯相」，所有的「持續實有」都是有機構成的，包括原子、分子在內，它們都有一定的結構。(2) 過去所謂的「有機物」與「無機物」之間沒有不可跨越的界限，它們僅是組織化、結構化的程度不同。(3) 在懷特海的體系中，任何實有都具有心、物二極，這一點當然與他強調自然與生命概念的融合、強調整個自然賦有生命有關。由於心靈這一極的普遍存在，因而任何持續實有必定是有機體。這就使他的哲學賦有泛心論的色彩。實際上，只要心物二極的普遍存在獲得證明，那麼，一切道德倫理與自然規律的二律背反均可獲致解決。(4) 尤其重要的一點，是機體論關鍵的邏輯起點還在於對心理事件的分析。懷特海認為如果像經驗主義者一樣從自身心理經驗的直接事件出發，則馬上就會導致自然的機體論。

我們來看一下上述第四點。懷特海認為，我們應當按身體的組合來解釋世界。因而廣義的身體事件就顯示出它是自身以外的實有的表象的把握統一體。而狹義的身體事件，指對身體本身的考察：是純粹關於身體自身的。簡而言之，用人們的日常語言，前者（廣義）是關於外在世界的主觀經驗，後者（狹義）是關於身體的生理狀態的經驗。懷特海認為，除了後者（狹義、純粹的身體事件）是更為複雜和穩定，從而，具有記憶與期望的連續之外，二者不存在根本上的、實質性的差別。因此，如果把後面這些事件（事態、實有）稱作有機體，那麼，也沒有理由不把前者稱作有機體，這是邏輯的一致性和協調性所要求的。

因此，按懷特海，上述兩個方面——常說的知覺的對象以及知覺和情感活動的精神主體——都可以劃入「身體事件」這一範疇，並且是身體事件的連續的「流」。在他看來，心理領域僅僅限於感官對象和瞬間即逝的情感，具有較小的穩定性；而對精神主體的確認，即對自我的認同，則是主要的穩定方面，它充斥於身體事件長流的全過程中。在這一領域中的持續性就是人們常稱的靈魂。但靈魂若缺少上述第一類身體事件，即，若沒有瞬息萬變的感官對象和情感經驗來充實，則靈魂也是空無所有的幻影，對自我的認同也就不能實現，一句話，也就無所謂靈魂，無所謂自我精神。因此，高級機體的秘密就在於上述兩種層次的穩定性的相互作用。在上述這種對比和補充的相輔相成方式下，環境的新鮮感（知覺、情感對象的易變性）就被吸收進靈魂的穩定性之中了，二者互相對比，在存在方面互相依賴。於是多樣化的變動的環境不僅不是機體持續性的敵人，反而是相互依存的。高級機體的模式就由此而退到了個體化多變活動的後面，成爲它們的某種穩定的背景了。人們常稱的高級生命體的對外在環境而言的自我穩定、自我平衡、自我調節，具有一種抗干擾的自動應變並自保自調自穩的功能，即是指此。這是高級機體與其他機體(環境)共處的基本方式。

再進一步，懷特海出於邏輯簡單性的考慮，把一切精神活動依其方向的區別劃爲兩類：即向後的和向前的精神活動。前者就是記憶，後者就是期望。通過這一劃分，懷特海對有機體的含義及其有機程度的大小作出了闡釋。

懷特海把人們日常所說的有生命物與無生命物作了程度上的區分、在記憶與期望佔支配地位時，就是通常說的有生命的；當記憶與期望退隱時，則是通常所說的無生命的。但二者均稱爲機體。他在晚期著作中，再次強調了他何以主張機體論的原因。

「……於是，在對記憶和期望進行限制這一意義下，宇宙是物質的。

根據對能動性世界的這一概括，不需要假設兩種本質上不同的能動實有類型：即純粹的物質實有和帶有不同經驗類別的生命實有。當我們允許在經驗的基本要素——意識、記憶和期望——中具有退隱和支配的不同情況時，那麼，後一類型（生命實有）已是夠充分地概括能動性世界的特徵了。」[77]

通過上述論證，懷特海把整個能動性世界（與價值世界相對）都變成了有機體的世界。

由此，我們還可清楚地看到，心理事件，是懷特海走向自然機體論的邏輯起點。

正如他在概述上述結論的優越性時指出的：

「這一結論有這樣的優點，它指示出，由於意識和期望的逐步出現，從本星球（地球）的無生命物質中生命發生的可能性。」[78]

另外，機體論的思想同前一時期與當時的不少哲學家都有淵

---

[77]《在世哲學家文庫：懷特海的哲學》，頁695。
[78]《在世哲學家文庫：懷特海的哲學》，頁695。

源關係。

無疑，必須提到柏格森的影響，這在懷特海機體論中是顯而易見的。他把柏格森的理論推到了邏輯終點。柏格森是生命與物質的二元論，兩者代表相反方向的運動：前者向上攀登，後者往下墮落。懷特海則把這種二元論統一成爲機體一元論，所有的機體都具有能動性，也就是具有創造性。懷特海認爲柏格森容忍有無生命的物質存在是對機械論的一種妥協，也是邏輯上的不徹底。因爲照懷特海的邏輯分析，生物與非生物是不可能劃出一道截然而分的鴻溝的。

鑒於懷特海哲學的濃烈的整體論因素，因而，若要徹底剖析其機體論，離不開它與整體論的關係。

懷特海認爲，整體的結構對於其從屬機體的性質是有影響的。

「就一個動物而言，心理狀態進入了整個機體的計畫之中，於是，它影響了一系列從屬的機體，直至最小的機體——電子的計畫。因此，生命體內的電子同體外的電子有區別，理由在於身體計畫的原因。固然，電子無論在體內還是體外都是盲目運行的，然而在體內則要遵循它在體內的特點而運行，即是說，是遵循身體的一般計畫，並且這一計畫還包括了心理狀態在內。」(79)

他的這一思想容易被人誤解，似乎身體內的電子不遵守電子

---

(79) 懷特海：《科學與近代世界》，頁98。

運動（服從量子力學）的一般規律，而自有其一套規律。應當說，這裡的表述有其不够清晰的地方。事實上，現代科學的結果表明，任何生物體內的基本粒子，其運行都沒有任何違反現代物理學定律之處，它們都是嚴格遵循量子力學規律的。這裡的關鍵主要在於自然規律是劃分層次的，有一級規律，也有二級規律等等。生物體內和體外的電子都符合一級規律（量子力學等物理定律）。然而在二級規律上就有差異，正如建造房屋，是用同樣的磚塊，是根據同樣的力學定律，但是，有的建成宮殿，有的築成平房，最終的外觀很不相同，這是由於雖然其基本物件（磚）和一級規律（力學定律）完全相同，但在二級規律（設計藍圖、用途等）上卻彼此不同，因而最終的結果也就呈現出了顯著的差異。一級規律只是從某一個角度去探討自然的結果，是從這一個範疇體系去對自然的抽象，必定要忽略掉其他的部分。但完全還可以從其他角度進行探討，二者並不相互排斥，而是相互補充的。並且，從一個角度探討自然對象，也許兩個對象具有完全相同的性質；但從另一角度出發探討，二者的差異或許就揭示出來了。這應當是懷特海上述表達的一種補充。實質上，有些規律本身就只是針對某些特定對象的，而對另一些對象，則根本失去了意義，無所謂對與錯了。譬如、熵、測度……這些概念，本來就只是針對大量的羣體分子的，是其統計特徵的表述。若對單個分子而言，則毫無意義。

這就又回到了懷特海對「具體性誤置」的批評。各級規律都是從某一角度對自然的抽象，我們絕不可把這種抽象視爲具體實在，因爲從自然界及經驗中構成抽象時，必須把抽象以外的部分略而不論。有鑒於此，可知，各級規律所提供的科學圖象都是不完備的，它只是某一側面，某一角度。當然，整個存在的圖象就更不完備了。

按懷特海，我們必須時刻意識到抽象作用所受到的上述限制。因而，他認爲眞正的理性主義必須經常超越出自己的概念系統，回復到具體事實以再次獲取靈感。自足的、無批判的理性主義在他看來實質上就是反理性主義。它的基本特點就是在某一套抽象概念上獨斷地停止了、封閉了。經典科學就陷入了這種僵硬的格局。

懷特海的機體論的另一個目標就是希圖用考慮各級規律，綜合各種抽象的非單一的方法，來代替過去科學上只考察一個角度，只進行一種抽象、只獲得一級規律的決定論，在這一點上，它自有其歷史地位。

我們在論及價值經驗的發生時（尤其道德經驗的發生），曾述及懷特海對進化論思想的補充。他談到機體除了適應自然的一面（他稱之爲進化論的機械面）外，還有改造自然甚至創造環境的一面（進化論的創造面）。而後者在現代理論中是至關重要的，它使進化論消除了被動適應的偏頗。從而不僅是環境塑造了各式各樣的機體，同時，機體也塑造、改變、創造了新的環境。於是，在機體與環境之間達成了一種能動的統一與和諧。

事實上，懷特海所以提出機體論，就其主觀動因而言，很根本很重要的一點是，他企圖解決近代西方思想傳統中的一個觸目的矛盾：即人們一方面相信以機械論爲基礎的科學的實在論，受嚴格決定論的支配，以自然界的因果律爲法規；另一方面又相信人作爲高等動物是一種自律性的機體，有自己的自由意志與目的，他（們）應當對自己的行爲負責。這是西方思想的兩個極端，它造成了某種混亂和分裂。這種機械論對於人的道德責任等問題是完全無能爲力的。「頭上是燦爛的星空，道德律在我心中」，康德的名言，最鮮明地表達了這兩個極端。很清楚，按照機械論，每一分子都按規律在必然地、無目的地運行，人體又不過是分子的組合，因而人體的行動也將是無目的的、必然的被決定的了。這樣當然就不存在什麼道德責任的問題了。既然小偷盜竊是被力學定律必然決定了的，那顯然與他的什麼道德責任無關。如若判他的罪，豈不是同判定「地球繞太陽運轉」爲有罪是一回事了嗎？因此，若按照嚴格機械論，若信奉「人是機器」，則必然把一切道德，一切價值觀念掃蕩乾淨。正是鑒於機械論走入的這一絕境，懷特海才引入機體論，而機體在本性上具有的心物二極使重新引入價值得以可能。既然具有了價值，道德評價與道德責任也就隨之出現。即是說，前述的近代西方思想中的自然律的決定論和道德領域中的自由意志的兩極分裂就由機體哲學的引入而得到了調和。而過去傳統上是依靠在生物界使用「活力論」，在非生物界應用「機械論」來調和上述矛盾的。懷特海認爲這種本質上的二元論不可能眞正解決問題，因爲生物界與非生物界的差別是非常模糊的，同時，這種解決還會導致其他更多的問題。

關於有機整體的思想，自十九世紀以來就日益侵染了哲學界，實質上，黑格爾式的絕對唯心論、辯證法，就是一種思辨有機論，因爲在他那裡，一切個別事物的實在性，只有進入一個有機的統一體之後才能獲得實現。尤其是十九世紀中葉，自達爾文主義興起，機體進化思想進入實證科學之後，有機論思潮日益壯大，瀰漫於整個西方學術界，孔德、斯賓塞等一批哲學家，勞埃德・摩爾根（Lloyd Morgan）和惠勒（W. M. Wheeler）等一批科學家，都對之宣揚唯恐不力，遂成爲世界性的傾向。

這裡應指出的是，連同有機論思想的氾濫，並生了一股組織化的思潮，它影響的領域廣泛而深遠。然而在此問題上，各派的強調點是不同的，同稱爲有機論者，同使用組織化概念，其內涵卻有相當大的差異。

懷特海在使用機體、尤其是使用組織化的概念時是頗爲謹愼的。他並未把機體這一概念推廣到個體的總和，而僅僅把該概念局限於每一個體自身。當然，組織化的概念也是如此，即是說，他強調的是每一機體的組織化，而並非整個宇宙的組織化；是個體的組織化，而非羣體的組織化。這就與中世紀以來的傳統迥然不同。衆所周知，很多中世紀學者有一種根深柢固的觀念，即大宇宙和小宇宙相似的觀念。在他們看來，人和宇宙，個體結構和整體結構有一種神秘的對應，具體說，就是有一種「同構」的關係，一一對應的關係，映射的關係。有意味的是，這種思想和中國古代哲學思想相當吻合，尤其與漢代儒家宗師董仲舒所創立的新儒學深深相契。董子把天的運行規律和人體的運行規律徹底的聯繫了起來，「天人合一」遂成爲中國傳統哲學思想的重心所在。而在中世紀學者看來，人本身無非是一個小宇宙，它與大宇宙是同構的，二者的運行是同步的。事實上，此類大小宇宙相似的武斷觀念，以略微變形的種種形式，遞次出現於各個文明發展的某一階段，表現了人類思維的某一難以避免的階段的特徵。

然而，大宇宙就是大宇宙，小宇宙就是小宇宙，並沒有任何充分的證據表明二者的結構是相同的，受現代實驗科學精神薰染很深的懷特海，自然不想超出證據之外去作天馬行空式的論斷。

黑格爾、斯賓塞以及後世的貝塔朗非等則把這種組織化的特徵大膽地推廣到了整體、推廣到了社會，甚至推廣到了宇宙。這是對幾個世紀以來自然科學的分析式還原式的基本思維方式的一個反題，引起了廣泛的反響。

在黑格爾那裡，宇宙是一體化、有機化、組織化的邏輯體系，其中包含有各個矛盾的方面，而這些矛盾方面又是這個組織協調、高度一致的大體系的必然的、有機的組成部分，其組織化的嚴密性、強固性和根本性都是空前的。每一個體，只有進入了這個龐大的有機統一體才能獲得自身眞正存在的權利，才具有眞正的實在性。而思想和概念思維自身之中，內在地具有必然性和統一性，它們遵循嚴格的「正——反——合」的三段式推演，通過這種辯證的過程，它們就像成長著的有機體，生長壯大，由抽象的觀念變成具體的有機整體，並推進到一個邏輯的頂點——絕對。因此，不難看出，組織化的因素在黑格爾體系中已經相當穩固了。

斯賓塞沒有如黑格爾那樣形而上學化和思辨化，他注重的是現實社會的組織結構問題，他的「社會有機體」理論也是組織化觀念的極有名的範例。在斯賓塞，整個社會就是一個有機體，必須從上至下實行高度的組織化，正如生物機體各器官的機能配合均衡一樣，社會同樣如此，需要有各個等級、各個層次的機構器官，它們彼此之間門庭森嚴，不得僭越。類似於生物機體具有營養、循環（分配）和調節（神經）系統，社會也應當有與之對應的三個系統，即勞動階級（營養）、商人階級（分配）和工業企業家階級（調節）。三者各在其位、各司其職，各顯其能，缺一不可。照他的見解，這種嚴密的組織化對社會的穩定是極其有利的，倘若少了其中一環，則會導致社會進入非平衡不穩態，進而引起混亂和崩解。

不難看出，懷特海與他們的區別，用一句簡單的話表達，即：懷特海主張機體（組成）世界，他們主張世界（就是）機體。

這裡的問題集中到一點：我們是否有權利把有機個體自身的組織化特徵作上述大膽的外推？即以個人同社會的關係爲例，倘若深入思索，不難遇到這樣的問題：個人作爲有機體與社會作爲有機體是否具有相同的涵義？即是說，人作爲各體內系統和器官的組合同社會作爲各個體人的組合難道眞有相同的涵義？

答案是否定的。

很顯然，器官離開了人體，譬如，人手離開了人體，人腦離開了人體，它就已經不成其爲手，不成其爲腦了，同樣地，在這種割裂情況下，人也不成其爲眞正的人了，因此，人體的各器官和人之間的關係是徹底的相互依存關係，二者缺一不可，缺失了對方，自己本身就會毫無價值、毫無意義。

然而，個人同社會、個人同國家卻並不平行地存在這種徹底的相依關係。個人脫離了社會不能說就轉化成了非人，他仍是人，在任何意義上他都不失爲一個實在的人。誰能否認魯濱遜是人？同樣地，任何社會少了一些個人，它也仍不失爲一個社會，國家亦然。另外，組成社會的分子——個人，是一個獨立的自成體系的系統，這些分子都是自足的、彼此基本相同的。而構成人體的各器官，則沒有這樣一種獨立性，它也不自成體系，脫離了人體，它什麼也不是，同時，它們相互之間大不相同，從形態到功能都彼此迥異，各自只承擔某種片面的單一的職能，離開了整體，這片面的職能也會化爲虛無。因此，它所有的意義都附著在整體上的，包括它的存在。因而，它只是某種附屬品。

一言以蔽之，人，是其器官的眞正有機的整合；而社會，則是具有獨立自足性的個人的集合，它服從加法律，可以相互分離。

進而言之，社會雖由個人所組成，但它不能剝奪個人所賦有的、不可讓渡的終極的獨立性和完整性。因而社會也不能僅把個人視爲組織化系統中的一個成分，個體自身才是眞正的組織化系統，它自身才賦有自足的價值。社會絕不是在本體論上或倫理學上高於個人的一個實體，相反，它應當是爲個體這一終極實體服務的組合形式，如此而已。

因此，從更深層次的本體論角度來考察，強調使社會更嚴密地組織化、集中化的人，強調個人僅僅是社會的附屬物、強調必須爲整個社會而犧牲個體的人，在上述意義上都是在類比時犯了一個根本性的錯誤，這就是把個人與社會的關係完全比附於個別器官與人體的關係或把器官與人體的關係作了無根據的外推。然而，如上所述，這種比附和外推是沒有根據的，它源於中世紀學者的大小宇宙相似的簡單類比，是某種前科學的構想。

這種組織化的類比原是我們心理上一種很自然的習慣，對於苦心孤詣構造龐大理論體系的思想家而言，上述類比幾乎成了一種難以抗拒的強大的誘惑。

然而，懷特海抵擋住了這一誘惑。

他謹守在自己的證據的限度之內，謹守在自己體系的邏輯後果的限度之內。鑒於此，在舉世沸沸的有機主義思潮的氾濫之中，懷特海的機體論卻能顯示出並保持住自己鮮明的特色和謹嚴精深的風貌；並且，在這股熱潮消退之後，它也能較長久地經受住歷史的風雨沖刷和科學新進展的考驗，而翹然於尚存的舊時代理論之林。

這與他謹愼地維持個體性與相關性之間的平衡有關，也與他曾作爲數學家和科學哲學家所具有的科學素養有關。

基於前列因素，懷特海的機體論除了經受了時間歷程的考驗之外，還因此而避免了成爲法西斯主義和極端國家主義理論淵源的可悲前景。

由此可知，懷特海的哲學體系與其政治態度仍然是潛在地協調一致的。

五、價值之源：上帝

在上節我們已經看到，引入機體論仍然要邏輯地走向價值論。因此，價值這一概念作爲軸心，是貫串於懷特海後期哲學的整個體系中的。

爲了使自己的哲學體系統一化，圓滿化，爲了使其哲學走到自己的邏輯終點和頂點，懷特海引進了上帝。

價值世界展示的是宇宙本質的統一化，於是，這就蘊涵了個性的統一化，即多中之一。順理成章地，它就過渡到了上帝的概念。在《過程與實在》的末章以及〈不朽〉這篇論文中，懷特海著重論述了這一點。

作爲個性的統一化的上帝概念，在懷特海那裡，並不是基督教神學傳統中的上帝，也不是印度佛教傳統中泛化的神，他認爲自己的概念位於兩者之間。他稱自己的上帝是「有限存在基礎上的無形的事實」。[80]實質上，懷特海的上帝就是他心目中人性的某些永恒方面的理想統一體。

「首先，價值世界不是能動的創造性的世界，它是創造性行動的本質多樣性的有說服力的協調配合，由此，上帝，其存在就可從價值中發現，它被設想為有說服力的趨向理想的配合。

其次，它也是來自能動性世界的多樣個性的統一。用這種方式，在很多單個個性配合的外觀下，我們視價值世界為上帝本性中的要素。

然而，根據這裡的理論，這僅是一半的眞理。因為價值世界中的上帝同樣也是變化世界中每個個體存在的一個要素。強調人類本性中的神聖因素是宗教思想的本質方面。[81]」

因此，按懷特海，他的上帝既存在於價值世界的天國，又存在於現實世界中的每個個體中，它是某種體系上的終點，體系的極限，類似於斯賓諾莎泛神論的神，無所不在，無形無體，也不與現實世界隔離，是他的形而上學宇宙論的頂點和終極概念。它是「在宇宙中超越現實的重要性、價值和理想的那種因素」[82]。

在前面我們已知道，限制是價值產生的必要條件。如果沒有在先的價值標準來決定潛在的無限多種（永恒對象的）組合應當如何取捨，那麼，就不可能有價值產生。鑒於此，必須有一種先

---

[80] 《在世哲學家文庫：懷特海的哲學》，頁694。
[81] 同上書，頁694。
[82] 《懷特海選集》，頁873。

行的限制，才能出現價值。

因此，需要某種限制的原理，而上帝，就是終極的限制。它在無限多個可能性的潛在世界中限制了這些可能性的組合方式，從而也就限制了實際產生出來的世界的基本樣態。也就是說，它從眾多潛在世界中選擇了我們這個現實世界。但是上帝爲什麼剛好作此種限制，此種選擇？這是沒法說明其理由的。按懷特海，歸根到底，上帝的存在是一種終極的非理性現象，我們對於上帝的本性無法提出任何理由，因爲它的本性就是理性的根據，當然，我們就不可能從理性推出其本性了。如果我們能從理性推出上帝的本性。那麼，上帝就失去了原初的、基本的、終極的限制的地位，而成爲理性的派生物了，這就不是懷特海的上帝了。

然而，這裡的上帝並非一切價值——肯定的和否定的——根源，即是說，不能把善與惡，成功與失敗都歸於上帝。在懷特海那裡，上帝是一個根據，一個原理，即限制的最高根據和選擇的普遍原理。依照這一根據或原理，我們能把善惡區分開，把眞假和美醜區分開。即是說，它並不產生眞善美和假醜惡，然而卻是劃分它們的最高標準、依據和條件。沒有這種區分，世界就是混沌一片，無所適從，無分軒輊的。有了這種區分，世界就被賦予了意義，賦予了價值，普遍的理性和秩序也從混沌中誕生了。

不難發現，在前述懷特海的客觀唯心論的價值論中，我們曾指出，離開了評價者，離開了判斷主體，懷特海的純客觀化的價值是問題叢生的。這特別表現在他關於價值的模式理論中。他關於模式或許有「直接的價值」的論點，就容易招致難以反駁的詰難。他後來以清晰的邏輯眼光看出，任何價值都是絕不可能脫離評價主體而獨立的。然而，倘若如此，這就導致他的客觀化的

「價值世界」的嚴重的存在危機。不可迴避的問題是，「價值世界」的評價主體何在？這樣，最終在邏輯上要被追溯到上帝那裡。上帝成了最高的評價者、選擇者和限制者。於是，懷特海的客觀唯心論的價值論就終於被導向了神學。這也是一切客觀唯心論不可逃避的歸宿，正像黑格爾的「絕對」一樣，它是一種體系上的要求。

應當進一步澄清懷特海的上帝概念與宗教傳統上上帝概念的差異。我們前面已知它是在基督教傳統的上帝與印度佛教泛化的神之間，與過去的上帝概念是不同的。

在《過程與實在》的最後一章，他清楚地表明了他的上帝的否定方面和肯定方面。

首先，它不是神聖的專制統治者，如凱撒的原型，懷特海的上帝不是統治力量的人格化，尤其不是統治世界，奴役百姓的天國君主。

其次，它不是希伯來的先知，因而不是道德力量的人格化，不是善惡、是非等各種道德律令的頒布和強制執行者。

第三，它不是亞里士多德的「第一推動者」，也不是斯賓諾莎式的包含有無窮多屬性（包括善惡、美醜和眞假等）的唯一實體。如前所述，懷特海的上帝雖與斯賓諾莎的上帝一樣無所不在，充塞於天地之間。但不像後者那樣有無窮多屬性，而只是最高的限制原理。簡言之，懷特海的上帝也不是終極哲學原則的人格化。

在肯定的方面，懷特海的上帝與基督教的傳統以及東方宗教的某些因素都有淵源關係，在根本上都是一神論的。懷特海的上帝觀念用簡單而肯定的語言就是：上帝就是愛。他在《過程與實在》中指出：

> 「它詳盡闡明了世界中溫柔微妙的成分，借助於愛，這些成分潛移默化地奏效；……愛既不是統治法則，也不是不動（的推動）者，它甚至對道德也有點不以為意。愛並不是翹首未來，在即刻的當下，它就會得到它自身的酬報。」83

鑒於這種涵義，懷特海的上帝業已超越了前述的統治力量的人格化，道德力量的人格化和哲學終極原則的人格化的界限，它成了某種最高情感的象徵，超出了是非、善惡、道德，從而，天地萬物、飛鳥走獸、人物山川被這種上帝一視同仁，無分軒輊。這自然在某種意義上是一種博大的宗教觀和對基督教根本精神的透徹發揮。另一方面，我們看到，這種空泛的說教並不能解決具體問題和歷史上遺留下來的眾多爭訟。這裡就正像恩格斯在批評費爾巴哈時所說的一樣，他把一切都變成了「愛的囈語」。

當然，懷特海關於上帝的「愛的囈語」重要的方面，仍是爲了滿足他的價值論的邏輯要求。上帝的這種「博愛」，實質上是懷特海的心目中的最高價值，超越了自由與和諧，超越了「眞善美」。

前已闡明，懷特海的上帝是個性的統一化概念，也即是他所認爲的人性的某些永恒因素的統一體。而「愛」，就是這種永恒因素的最集中和最高的表現。

然而，由於懷特海的機體論，這裡的個性的統一就超出了人

---

83 懷特海：《過程與實在》，頁485。

類的個性統一，而成了所有機體的個性統一。從而上帝也就成了萬事萬物統一的原則，它包括如下方面：

(1) 使永恒對象組合統一；

(2) 使所有的現實實有（現實事態）和單位事件統一；

(3) 使過去的事件在現在聚合統一；

(4) 對將來的預見和展望的統一。

這裡，所謂「統一」的原則，就是哲學涵義上的「愛」的原則，這一泛化的「愛」的教義，把萬事萬物都「粘合」在一起了。因此，在懷特海哲學中，上帝是宇宙的「粘合劑」。

此外，從上面幾個方面可以很清楚地看出，上述每種統一都是一次選擇，一次限制，從而也是一次新價值的創造。因此，就根本而言，上帝是新價值的創造者。

同時，上帝還是仁愛的象徵，因而就是感情和欲望的嚮導。它用眞善美作爲理想的價值來引導世界，使感情與欲望求得規範化，使之走上更高的價值——「愛」的正道。

最後，除了作爲價值的創造者和嚮導者而外，上帝還是價值的保存者。在懷特海，現實世界的實有都是時期性的，都是有機過程，必定歸於消滅。只有在上帝之中，它們才可能獲得不朽，因爲上帝賦予它以價值，賦予它以神聖的因素，也即使它進入了永恒的價值世界。於是，懷特海用上帝這一概念，把不朽和可朽在價值論中綜合起來，使體系達到了某種完滿性。

至此我們已能够看清楚，懷特海的上帝雖然既存在於價值世界的天國，又存在於現實世界的每個個體中，然而歸根結蒂，它的永恒的居留地還是價值世界。正如他自己所說的：「被認爲來自價值世界的作爲統一化的本性可以在道德和美學的完善的理想中發現。」[84] 這裡的統一化的本性就是上帝。它是寓居於價值世界之中的，因而可以在「愛」（既是道德的、又是美的）的領域中發現它，也即在道德和美學的理想中發現它。有鑒於此，懷特海才對他的上帝與價值之間作了如下斷然的闡述。

> 「它（上帝）是生命中的那樣一種因素，憑藉這一因素，評價就超越了存在的事實而直達存在的價值。
> 它是那樣一種因素，憑藉這一因素，我們的目的延伸出了為我們自己的價值而直達為他人的價值。
> 它是那樣一種因素，憑藉這一因素，使這樣一種為他人的價值的實現轉換它自身成為為我們自己的價值。」[85]

很顯然，這裡的上帝已是一個純粹價值化、道德化、理想化的上帝了。

> 「它（上帝）並不是世界，然而卻是對世界的評價。」[86]

只有從這個角度去透視懷特海哲學，才能理解懷特海的價值論與他的形而上學和宗教哲學之間的不可分割的邏輯關係，也只有如此才能知道價值論確實是解開懷特海哲學體系的一把鑰匙，是他的過程哲學的軸心。

懷特海後期哲學的整個體系就是在他的價值化的上帝那裡封閉的。

---

[84] 《在世哲學家文庫：懷特海的哲學》，頁697。
[85] 《懷特海選集》，頁527。
[86] 同上書，頁527。

第六章　懷特海與現代哲學

和一種正確的陳述相對立的，是一種錯誤的陳述。但是與一種深奧的眞理相對立的，或許正是另外一種深奧的眞理。

——尼耳斯・玻爾

一切自然只是藝術，你所不知；
一切機會都是方向，你所不見；
一切衝突都是和諧，你所不解；
一切局部的惡，都是普遍的善。

——蒲柏

泛愛萬物，天地一體也。

——《莊子・內篇・天下》

一、方法論：超越門戶

在二十世紀的西方哲學家中，無疑，懷特海是難於歸類的。在分析哲學與人本主義壁壘森嚴的本世紀西方哲學對峙中，懷特海通過其一生的哲學歷程和觀點的演變，表明他企圖成爲超越門戶之見、橫跨兩大陣營的哲學家。

當然，就懷特海哲學體系而言，他的整個哲學發展歷程仍有其自身的基本淵源和內在的一貫脈絡。因此，對懷特海思想的歷史演變研究，不僅應被視爲歷史，更應當被視爲懷特海過程哲學的導論，視爲其哲學的潛在邏輯。

1932年，懷特海有一次在課堂上說：「你要想了解一個哲學家，那就試一試去了解並考察他無意中認爲想當然的事情。」❶這點，不僅適合於研究其他哲學家，當然也適合於研究懷特海自己。作爲前提，懷特海的思維習慣和哲學研究的基本方式是什麼？他認爲想當然的東西是什麼？我們先考察一下他所否定的方面，就是說，通過探討他反對的思想習慣是什麼來研究他的正面主張。

在《過程與實在》中，懷特海開宗明義，提綱挈領式地論述了他認爲應當拋棄的「流行思想習慣」。

「要更好地理解本書，須注意如下流行的思想習慣。就其對哲學的影響而論，應當拋棄它們。

(1) 對思辨哲學的懷疑；

(2) 信任語言能夠充分表達命題；

(3) 哲學思維的方式包涵了或被包涵於感官心理學；

(4) 來自表達式的主——謂結構；

(5) 知覺的感官論；

❶ 《當代美國資產階級哲學資料》集2，頁270～271。

(6) 空洞現實性的理論；

(7) 客觀世界作為純粹來自主觀經驗的理論構造的康德式的理論；

(8) 以無謬誤論證而作的武斷推理；

(9) 相信，除了某種前提的荒謬以外，邏輯的一致能夠表明任何事物。」❷

不難看出，懷特海所謂流行的「思想習慣」，在相當大的程度上是針對分析哲學潮流的，特別開初兩條和最後兩條是如此。眾所周知，自本世紀開始，思辨哲學的聲望已大大掃地，懷特海的使命則是拯救思辨哲學。反對過分信賴語言分析和過分信賴邏輯。

另外，還有反心理主義 (3)、反亞里士多德主義 (4)、反休謨主義 (5) 和反康德主義 (7) 的成分。

懷特海通過否定上述「流行的思維方式」，表達了他對哲學的主張，我們如果要問懷特海自己「無意中認為當然的事情」是什麼？那麼可以說，他認為「當然的事情」就是：應當批判地考察一切當然的事情。

上述論點並非語言的遊戲。

在《思想方式》中，他用明確的語言表述了這一點。

「哲學是面對被迷信的理論的一種心靈態度。……哲學的態度是不屈不撓地去嘗試擴大對每一概念的適用範圍的理

---

❷ 懷特海：《過程與實在》，頁8。

解，這些概念業已進入當代的思想之中。……它並不滿足於每個聰明人都知其答案的通常前提。一旦你停留在滿足原初的觀念和命題上了，那麼，你就已經不是一個哲學家了。……（哲學家）總是突破這些有限的界限。」❸

在懷特海看來，徹底的懷疑精神，無休止的批判、反思的態度，不把任何前提認爲是「當然之事情」，這是哲學家的基本特點。

事實上，任何思考、任何理論，它得以出現的根本前提就是，必須預先設定某些不加論證的假設，沒有這一設定，則不可能把思想和理論穩定在任何形態上，只能導致「無窮倒退」。

然而，倘若一旦把思想凝固在上述假設的形態上了，則創造性立即萎縮，理論成爲僵硬的軀殼，觀念也就喪失了活力。綜覽歷史，每一代大哲學家、大思想家的劃時代勳業的創立，總是從審查、批評上一代人所具有的未意識到的基本假設開始的。無可非議，你可能反對、也可能同意你的先行思想家的潛在假設，但是無論你同意與否，都不能讓這些假定停留在幽暗的深處，停留在未意識到的階段，而必須把它顯化出來，揭示出來，這樣才有可能對它進行合理的考察和評價，並決定其取捨。

這種顯化和揭示的工作往往需要巨大的深刻的洞察力和辨幽析微的理論反思能力才行。而這種顯化和揭示一旦明晰化，則往往是巨大的理論突破的先兆，或者，它本身就是一項創造性的精神成果。人們從休謨對過去傳統的實體的本質和因果性觀念本性

---

❸ 《懷特海選集》，頁921～922。

的質疑和揭示，從愛因斯坦對經典物理中未加深入考究的「同時性」、「絕對時間」、「慣性質量與引力質量的等價性」的揭示和批評性考察，看到了上述顯化和揭示活動的最著名的範例。

哲學就往往帶有這種審視原初假設的根本特點。人們發現，哲學這一事業在現象上呈現出這樣一種特點，就是隨每一大哲學家的出現，哲學本身似乎又回到了原來的「起跑點」，甚至比「起跑點」更移後了幾步。哲學史就是一串不斷地對哲學的任務、對象、方法……重新下定義的歷史。實質上，也是不斷地挖掘以往哲學的根本假定、根本前提的歷史。因此，在《過程與實在》中，懷特海對哲學下了如下的定義:「哲學是意識進行的自我校正，從根本上說這種意識是超越主體性的意識。」❹「超越主體性」和「自我校正」，這就是對上述懷特海思想方式的習慣的最好的注解。

常規科學與哲學在根本方法和根本態度上是極不相同的。常規科學家從一組既定的公理和概念出發，去擴大知識，他們並不審查基本假設和概念；而哲學家並不關心知識的增長，他們總是指向原初的假定和概念，審查其合理性，分析考察它們的意義。

懷特海雖然是數學家出身，但卻兼有哲學家的思維習慣和根本態度。他的思維方式不是線性的，而是立體的；不是從幾條第一原理出發，進行有序的演繹推理從而構築一個龐大的邏輯體系，而是不斷地變換自己的觀察角度和思維角度，多角度多層次地去探究同一對象，去考察分析已被接受的先定前提，從而得出自己的一個比一個更爲深入的概括。鑒於歷史上不少哲學學派被

---

❹ 懷特海:《過程與實在》，頁20。

數學引錯了路，因此，他在《過程與實在》中，以一個數學家兼哲學家的資格強調了兩者的差異。

「數學的基本方法是演繹，哲學的基本方法是描述性的概括。在數學的影響下，演繹法被強加給哲學成為其標準方法。一種本質上是輔助的證明方法憑什麼去檢驗普遍性的領域呢？這種對哲學方法的誤解掩蓋了它在提供普遍概念方面的很值得重視的成功，這些普遍概念對我們理解經驗事實提供了明晰性。對柏拉圖、亞里士多德、阿奎那、笛卡兒、斯賓諾莎、萊布尼茨、洛克、貝克萊、休謨、康德和黑格爾的拋棄僅僅意味著這些人導入哲學傳統的觀念必須結合限制、適應性的變化和轉換才能解釋。其中或者是他們所不知道的，或者甚至是被他們明確拒絕過的。新觀念導致了新的選擇，並且，當我們採取了一種被某思想家所拒絕的選擇時，我們仍並不是未曾受惠於他。在一個偉大哲學家的震撼之後，哲學是絕不會回復原地的。」❺

後期的懷特海，正如上述所表達的，很明確地拒斥哲學中的演繹主義傾向，這已經與他早期的方法論特徵相去甚遠了。他的後期這一傾向是直接針對分析學派，尤其是針對邏輯經驗主義的。這裡不可忽略的一點是，懷特海提出了普遍概念對理解經驗事實的關係問題，這不是一句隨意而出的斷言，而是有相當深度和預見性的。事實上，現代科學（物理學、心理學等）和現代哲

❺ 懷特海：《過程與實在》，頁14。

學的分析都表明，沒有純粹客觀給予的經驗事實。任何經驗事實都必須在事先已有的普遍概念內才能找到自身的地位，才能成形，才能明晰清楚。眾所周知，面對同樣的日出日落過程，如果是在托勒密的普遍概念框架中，則經驗事實是：太陽在繞地球旋轉。如果是在哥白尼和伽俐略的普遍概念框架中，經驗事實則是：地球繞太陽旋轉。而在愛因斯坦的普遍概念框架中，參照系的不同就決定了經驗事實的不同，上述兩個經驗事實在某種意義上都可以是對的。如此等等。因此，在上面這種意義上，我們甚至可以說，理論先於事實。

此外，在上述引文中，懷特海也給予了哲學上劃時代的大師以應有的客觀地位。逐步修正了他早年的一些較爲偏激的立場，承認了他們對人類思想所作出的巨大的難以替代的貢獻。這本身也是懷特海的哲學和精神境界已逐漸步入一個視野更廣闊、寬宏的境界的象徵。

這裡，懷特海顯露了他卓有見地的方法論和哲學史觀，澄澈而寬宏。他要爲哲學的獨特的思辨方法爭得自己的獨立地位，並從而爲各門學科提供普遍概念。另外，他要從歷史上的各派大哲學家那裡汲取多種營養，爲當代奠立新的精神需求和哲學體系。

雖然哲學要進行描述性的概括，然而這只是結果。在懷特海那裡，分析仍是哲學的首要功能。懷特海的分析方法既不同於黑格爾，也不同於分析學派。他把分析劃分爲本質上不同的兩種方式，一種是非時間性的分析，另一種是時間性的分析。前者就是通常所謂的「邏輯分析」——對已完成的事物的邏輯分析；後者就是所謂「歷史分析」——針對過程的歷史分析。眾所周知，早期分析學派唯一著重的是前者，而黑格爾及其後繼者強調後者。

懷特海對這兩種偏頗都不以爲然，他的方式是雙管齊下，縱橫交織。邏輯分析是數學式的或分類式的或純形式化的分析，而歷史分析則是審美的或發生學的分析，❻這兩者對於哲學都是須臾不可或缺的。仔細研究懷特海的著作，發現這兩種方法被他交替使用，運用嫻熟，過渡自然，相互補充。

這裡要特別提出的注意點是，懷特海對邏輯分析與歷史分析的同時並用是在方法論上綜合二十世紀西方哲學兩大流派的重要嘗試。❼他的方法，與黑格爾的「邏輯與歷史的一致」是迥然不同的。懷特海的邏輯是指形式邏輯與數理邏輯，他根本不承認除此之外還存在黑格爾式的「辯證邏輯」。他的歷史分析也不是把歷史納入「否定之否定」的三段式辯證法過程，而是訴諸類似進化論過程的發生學式的、審美式的逐步轉換的分析。在他看來，作爲一個有現代科學精神的人，只要尊重事實，絕不會有足够的理由去斷言：邏輯與歷史是一致的。

但是，鑒於懷特海的數學家、邏輯學家和科學哲學家的早期身分，他對兩種分析方式是有他自己的估價的。事實上，他更重視邏輯分析的方面。懷特海曾說：

「十九世紀誇大了歷史方法的力量，並且想當然地假定每

---

❻ 參見懷特海：《過程與實在》，頁335。

❼ 事實上，卽使是在一貫注重邏輯分析的科學哲學流派中，從二十世紀下半葉起也興起了強調歷史分析的潮流。這正如江天驥先生指出的，科學哲學有一個由邏輯轉向歷史主義的趨向。（見江天驥著《當代西方科學哲學》結論——從邏輯主義到歷史主義）當然，懷特海這裡的歷史分析並不是如黑格爾學派式的「正——反——合」式的辯證的否定之否定；這裡的邏輯分析更不是黑格爾的辯證邏輯。

種特徵都應當僅僅在胚芽階段去研究，於是，譬如『愛情』就要先在原始人，而後在低能者中去研究。」❽

這種思維方式顯然是荒謬的，並且，它還導致某種時間性的「無窮後退」。即是說，如果徹底地貫徹這種「歷史方法」，那麼，對每一事物的特徵的研究都必須追溯它無限遠的過去。如上所說，對現代人的「愛情」的研究要追溯到原始人那裡，而研究原始人的愛情又要追溯到更遙遠的階段，……這種追溯是沒有窮盡的，結論也就無法獲知了。因此，單憑歷史方法是有其自身的缺陷的，它並非萬應靈藥。

在某種意義上，懷特海的分析法是邏輯分析與歷史分析的並舉。同時，他的方法還是著意於對某一主題的逐步深入及逐步擴展，通過早先的結論而進一步發掘，得出嶄新的，早先無法預料的觀點。他用某種比喻的語言描述了他的這種方法論上的特色。懷特海自稱其哲學方法是「飛機鳥瞰式」的方法。

「發現的眞正方法恰如飛機的航班。它從某一個別的特殊觀察基地起飛；在想像力概括的稀薄空氣裡航行；為了更新觀察點而降落在一個新基地上，這一新的觀察由於前述觀察和理論解釋的結果而變得更為敏銳了。有想像力的合理化的這個方法所以成功，其理由在於，當差別法失敗時，經常存在的因素仍然可能在有想像力的思想的影響下被觀察到。『這種思想提供了直接觀察所缺之的差異點。」❾

---

❽　懷特海：《象徵，它的意義和作用》，頁6。
❾　懷特海：《過程與實在》，頁5～6。

每當懷特海從某一觀察基地起飛時，他所鳥瞰到的知識的疆域還是初步的、模糊的、有限的。然而在這種概略的「鳥瞰」之中，他已經通觀全局，進行估價，大體獲知了其中的「關鍵之點」，於是他調整觀察點——即更新觀察基地，從這一基地起飛再行觀察，「視覺」就更爲敏銳，把過去對疆域的觀察更深入、更清晰、更擴展了，甚至某些部分有所變更。……如此往復，逐步深入，終於詳盡而又全面地描繪出了他的整個地圖——過程哲學體系。

事實上，他這種方式仍然有邏輯分析同歷史分析相結合的因素。當他從某一觀察基地起飛進行「鳥瞰」（概括）時，主要是在進行邏輯分析；然而當他調整觀察基地，更新起飛地點時，他已經在進行某種歷史的比較分析，把注意力集中於前後兩個觀察基地的差異上了。在這時，強調點已變成從一個基地向另一個基地的過渡，以及新的觀察點何以產生的發生學分析了。

懷特海的（兩種）分析（時間性的和非時間性的）雖然是首要的方法原則，然而這種分析仍需用綜合來補充，否則，哲學就會誤入歧途（前述的「具體性誤置的謬誤」就是這類歧途之一）。

懷特海認爲，一般自然科學的方法，是用分析的方法把問題簡化，這就是把對象分解，使其層次逐級下降的方法，通常稱爲還原法。如，心理學家在分析之後，用生理學的原因來解釋心理現象；生理學家則用化學或物理解釋生理現象；物理學家則把物質劃分爲基本粒子……如此等等。這種分析式的還原法，本質上是用較低層次的現象來說明較高層次的現象。

但這並非從事學術的唯一方法，前面業已講過，規律是分等級的，如一級規律、二級規律等。高一級的規律並不能由低一級規律所完全取代。事實上，即使除開前已闡明的理由外，也會發現徹底的還原法要進入量子力學的測不準的深淵，並不能爲更高層次的規律提供牢固的基礎。

事實上，生命科學除了在某些方面把問題分析還原爲物理化學問題外，同時，也必須把活的機體作爲整體來研究，還特別研究這種整體及其結構在歷史中的進化。心理學也不僅是靠感覺和情感反應的分析實驗的結果就能獲得全部結論的，它也要研究精神的意識、甚至「潛意識」，研究整個人格的內部意識。因此，從全局考慮的綜合方法，也同分析方法同等有效，有時可能更加接近實在。因爲機械論式的還原方法，只適用於十分抽象的實有，即邏輯分析的結果。而世界上具體而持久的實有，卻是完整的機體。因而，整體的結構和功能，影響了各個組成成分的特性。正如我們在前面業已論及的，懷特海認爲當電子形成人體的一部分時，其行爲與游離電子的行爲可能有所不同；其運行要受到作爲機體的人的性質、計畫所制約。

概言之，懷特海認爲，單純的分析由於其自身的局限性，因而容易導哲學入迷途，因此，他訴諸素樸經驗，把理論奠立在完整機體的綜合概念基礎上。「綜合與分析是相互需要的」，⑩缺一不可。毋庸置疑，懷特海的這一思想的合理成分是顯而易見的，它是現代方法論的趨勢之一。

懷特海的思維原則和方法中另外一個重要特點，就是強調理論的連貫性（coherentism）與符合性（correspondencism）的統

---

⑩ 懷特海：《象徵，它的意義和作用》，頁26。

一。「全部哲學都是爲了對被觀察到的事物獲得某種自洽一致的理解所進行的努力。因而，它的發展被指引向兩條道路，一方面要求連續一貫的自洽性，另一方面要求能說明被觀察到的事物。」⓫現代的哲學家對這兩者各執一端，爭訟不已。一般而論，唯理主義更強調連貫性，經驗主義更強調符合性。當代的思潮是，後者在西方哲學界日益衰落。這一方面是鑒於「符合」這一概念各說紛紜，難於定義；另一方面也由於所謂「被觀察到的事物」經現代心理學和物理學的研究，在很大程度上要取決於觀察者先前的經驗和當時的生理、心理狀況。尤其是當代認識論的研究和理論物理的成果以強有力的邏輯指出，任何觀察結果都要受到觀察者預先所持有的理論的影響，即是說，沒有「純潔的、中立的」觀察事實，理論必定會「污染」觀察結論，事實上，所有的觀察事實從這個角度而言是取決於理論的，正是理論決定了能觀察到什麼以及不能觀察到什麼。因此，觀察事實只有進入理論系統，它才能確立它自身的存在權利和形態樣式，只有在系統中它們才能得到說明和辯護，這就使得「符合性」在邏輯上需要的、處於比較的兩級的兩事物（理論和被觀察的事實）進入了某種界限不清的晦暗狀態，難以作絕對清晰的劃分，無疑，這使「符合性」喪失了它的最重要的基礎。而在另一方面，連貫性所要求的「邏輯自洽、條理一致、前後一貫」，則比較容易獲得公認的標準和一致的看法，因而連貫論日益占據主流地位。而人們認爲，通常發生的情況是，滿足了連貫性，往往也就滿足了符合性，二者經常是一致的。懷特海則認爲，對連貫性與符合性二者

⓫ 懷特海：《思維方式》，頁208。

之一的過分傾斜都會把哲學引入歧途，它們是眞正哲學推進的兩個車輪，缺一不可，去掉其中之一，整個哲學之車就會傾倒在地，不能推進了。他在實際上貫徹這一思想方式時，先把自己提出的理論進行邏輯上的「解剖分析」，看其是否有前後不協和悖理之處，若有，則違反「連貫性」，理論肯定是錯誤的，就沒有同事物進行比較的必要了。若沒有，這在他看來仍不能保證其正確性，還需把它的推論用於同觀察到的事物作比較，倘若這一過程沒有發生重大問題，即不違反「符合性」。理論才算暫時站住了。雖然他是一位邏輯學家，但他在後期大聲疾呼，反對對「邏輯一致」的迷信，如前所述，他嘲笑那種認爲「邏輯的一致能表明任何事物」的觀點。

這裡，我們不難看出懷特海尚有某種思維的不徹底性。他同時強調的符合性的一方面，即強調把推論同觀察到的事物作比較這一點，鑒於我們前面的分析，表明他還未考慮得十分細緻深入。當然，筆者絕不贊同把理論與被觀察到的事實作完全等同的處理，應當淸醒地看到二者的差異。然而，如上所述，我們如何找出這種差異，這仍是一件極爲困難和複雜的任務。誠然，理論「汚染」觀察事實，但這在邏輯上並不表明理論就是觀察事實，它僅僅表明，理論是進入觀察事實的一個方面的因素；然而，確立觀察事實不僅依賴於理論，還依賴於其他一些方面的因素。應當指出，對於上述這些因素，懷特海並未考察得很周密。

分析前面懷特海的幾種思維方式，不難發現一個共同的特點；對於具有相反兩極的事物的硏究，懷特海基本的方法論原則是相反相成，不走極端；渾然一體，圓通融洽。在處理邏輯分析與歷史分析、處理綜合與分析、以及處理連貫論與符合論的關係時，都鮮明地表現出了上述「兩極貫通」的特點。另外，我們前面曾經闡述過的懷特海論點：「知識源於經驗而超越經驗」、「進化論應當是機械論的一面與創造性的一面的綜合」，以及「我在宇宙之中，宇宙也在我之中」中，就充分表現了上述「溝通兩極」的特點。特別是最後一點，也即他的「相互內在原理」，更爲典型。「這種忽此忽彼的相反關係擴展到了我們所討論的所有聯繫上。……我們必須用身體集合的方式來構成世界，又要用世界一般作用的方式來構成身體集合。……事物的匯聚性裡包容有某種『相互內在原理』。」⓬這裡，部分是常識，部分是思辨。應當看到，懷特海的這種認爲被觀察材料具有兩重統一性的主張，並不是黑格爾式的「對立統一」，它是一種根據邏輯分析所得出的一種「相互包容」，而不是三段論式的「正——反——合」的辯證統一。從這裡應當看到懷特海哲學中根深柢固的借重邏輯的影子和明顯的折衷主義色彩。他的折衷主義由於有邏輯作支撐，因而並不顯出勉爲其難的強行拼湊的痕迹，即是說，他並不是把折衷主義作爲他先設的原則，而是先對兩方面進行邏輯分析，從這種分析的結果自然得到了折衷主義式的結論，因此，這種似乎並不有意爲之的折衷主義也就並不呈現出一種五方雜處，沒有色彩的調和「稀泥」形態。由於邏輯分析的力量，因而他的融貫兩極的結論不執著、不褊狹，博大深邃，有多樣化的洞見，導人思想進入汪洋深穴之中而目迷五色。

當然，折衷主義畢竟是折衷主義，它仍然不可避免地在某種程度上損害了懷特海思想的尖銳性、鮮明性和獨特性。以致不少

⓬ 懷特海：《思維方式》，頁224～225。

懷特海思想的研究者還在其哲學的基本特點方面爭論不休，對他在西方哲學中留下的最主要的幾條思想遺產也各說紛紜。一方面這與某些研究者根深柢固的「劃類歸屬」命名法的陋習有關，另一方面，懷特海思想方法本身折衷主義因素也不能不說是一個重要原因。

綜覽懷特海的思想方法，可以看出是與他的整體主義的過程哲學互爲表裡的。縱橫交織，是其整體論之哲學網絡的主要特色。在縱向方面，他考察整個歷史長河，是一種時間性分析；在橫向方面，他考察體系的各個側面，邏輯運演的各個步驟，是一種邏輯分析。並且，又把這兩種類型的分析編織進完整機體的綜合概念之中，從而構築成一個兼顧連貫性與符合性的哲學體系。

二、「完善辭典」的烏托邦

上一節我們業已指出，懷特海對邏輯分析和歷史分析的交替使用表現出他在方法論上綜合二十世紀西方哲學流派的重要企圖，這確是他晚年關注的中心問題之一。理解了這一點，他的許多前後不一致之處也就迎刃而解了。

在《思維方式》一書的末章，懷特海明確地提出：

> 「有一個頑固的先定假設，它繼續把哲學思想變成不毛之地。它就是這樣一種非常自然的信念，即人類有意識地相信可應用於經驗中的所有基本觀念。甚至更進一步，它堅持人類語言能用單詞或短語來解釋和表達這些觀念。我要用如下的術語稱這種先定的假設為『完善辭典的謬

誤』。」⑬

懷特海在這裡的思想已經具有「反基礎主義」的色彩。事實上，關於人類的知識是否有什麼堅如磐石的經驗基礎，或理性基礎，哲學有無中立的基礎？這些問題只是從近二十年來才掀起軒然大波的，而懷特海則在五十年前就對這種基礎主義產生懷疑了。正是從這一點出發，他才走到了反對承認孤立命題有效性的整體主義，從而啟迪了蒯因及其後繼者的整體論。懷特海對兩派的偏頗都實施抨擊：

「完善辭典的謬誤把哲學家分裂為兩個學派陣營，即拒絕接受思辨哲學的『批判學派』和接納思辨哲學的『思辨學派』。『批判學派』把自己局限於『辭典』的範圍內進行語句分析。『思辨學派』則訴諸直觀，並進一步援引有助於這種特殊直觀的情勢，藉以指明該直觀的意義。然後該學派就擴充了辭典。這兩個學派之間的分歧是安全和冒險之間的爭論。」⑭

懷特海這裡所指的「批判學派」，主要方面是針對當時正蔚成大潮的分析學派，特別是指維也納學派及其餘緒。而「思辨學派」則主要指大陸哲學。懷特海身處西方哲學的兩大營壘嚴重對峙、成見加深的時代，他深深意識到自己的歷史使命——在其間架設橋梁。對雙方，他都有自己的獨立判斷和評價，並抨擊各自

⑬ 懷特海：《思維方式》，頁235。
⑭ 懷特海：《思維方式》，頁236。

的偏頗處。

對思辨學派的「冒險」，懷特海批評這些思辨家常常忽略了對思辨想像的一種「制動機制」，任憑思辨力的自由馳騁而沒有受到某種規範和制約。在《過程與實在》中他指出：「思辨的冒險必須由在邏輯與事實面前的徹底謙卑來平衡。」⑮而這種「謙卑」是常常爲思辨學派所忽視了的。他們常常獨斷地提出自已的大體系，囊括環宇，包羅萬象，不肯俯就邏輯與事實，甚至也蔑視經驗。結果，常常成了建築在沙灘上的大厦，經不起嚴密的邏輯分析和無情的事實對照。同時，他們也不常有批判地考察自己提出的原初觀念和命題的能力，沒有經常進行那種「超越主體性的自我校正」。也即缺乏某種自我反省、自我批判的思維習慣，獨斷地從事一種「一次性的體系建設事業」，難免成爲哲學史上過眼雲煙的「海市蜃樓」。

然而，鑒於以維也納學派和維特根斯坦哲學爲主流的分析學派業已成爲當時影響最大，聲勢浩蕩的哲學運動。因此，懷特海抨擊的主要矛頭是指向這種他所謂的「批判學派」的。

懷特海認爲批判學派的研究，是靜態的，缺乏歷史感，忽略了進化論；是個體的，缺乏整體感，忽略了機體論；是否定的，缺乏建設感，忽略了創造性。因而，在哲學上所起的作用是片面的，它僅僅有助於去除哲學園地中「無益的雜草」，然而卻無助於新的哲學幼苗的出現。

「批判學派的力量是基於如下事實：在任何根本的意義

⑮ 懷特海：《過程與實在》，頁23。

上，進化論都沒有進入古代學術。因而，這就出現了人類精神具有固定特性的假設，並且，還認定這種特性的藍圖就是辭典。」⑯

這裡懷特海鮮明地指出，批判學派靜態研究的特徵，事實上是繼承了古代關於人類具有固定的理性的觀念，實質上是前進化論的觀念。這裡抹殺了歷史。然而，從較長階段的歷史眼光來看，人類精神的特性是要發生演化的，它是歷史的產物。永恒不變的固定的特性是沒有的。一切都是在歷史階段的籠罩之下，無一例外。企圖利用「固定的人類精神特性」，去一勞永逸地解決或取消哲學問題，讓哲學終止在某一個純粹的完成了的形態上（批判哲學就是這樣確立自己的使命的），這是絕對不可能的。事實上，人類的知識並沒有一種超然於歷史之上的凝固不變的理性的基礎或經驗的基礎，哲學也是如此。

對批判學派只強調個體化，強調單詞或單個命題能完整地表達事物的觀點，懷特海更是表示了強烈的異議。

「傳統邏輯過分強調個別特徵。『任何一個』這個概念消除了個別特徵，然而，沒有一個實有只是『任何一個』。因而，當我們應用代數時，代數思想之外的因素是與總的情況有關的。」⑰

正如我們在前面業已提及的，懷特海認爲哲學的關鍵是在存

⑯ 懷特海：《思維方式》，頁236。
⑰ 《在世哲學家文庫：懷特海的哲學》，頁678。

在的個體性與存在的相關性之間保持平衡。即是說，既不能泯滅每個獨特的個性，然而又要清醒地看到，這一個性與整體的存在密切相關，不可能孤立地被考察。

因此，「不存在一個充分地表達了其自身意義的句子，總是存在著預先假定的背景，由於該背景是無限的這一理由，因而使分析無效。」⑱

從這裡我們不難看出懷特海對弗雷格語言哲學的不滿，弗雷格的重要思想之一是認為，句子是表達意義的最基本的單位（不成句的單詞或詞組不能完成這一任務）。這一思想後來成了整個批判學派（分析學派）的重要思想，維特根斯坦在《邏輯哲學論》中就斷定，只有命題才有意思，而名稱除了僅僅指示一個對象外，沒有任何意義。可以說，從邊沁（J. Bentham）之後，特別是從弗雷格起的分析學派，是把意義的單位從單詞（洛克等人主張單詞代表觀念）⑲擴展到了句子。而懷特海認為這遠遠不夠，必須聯繫某句子前後的整個背景才能理解一個句子（法國物理學家比埃爾·杜恒也有這種觀點）。而由於背景是無限的連環，因而完全充分的表達或理解是不可能的。

> 「事實上，沒有一句話或一個詞是離開它得以表達出來的場景而獨立地具有意義的，無見識的思想的本質就存在於對這一眞理的漠視之中。……我的觀點是我們不能依賴於任何充分明晰的分析。」⑳

---

⑱ 同上書，頁699。

⑲ 洛克認為：「詞的使用是觀念的明顯標記，詞所代表的觀念是詞的固有的和直接的意義。」(《人類理解論》，篇3章2段1)

⑳ 《在世哲學家文庫：懷特海的哲學》，頁699。

聯繫懷特海哲學的基本觀點我們不難發現，上述懷特海對分析學派強調個體化分析的異議是同他的整體主義思想有密切關係的。他認爲自希臘以降，哲學思想有一個深廣的錯誤傳統，這一傳統預先假設了「孤立的存在」（如理念），這一假設蘊涵有對有限事實進行充分描述的可能性。但是，任何有限事實都聯繫著一個無限的背景，不涉及這種背景，就不可能對有限事實作充分的描述。懷特海這一整體論思想直接影響了他的研究生蒯因，蒯因承接這一思維方式，並用嚴格的邏輯分析精化了這一結論，從而爲分析哲學潮流的轉向，爲分析哲學某些基本信條的靈活化、寬泛化、緩和化作出了貢獻。關於這一點，我們下面還要詳論。

對於批判學派的否定性特徵，懷特海也頗不以爲然。在他那裡，哲學除了批判地考察各先定前提的這種否定性功能外，還具有建設性的創造和理解的肯定性功能。在他看來，「哲學的任務是理解各種存在方式的滲透」。㉑它除了鏟除雜草，還要栽種花木。它應是一種觀念的探險，去嘗試提出一些肯定性的概括理論，以啟迪思維。

> 「蘇格拉底傾其一生的精力去分析雅典世界的一些流行的假定。他正確地承認他的哲學是面對無知的心靈態度，他是批判的同時又是建設性的。」㉒

懷特海以欽慕的心情援引蘇格拉底，以強化他關於哲學應既是批判的，又是建設的這一論點。

㉑ 懷特海:《思維方式》，頁97。
㉒ 同上書，頁237。

但是，他關於哲學的建設性的論點並不表明他贊成這種建設是終極的、一次性的。他認爲，哲學思想雖然已經盡其所能了，但哲學那種面對未知的好奇的心境卻永遠存在。雖然，在這種追求的過程中增加了一些對事物無限性的掌握和一些通過理解而獲得的精神上的淨化。而這，正是哲學的肯定功能所獲得的效果。

針對批判學派的這三方面偏頗（靜態的、個體的、否定的），懷特海指出，這在根本上是「由於在前提方面和確定性方面對邏輯程序的地位作了錯誤的估價造成的」。㉓晚期懷特海哲學，比早期更爲激烈地反對羅素的邏輯主義。對於一個早年的著名邏輯學家而言，懷特海哲學的這一特徵是很觸目的。

> 「在運用這一（科學抽象）的技巧方面有一個危險，那就是片面地使用邏輯，因而，這裡要拋棄的僅是一個錯誤的命題。然而，如果一切命題不涉及我們所經驗的未加任何有意識分析的背景來解釋，那麼，它們就全都是錯誤的。」㉔

但是，邏輯分析按其本性，它不可能把命題所涉及的無限的背景表達出來。當然，當背景的區別同直接的目的無關時，常識要求我們，對這些背景的區別可忽略不計。但這裡已經隱藏著在嚴密邏輯與常識之間，取後者而捨前者了。這種態度業已表明，人類知識不能最終依賴於邏輯。正如懷特海在〈不朽〉的最後一節中總結的：

㉓　懷特海：《過程與實在》，頁9。
㉔　《在世哲學家文庫：懷特海的哲學》，頁680。

「結論是，被視作是使思想進展而作的一種充分分析的邏輯，是虛妄的。它是一種極妙的工具，但要以常識作背景。

……

我的觀點是，哲學思想的最終世界觀不可能奠基於形成我們的特殊科學基礎的精確陳述之上。」

「精確性是虛妄的。」㉕

這是一位參與奠定了現代邏輯學基礎的數理邏輯學家晚年的悲劇性結論，然而卻是發人深思的。現代很多思想家都經歷了類似的歷程，就連邏輯主義的開山祖羅素在晚年回顧自己一生對確定性的追求時，也發出這樣的慨嘆：「全部人類知識都是不確定的、不精確的和不全面的。」㉖

這是對知識的限制，也是對邏輯的限制。

除了對邏輯在哲學中的地位作了重新估價外，懷特海還抨擊了批判學派的實證主義的觀點。

「根據這種（實證論）的說法，性質連續的作用和相互作用在世界上就成為空虛的事實，於是就不可能在直接觀察的範圍之外得出有關過去、現在或將來的結論。倘若我們不在其中包括對未來的期望和對過去的悔恨的話，那麼，這樣一種實證主義的信念還是頗能自足自洽的。於是，科學便失去了任何重要性，同時，努力也將是白費力氣，因

㉕ 同上書，頁700。
㉖ 羅素：《人類的知識》，頁606。

為它什麼也不能確定。」㉗

這當然不是懷特海所能接受的結論。在懷特海看來，實證主義的根本缺陷在於：它把對事物的孤立的、分離的、片斷的直接觀察當作了人類知識的最基本的要素，甚至唯一要素，而且認定人類語言能用單詞、短語或句子準確完滿地表述上述觀察結果。在懷特海看來，事實上並不存在這種能相互準確對應的「完善辭典」，人類知識也不存在上述堅如磐石的經驗基礎（可證實的命題）。假若我們的遠祖是純粹的實證主義者，那麼他們所觀察到的就只是純粹片斷的事物，他們也不會去尋求潛存在所觀察到的瞬間事實背後的聯繫和理性， 如此，文明也就絕不可能進化發展。當然，上述懷特海所抨擊的實證論是一種早期的、狹義的實證論，而當代的邏輯實證論（邏輯經驗論）的基本論點與此還有相當大的差別。而即便是早期狹義的實證論，也並未否定理性，只不過他們的理性是永恒的、靜止的、凝固的，或者，理性就只是邏輯的替代詞而已。由此看來，懷特海對實證主義的批評，雖然自有其深刻獨到之處，但在某些論點上卻是無的放矢的。

綜上所述，懷特海對批判學派的哲學特點——靜態的、個體的、否定的——三方面進行了闡釋，並對他們的根基（以邏輯爲本，以實證論爲綱）進行了批評，從而達到了他的正面結論；可應用於人類經驗中的觀念是不完善、不準確的觀念，也不能用語言來準確地表達這些觀念。換句話說，不存在「完善辭典」。若把自己囿於「辭典」範圍之內進行語義分析則更偏離了哲學的主

㉗　懷特海：《思維方式》，頁226。

要使命。任何根本觀念，只要是用於闡釋同一理論體系的，一定是互爲前提，相互依賴的，倘若把它們孤立出來加以分析，它們就立即失去了意義。科學僅僅是人類對自然某一方面的抽象，而只要是抽象，總是要遺漏未進入它的視野的東西。只有哲學，才可能把因爲科學的抽象和選擇所忽略了的整體恢復過來；也只有哲學，才能够去剖析科學的前提、原則和基本概念，並決定其取捨。這些都是懷特海對哲學的功能的基本見解。總之，在他那裡，沒有任何自己支撐自己的獨立的事實。我們這個世界的基本法則之一就是，要把一個命題從它的體系中的上下文中割裂出來，是不可能的。懷特海的上述思想，對當代分析哲學潮流的轉向整體論，有著潛在的深遠影響。

我們前面業已說過，思辨學派與批判學派之間的分歧是冒險與安全之間的分歧，從這裡已經可以推論出懷特海想要融合兩大派的企圖了。因爲在他看來，冒險與安全都是人類精神的正當要求。

有一個現象常常引起人們的注意，即：這兩大派別與其他文化門類各自有自己的有所偏重的聯繫。人們發現，批判（分析）學派往往與自然科學、數學、邏輯學或語言學有較多聯繫，其成員也多出身於斯。而思辨學派則往往與人文學科、文化藝術、詩歌等領域有較多聯繫，成員的出身也類似。是先有這種哲學觀才與其相應門類發生聯繫抑或相反？看來是互爲因果，難作劃一之論。不過先有某種聯繫（或出身）再產生相應的哲學觀這種情況較爲多見。懷特海同樣也注意到了這一點，在他看來，要填平兩大派別的鴻溝，對哲學家的知識結構和智力類型就有一個相互補充的再造過程。他認爲：

「非常明顯，正如哲學家需要（自然）科學一樣，他也需要（人文）學識。然而，科學與學識這兩者對哲學而言都是輔助的武器。」㉘

很明顯，懷特海本人是自詡有資格來發出上述呼籲的，因爲他自己既是一位數學家、邏輯學家和科學哲學家，同時又是一位人文知識廣博、宗教傳統深厚的老式學者，他集二者於一身，從自身一輩子的哲學發展經歷中，深切地體驗到熔科學與人文知識爲一爐對哲學思維的極端重要性。

把自然科學與人文知識熔爲一體，就有可能在冒險與安全二者之間取得某種精神上的平衡。實質上是使冒險與安全這兩個極端有機地組合起來，形成一種推動精神活動前進的機制，互相制約、互相促進、互相補充。思辨的冒險，猶如藝術想像，汪洋恣肆，一無禁苑。或超越時空、或超越自我，擴張到精神領域的最廣遠處，深入到心理王國的最奧秘處，無所不包、無所不在。當此之時，邏輯的安全「制動閥門」也即時開啟，用嚴密的、犀利的分析的利刃，剪除莠草雜物，校正精神之翼飛行的航向；甚至反照自身，「修理」並批判地考察探險主體的精神自身，或限制其使用範圍，或揭示它未曾清楚地顯露出來的先定前提，並對之進行分析，從而使下一步精神的探險在更穩固、更安全的基地上進行。

顯然，懷特海對冒險與安全之間關係的理解，具有某種辯證

㉘　懷特海：《思維方式》，頁236。

思維的色彩，無論他是否承認或是否意識到；客觀上與辯證法有精神相通之處。事實上，不可能有絕對的安全，也不可能有不受任何制約的冒險。絕對的安全猶如絕對的精確性，實際上只是一種幻想，並且會扼殺掉眾多尚在襁褓之中的新思想的胚胎。而無節制的絕對的冒險，恰如絕對的安全，也是不存在的。任何冒險總是有一個冒險的出發點，冒險的基地，而一旦承認這種出發點和基地的存在，就已經不是絕對的冒險了。因爲這裡已默認了某種潛在的先行前提，因而也就等於放棄了對出發點和基地的批判性審查了。並且，毫無方向性的冒險，也決不會生長出有價值的果實出來。有鑒於此，安全與冒險都是必需的。

實質上，懷特海融合兩大派的努力何以他在此時未能引起巨大反響，問題並不在於他對冒險與安全的並重上，而是在於他對這兩大派之間思維方式的極深的鴻溝沒有足够的估價。實質上，當時，雙方正處於完全不同的「規範」之中，不能對話，甚至難以比較。各自有自己的一整套判斷標準和自己的語言。雖然同稱爲哲學，事實上其間的差異幾乎不小於兩種文化門類間——譬如藝術與科學——之間的差異了。它們二者或許是人類與自然對話的形式中兩種不可以相互替代的方式，各司其職，各行其事，各顯其功。是否有必要把二者強行統一起來，使哲學在同一套眾所公認的框架內活動，迄今仍是個值得深入探討的問題。

但是，懷特海以其人文學者和數理學者集於一身的身分，對統一哲學自有其強烈的欲望，他要建立的，就是既有探險性，又有安全感，既有詩人的想像，又有數學的推理的哲學，在他把哲學與詩進行對比時已透露出這一信息。

「哲學類似於詩，二者都尋求表現我們稱為文明體的終極的善的意義。在每一情況下都涉及詞的直接意義之外的形式。詩自身與韻律相關，哲學則與數學模式相關。」㉙

在這裡，懷特海的神秘主義同維特根斯坦有近似處，都把哲學（實質是指超驗形而上學）的含義指向字面意義之外的東西。但是，維特根斯坦更強調形而上學問題的不可言說性，強調必須在它們面前「保持沉默」。而懷特海，則更尋求「表現」，就像詩歌一樣，仍需使用語言，然而其眞正的、更深遠的意蘊，則在語言的直接意義之外，然而，它是通過語言曲折地「表現」出來的。

另外，對數學模式在哲學中的強調也顯示了懷特海哲學中一以貫之的特色，因爲在懷特海，「善」的概念是無限的，而要把握這種無限，又須具體化爲有限的價值。模式就是這種有限，通過模式這種有限的東西可以認識無限，可以理解「善」。因而，作爲表達善的手段，哲學與數學模式是相關的。而維特根斯坦的數學觀，如第二章所述，他的不同處在於，他視數學爲一種「同語反復」，只是顯示出前提中業已存在的東西的技巧，這自然與懷特海格格不入。

因此，不難理解，懷特海晚年的神秘主義與一般意義的神秘主義尚有差異，它雖也強調對實在的本質的直覺與洞見，但他既要借助詩歌式的表現、又要借助數學式的推理，這是一種類似詩人加數學家的神秘主義。

㉙　懷特海：《思維方式》，頁237～238。

懷特海正是企圖通過這樣一種集冒險性與安全感於一身的神秘主義來融合西方哲學的兩大派潮流的。他的整個哲學中都充滿了這種亦此亦彼、相反相成、兩極融合的折衷主義色彩。然而，他的這一調解兩大派的努力在當時並未引起強烈反響。原因很多，在很大程度上在於當時分析哲學正處於方興未艾、蒸蒸日上的歲月，其困難和問題尚未充分暴露，它對傳統哲學而言還處於一種全面進攻的優越態勢。在另一方面，也由於懷特海用以批評「分析哲學」的基本方法仍是傳統思辨哲學的方法，這就不易得到分析學派的認可和贊同，不易達到其目的。

事實上，能使分析哲學改變方向，走出其狹隘胡同的唯一辦法，是使用分析哲學公認的傳統上自己使用的邏輯分析手段，「以子之矛，攻子之盾」，使它的某些前提在邏輯上走到底，從而暴露出無法克服的困難和問題，最後拋棄或修改這些前提，使之緩和化、寬泛化。懷特海的學生蒯因等人對分析哲學，正是採取了這種方法，同時他們也正幸運地處於分析哲學本身暴露出重重問題的時代，因而，在英美哲學界造成了較大的影響。

要而言之，懷特海的調解兩大派的努力當他在世時所以收效甚微，其原因在於，第一，超越了時代，沒有適逢歷史的機會，所謂「鳴不當時」；第二，則是其批評雙方或融合雙方的方法上造成了「規範的屏障」，在批評時沒有堅持一貫地採取被批評者自己所遵循的手段。

當然，更根本的問題在於把兩大派哲學用一種規範統一起來，融為一體，是否有此必要？這個問題當然不是用邏輯可以解決的，我們把它託付給歷史。

三、現代哲學演變的縮影

1951 年，曾當過懷特海研究生的分析哲學家蒯因發表《經驗論的兩個教條》，它標誌著分析哲學發展史上的一個重要轉折點。仔細辨析蒯因這篇重要論文和他的其他一些著述，可以發現懷特海後期思想的踪影在其中若隱若現，像一股潛在的思想之流。

在邏輯經驗論的鼎盛時期的1932年，卡爾納普(R. Carnap)利用懷特海與羅素奠基的數理邏輯的成就，以一種斷然的語言聲明：

> 「現代邏輯的發展已使得有可能對形而上學問題的有效性和正當性作出新的和更為明確的回答。……在形而上學領域內（包括所有價值哲學和規範理論），邏輯分析產生了否定的結果，即，在這一領域內的所謂命題，都是完全無意義的。由此就達到了在根本上取消形而上學的地步，……」㉚

而1932這一年，同時也正是蒯因在懷特海教授指導下，以一篇邏輯學論文獲得博士學位的一年。

二十年後，蒯因在《經驗論的兩個教條》中，開宗明義鮮明地：

㉚ J. 埃耶爾：《邏輯實證主義》，頁60～61。

「現代經驗論大部分受兩個教條制約。[31]……我將要論證：這兩個教條都是沒有根據的。正像我們將要看到的，一旦放棄它們，就會打破思辨的形而上學和自然科學間的假定分界線。」[32]「按照這個觀點，本體論問題是和自然科學問題同等的。」[33]

蒯因這些論點無疑同早期邏輯經驗論針鋒相對，而同懷特海哲學的根本精神是一致的。他們都對本體論、價值哲學等形而上學問題採取一種健康的寬容態度，並納入自己的整個體系中去。

事實上，當蒯因論及邏輯眞理的地位時，他特別強調，邏輯只是較之其他事實科學有較大普遍性而已，二者之間並無嚴格界限，邏輯原理並非永恒正確，並非絕對精確，不可變易。蒯因認爲，譬如，有些人建議的用修正邏輯的排中律來簡化量子力學的方案，與愛因斯坦理論取代牛頓理論，達爾文理論取代亞里士多德理論，開普勒理論取代托勒密理論並無原則上的不同。因而，蒯因並不是用不可能爲任何經驗所推翻的分析正確性來給邏輯眞理下定義，而僅僅是通過邏輯論與和描述記號的區別來劃界的。鑒於此，邏輯與經驗科學之間就有一種模糊的、不明確的轉移，並非截然而分，不可逾越的。

於是，邏輯，從現代分析哲學的中心地位降了下來，這一點蒯因在精神上與他的老師懷特海是相通的。當懷特海反對把邏輯

---

[31] 兩個教條指：分析命題與綜合命題的嚴格區分。另一個是還原論。

[32] 參見《邏輯經驗主義》，頁673，根據原文，對譯文略有小改。

[33] 同上書，頁697。

視爲哲學的本質時，他的語言是斬釘截鐵的：「在運用這一（科學抽象）的技巧方面有一個危險，那就是片面地使用邏輯。」他認爲批判學派（分析學派）的錯誤是「由於在前提方面和確定性方面對邏輯程序的地位作了錯誤的估價造成的」，「精確性是虛妄的」。懷特海的所有這些有關邏輯的論斷，總是令人聯想起他的學生蒯因的思想。毋庸置疑，二者在思想上是有繼承關係的。

蒯因對意義分析的可能性的懷疑，特別類似於懷特海對「完善辭典謬誤」的抨擊。以邏輯經驗論者卡爾納普爲代表的一派人的基本看法之一是：談論單個的描述詞、句是有意義的，即是說，對於語詞、語句進行意義分析是可能的，爲了使單個詞、句的意義明確起來，卡爾納普認爲可以通過「意義公設」使上述詞語之間的意義關係精確化。

照蒯因看來，這純屬幻想，他不承認卡爾納普等人認爲有孤立存在的單個描述詞、句的意義的觀點，他批評這一論點爲所謂「博物館神話」，按照蒯因，未加批判的語義學是一種博物館神話，在這種博物館中，展品是意義，標簽是語詞，改變語言就是更換標簽。這種對應關係完全是固定不變的、僵死的、確定的。即是說，按照這種神話，一種語言的句子和詞有其確定的含義。

蒯因對「博物館神話」的抨擊，很明顯，與懷特海對「完善辭典謬誤」的批評是一脈相承的。如前所述，懷特海把這樣一種信念稱作「完善辭典謬誤」，即：人類有意識地相信可運用於經驗中的基本觀念，並且，它堅持人類的語言能用單個詞和短語來解釋和表達這些觀念。這是懷特海所反對的。懷特海的上述思想，幾乎原封不動地被蒯因所接受。在這裡，只要把觀念當成展品，仍把詞當成標簽，從「完善辭典的謬誤」向「博物館神話」

的轉換就完成了。

上述批評，在現代西方哲學家中獲得了廣泛的支持，導致了相當一致的共鳴。美國哲學家理查茲就指出：

「那種認為意義理所當然地為語詞所固有的觀點，是一種巫術，是不可思議的名目論的殘餘。……」

「一個詞所指的意義是上下文中所缺少的那個部分，詞從上下文中得出委託給它的那種作用。」[34]

根據上述，我們可以發現近代西方哲學中，意義的「最小運載體」，即意義的單位逐步擴大的一條歷史脈絡。

洛克把這一意義單位指派給單個的語詞。而邊沁，特別清晰的是弗雷格，則把意義單位從詞擴展到句子，弗雷格認爲只有語句才能表達完整的意義。即是說，單個語詞、甚至連專有名詞也只有處於句子中才表達確定的意義。蒯因對此的答覆是：不！即使單獨的句子也不表達完整的意義。只有越出單個句子的整個語境上下文（context）本身才是有意義的。蒯因超越了弗雷格的結論。而這種超越，懷特海早在卡爾納普的同時代就完成了。並且，懷特海這裡的整體論思想還更加徹底，因爲他不僅主張必須聯繫句子前後的整個背景才能理解該句子，並且他還進一步指出，由於背景是無限的連鎖，因此，完全充分的表達或理解是不可能的。蒯因的貢獻是精化了上述思想，他在反駁他所謂的第二種教條——徹底的還原論的基礎上，構築了他的「沒有教條的經

[34]《當代美國資產階級哲學資料》集 3，頁138。

驗論」，也即「知識的人工系統理論」或「科學的力場理論」。他認爲：

「我們所謂的知識或信念的整體，從地理和歷史的最偶然的事件到原子物理學、甚至純數學和邏輯的最深刻的規律，是一個人工的構造物，它只是沿著邊緣同經驗緊密接觸。或者換一個形象來說，整個科學是一個力場，它的邊界條件就是經驗。在場的周圍同經驗的衝突引起內部的再調整。要給我們的某些陳述重新分配眞值。一些陳述的再評價使其他陳述的再評價成為必要，由於它們在邏輯上的互相聯繫——至於邏輯規律，也不過是系統的某些另外的陳述，場的某些另外的元素。已經再評定一個陳述，我們就得再評定其他某些陳述，它們也許是和頭一個陳述邏輯地聯繫起來的陳述，也許是關於邏輯聯繫自身的陳述。但整個場是這樣地被它的邊界條件即經驗決定得不充分，以致在根據任何單一的相反經驗要給哪些陳述以再評價的問題上有很大的選擇自由。並無任何特殊的經驗是和場的內部的任何特殊陳述相聯繫的，除開通過關於影響到整個場的平衡的考慮所表明的間接關係。」㉟

這樣，蒯因就建造了一個人類知識的等級化的金字塔系統，甚至連本體論和邏輯等都在其中，只不過處於離邊緣較遠的中心地帶罷了。沒有什麼是絕對不被修改的。同時，也沒有什麼必然

㉟ 洪謙編：《邏輯經驗主義》卷下，頁693～694。

要被某經驗修改的。他認爲在任何情況下任何陳述都可以被決定是眞的，只要我們對系統的其他部分作出足够劇烈的調整。因爲從經驗的觀察報告到科學理論，進而到本體論和邏輯規律，中間是一長串的等級的連續統一體。當這個整體系統不符合經驗之時，既可以修改其中某些命題來保持理論的一致性，同時也可以保存這些命題但修改統一體中的其他部分，從而仍然保持同經驗的一致性。因此，這實際上是一個選擇方便的概念體系的問題。不難看出，蒯因是用調整系統結構來代替科學的觀察基礎，因此，科學系統不是被經驗所能直接確證或否證的。

顯然，這裡帶有極強烈的約定論的色彩，並且還保留了經驗主義的因素。

在此之前，卡爾納普曾主張，本體論問題以及類似的關於邏輯與數學原理的問題不是事實問題，而是爲科學選擇方便的系統或框架問題，對此，蒯因原則上是同意的，但必須補充說明，僅僅當承認所有的科學假設也都是這樣時，蒯因才贊成，他把一切都歸結成了方便的語言形式的選擇問題。蒯因的上述知識的人工系統思想在某種意義上，是精確化具體化了的懷特海的整體論，他發展了尚屬籠統的懷特海哲學的整體主義，並加進了實用主義的成分。

如果我們回憶起懷特海所認爲的，「形而上學無非是比科學概括和抽象程度更高的理論體系」，就不難看出蒯因思想的源泉了。

應當特別指明的一點是，把蒯因的上述理論在邏輯上推到底，不難獲知，他也同懷特海一樣，是反對狹隘的實證論的。通過對「博物館神話」的批判性分析，蒯因證明，語言、句子與意義之間並不存在固定的對應關係，總有可能存在著一個不確定的因素和「多出來」的解釋。因此，根本不存在所謂「絕對的事實」，這也就是蒯因所謂的「指稱的不可測知」學說。即是說，脫離了語境，脫離了對某種概念的語言系統的指稱方式的運用，就不存在無歧義的、能夠獨立加以測定的東西。這時蒯因就陷入一種「事實虛無主義」或徹底的「反基礎主義」立場。而我們業已闡明，懷特海也是一位反實證論的「反基礎主義者」。他否認人類知識有某種堅如磐石的經驗基礎（可證實的命題），他認爲人類語言不能用單詞、短語或句子準確表述他自身的觀察結果，不存在這種精確對應的「完善辭典」。如此，也不存在所謂確定的絕對的「事實命題」或「可證實的命題」。很明顯，在這個問題上，蒯因的整體分析對懷特海的承續關係是不容懷疑的，雖然在強調重點上略有不同。前者主要從嚴密的語言分析出發，從指稱理論和意義理論出發；後者則主要強調精確性的不可能，並對於直接經驗而言強調理論的必要。它們之間最根本的共同處仍是在於雙方都極爲強調整體的重要，強調理論體系的轉換對於事實成形的極端重要性。強調「事實」與「理論」是相互依賴的，「事實」並不占有邏輯上的優先地位。同時，也強調個體性與相關性之間的緊密聯繫，強調二者中沒有任何一個占有更根本、更基礎的地位。

值得注意的是，被稱爲現代西方分析哲學精神之父的維特根斯坦，其後期哲學也帶有同上面相似的很強烈的整體主義因素。在《哲學研究》中，維特根斯坦認爲，語言的運用是生活形式的一部分，可稱爲「語言遊戲」。在維特根斯坦那裡，脫離語言遊戲，游離於語境整體之外去談論詞語或句子是無意義的，語言的意義並不在於它「所指」的對象，語言也不是由獨立的原子命題所構成，原子命題這些說法脫離了語境、脫離了整個生活背景，因而是無意義的。語言的意義在於它處於整個語境中的使用。這樣，後期維特根斯坦也找到了他與實用主義的共鳴點，尤其是與整體論式的實用主義的共鳴點。總之，正如他自己所承認的：「我也把語言和行動——二者交織在一起——組成的整體叫做『語言遊戲』。」這就如足球賽一樣，足球的意義、足球的用途只有通過足球賽或足球遊戲才能看出。倘若脫離了足球賽去孤立看足球本身，那就無法了解足球。語詞和句子也一樣，只有納入具體的上下文、放在實際的使用中，其意義才確定下來了。

綜上所述，不難發現，在否定單個的詞和句子有固定的意義、在強調語言的整體和背景這點上，蒯因、後期維特根斯坦是與懷特海的哲學有精神相通處的；自然，其間的差異也不容忽視。

數學家出身的懷特海，運用深邃的思辨洞察力達到了這一結論，但它特別關注的方面，仍然具有量化分析的特色，譬如他論證說，有限的命題由於涉及無限的背景，因而使充分的分析落空。另外，他還特別強調精確陳述的不可能性。

後期維特根斯坦特別深入地考究了語言的各種功能，指出語言並不只是對世界進行描繪，詞的意義在於它的用法。語言作爲一種工具而言有多種用途。

可以看出，他與懷特海的差異在於，懷特海仍視語言的功能是描繪世界，只是由於整體論的分析表明，這種描繪不可能充分、不可能精確罷了。而後期維特根斯坦則視語言爲生活形式的一部分，語言意義不在描繪而在使用，不能把它從自然語境中抽取出來。這裡帶有頗強的實用主義色彩了。

而蒯因，則利用他那嫻熟的語言分析技巧，特別強調具有經驗意義的單位，是整體化的語句系統，而不是單句。經驗的驗證總是針對總體語系，而不是孤立命題。

就蒯因堅持使用分析學派公認的語言分析技巧和他強調所有的理論都不是事實問題而是選擇方便語言形式和概念體系的問題而論，他與後期維特根斯坦是相似的，都具有實用主義傾向。這兩點也是他們與懷特海的不同處。然而，當蒯因承認本體論、邏輯問題討論的合法性以及承認邏輯規律也具有可變性時，他就與懷特海有精神上的繼承關係了。

作為復興形而上學的主將之一的蒯因，同其老師、思辨形而上學的最後的、最大的代表之一懷特海在精神上的聯繫。過去人們是注意得很不够的。誠然，蒯因離開懷特海後，曾受到羅素、尤其是卡爾納普的強有力影響，從而進入了分析哲學的大營壘。但我們追溯他後來對分析哲學傳統的反叛，倘若看不到早期懷特海對他哲學精神的潛在影響，看不到他對懷特海思想成果（主要並不是技術方法）的繼承關係，那肯定是短視的。事實上，正如我們上面闡明的，對「邏輯具有絕對的中心地位和不可變異性」的質疑，對「博物館神話」與對「完善辭典謬誤」的抨擊，在意義問題上對整體化語境的強調，對「絕對事實命題」的拋棄，對實證主義的批判，總之，對本體論問題的重新強調以及對整體主義的推重，有充分的證據表明，蒯因對邏輯實證主義的劃時代批判是潛在地接受了懷特海影響的，雖然所採用的方法迥然不同，前者是語言的、邏輯的分析，後者主要是思辨式的洞見和推理，然而在結論上，在精神上，則是頗為相似的。

自本世紀五〇年代開始，在西方英語世界業已盛行了近半個世紀的以「拒斥形而上學」爲標榜的分析哲學面臨了一個轉折點：一個復興形而上學的潮流正在逐步興起。主要的代表人物及其著作有：蒯因的《從邏輯觀點來看》和《詞與對象》，斯特勞森（P. F. Strawson）的《個體》以及漢普舍爾（S. Hampshire）的《思想與行動》等等（這三位分析哲學家中後面兩位是屬於日常語言學派的）。

此潮流緣何而起？特點如何？筆者認爲，重要原因在於傳統分析哲學，尤其是維也納學派的邏輯實證論的基本信條遇到了日益增加的困難和問題、日益顯露出過去信條的狹隘性和僵硬性，從而受到了眾多的詰難和挑戰。這就給所有的分析哲學家提出了一個嚴峻的問題：出路何在？如何使分析哲學的基本論點緩和化、寬泛化以應付挑戰，以解決新的問題？於是，復興形而上學的潮流應運而生。爲了解決出路問題，有些哲學家認爲，應把本體論問題恢復爲科學的正當問題，應恢復「形而上學問題」的正當權利。哲學問題，形而上學問題是不會消失的。同時，「分析」這一概念也寬泛化了，它不應與整體研究的方法絕對對立，而要包容綜合。既要單獨地逐一地研究哲學，又要全面地、系統地研究。原來的研究方法是片面而行不通的。這就又回到懷特海幾十年的老話，「哲學的關鍵在於個體性和相關性之間保持平衡」。同樣，哲學方法也要在分析與綜合之間保持平衡。

綜覽上述，我們不難通過比較發現，整個西方分析哲學的潮流，從本世紀初到五〇年代，已經發展到強弩之末。從開初以邏輯的名義、以科學的名義、以語言分析的名義掃蕩傳統哲學、拒斥形而上學爲氣勢磅礡的起點，經過一段曲折、反復、探究、辯難的艱苦歷程，終於逐步認識到，邏輯只是哲學的工具，並非本質；語言分析只是技術，不能完全代替哲學；科學只是一門文化現象，哲學也是必要的與獨立的一門，二者不能相互取代。二者各司其職，並不互相排斥。因此，傳統哲學的問題在剔除了抹在它身上的白粉之後，發現它仍有其自身的價值。形而上學問題也是有意義的，問題在於採取一種什麼樣的形而上學。而本體論問題在某種意義上與自然科學問題是等同的。這樣，五十年一個周期，形而上學從被拋棄的命運又強固到足以獲得復興的機會，再次登上歷史舞臺了。

如果我們留心比較，很明顯可以看出，作爲哲學家個人的懷特海，他的哲學發展歷程恰好預兆了上述西方分析哲學上半世紀發展的歷程，只不過個人的發展速率更快而已。實質上，懷特海是以「濃縮化」的形式預示了他的下一階段英語國家哲學的發展道路。懷特海個人哲學發展的路徑是很清楚的。從一個數學家和邏輯學家開始，經過科學哲學的專門研究階段，然後變成一位直覺的、思辨的、整體主義的形而上學家。可以說，懷特海一生的哲學歷程就是跨越分析學派和大陸學派兩大營壘的歷程。以提供邏輯分析的工具始，以反對迷信邏輯工具終；以泛物理學式的科學哲學始，以泛生物學式的有機哲學終；以事件理論爲中心的新實在論者始，以價值理論爲軸心的過程哲學終；以剔除自然界中的「心理附加」始，以自然與心靈相互包容、相互融熔的客觀唯心論終。……恰如有人評論的，他的哲學轉變，極似一個邏輯和科學的罪人轉回到形而上學的教會裡來了。

有鑒於此，不難看出，實質上西方分析哲學半個多世紀的發展在這一意義上是重現了懷特海哲學發展的歷程，而懷特海的哲學歷程則是他之後整個分析哲學潮流的縮影。雖然分析哲學早期的某些成就並未被全面拋棄和更新，雖然它也對二十世紀的哲學史打下了自己深深的烙印，改變了一代人的思維方式，然而，不可否認，它的很多早期教條在歷史潮流的沖刷下或者被揚棄，或者趨於緩和，或者變得寬泛，或者更加靈活了。懷特海對這一潮流轉換而言，鑒於他的傳統思辨的方法和相當晦澀的術語，因而其影響並不是直接的和明顯的，從表面看，他在世時的哲學活動脫離了英美哲學的主流，似乎要變成一種不會引起同行強烈反響的、在歷史上自生自滅的存在了。但是，當我們超越他的時代，站在當代哲學的波峰向前追溯時，我們深切地感到：歷史，並沒有拋棄懷特海。他對現代哲學史進程的影響，是間接的而不是直接的——主要通過他的學生與後繼者；是深層的而不是表觀的——他並未徹底採用當前復興形而上學的分析哲學家們那一整套分析的技術；是精神上的而不是個別具體論證方式上的——在根本的總體性的結論上，他與當代分析哲學的改造者殊途同歸。

同此，有理由認爲，對當代英美分析哲學復興形而上學的思潮來說，懷特海哲學在幾個意義上都是其精神先驅之一（另外還有實用主義的先驅作用，本文下面略加論列）。

就以在世時懷特海的後期形而上學而論，由於他早年的出身和哲學活動，由於他的後期體系的不偏執、不狹隘，融洽貫通、相反相成的寬宏特點，由於他本人對邏輯分析技巧的精熟和對科學造詣之深湛，因此，正如有論者所說他的形而上學對於「實證的」和「分析的」攻擊，具有某種「免疫力」[36]。因而就在當

[36] 參見《在世哲學家文庫：懷特海的哲學》，頁353。

時，也是吸引了眾多的聽眾和讀者的。

以上，筆者是就懷特海一生總的哲學轉折而論，它預兆了當代西方哲學的潮流所趨。

然而，就它後期哲學而言，有些什麼基本特徵呢？著名美國哲學家杜威在批評懷特海後期哲學時指出：

「懷特海後半期的發展意味著重現了由道德唯心論、行動唯心論向本體論唯心論或唯靈主義的轉換。這一轉換被思想史證明是發端於柏拉圖與亞里士多德的整個運動的致命弱點。懷特海先生所說的這點無疑是對的，即歷史上眾多哲學的被強加上去的獨斷的體系化特徵，使得當代其他思想家（指分析哲學家）過分忽視了重要的一類體系。然而，由數學提供模式的體系化，它是由抽象的形式化決定的。這種抽象的形式化並沒有使那類重要的體系成為不可能。在這種體系中，關於物理和人類的本性是產生於對於「存在什麼」（因此，即已知物的可能性）的理智化的批判中的，並且，它也產生於選擇和可能性的建造之上。自由批判的理智的作用指出這種選擇是較有價值的。我發現懷特海體系的主幹是後面一種（即重要的類型），但它的形式化的陳述對我而言似乎帶有前面一種的傾向（即獨斷的體系化特點）。」㊲

就杜威指出的懷特海後期的哲學（較陳舊的）論證形式與其

㊲《在世哲學家文庫：懷特海的哲學》，頁661。

（較有創造性的）有價值的體系主幹之間的分裂而言，他的見解還是有合理因素的。關於這一點，我們在前面論及懷特海對現代英美分析哲學潮流的轉換的影響時，就已經較詳細的討論過了。我們指出了他的這種形式與內容的分裂。但是認爲懷特海後期哲學重現了由道德唯心論、行動唯心論向本體論唯心論或唯靈論的轉換，則不甚中肯。實質上，懷特海的道德唯心論、行動唯心論以及本體論唯心論和唯靈論都是用價值論這一根軸串起來的，僅僅是由於強調的方面不同而呈現出不同的面貌，但是它們都共生於一個統一的基地上，並不是從前二者向後二者的轉換這個問題。懷特海後期哲學的內在統一性還是很淸楚的。根本的轉換還是發生在早期數理邏輯和科學哲學的研究轉向後期宇宙形而上學的研究。而這一轉換，如前所述，既是他的哲學內在邏輯的發展所要求的，也是對後世英美分析哲學在精神上的啟迪。

作爲實用主義的重要代表，威廉·詹姆斯的經驗一元論與懷特海哲學的緊密關係，我們在前面已談過了。但這還不是實用主義與過程哲學唯一的交接點。從上面杜威對懷特海的評價中我們也不難發覺他對懷特海哲學的主體部分的讚賞態度，尤其是杜威的《經驗與自然》，更淸楚地顯示了實用主義與以價值論爲軸心的過程哲學的重要共同點。

他認爲，由於理智主義作祟，人們把主體與客體、經驗與自然完全割裂開來，這種割裂的結果，導致實在與價值的分裂，使人們專門推崇認識的力量而犧牲了價值和情感的東西，把認識對象看作唯一的實在，而把情感和意志的對象變成了主觀的東西，完全從實在領域中排斥出去，這樣，人們就把實在與認識對象等同起來而陷入嚴重的錯誤。[38]

由此可見，杜威的上述思想簡直就像是懷特海後期哲學觀點的翻版，尤其是聯繫到懷特海把價值視爲事物內部的實在時更是如此，甚至所用的語言都是近似的。

他們的基本共同點，就是開啟了現代西方英美哲學中的非認識論化的方向。

繼笛卡兒之後，尤其是康德所導致的哲學革命之後，在近代西方哲學中，認識論的研究成了焦點和重心。人們全神貫注於，我們是如何認識世界的，我們是怎樣進入實在的？我們的理智通過什麼邏輯通道去感知和把握外界？世界本身是我們感覺到的那樣嗎？在這裏，求眞的本能成了壓倒一切的衝動，尤其是本世紀西方分析哲學與起後，作爲科學主義的寵兒，認識論更有獨占哲學論壇的趨勢。

懷特海後期和杜威哲學從根本上反對上述認識論主義。

在前幾章我們就已指出，對懷特海而言，他的後期哲學是從審美的觀點出發的，是從價值論出發的（懷特海實際上把道德價值也包容於審美價值之中）。因此，有評論家甚至稱他的哲學爲「審美主義」。在懷特海看來，上述認識論主義和理智主義僅僅偏愛某些確定類型的經驗材料而排斥另一些經驗材料，僅僅偏好用邏輯的概念的和理智的方式去把握事物而拒絕用心靈、用感情、用直覺去同事物相交流。在懷特海看來，要眞正把握實在，就不能偏頗，而必須面對所有各種類型的經驗材料：情感的、意志的、價值的、認識的等等。他特別看重審美經驗，把它廣義

---

[38] 參見杜威《經驗與自然》，頁19～22。

化，從而置於根本的地位。在《過程與實在》中他曾指出：「現成的事實就是審美經驗的事實。」㊴鑒於此，他特別反對休謨把經驗簡單化地理解爲僅僅是印象和觀念的結果，在他看來，這正是理智主義和認識論化的最典型的表現。當然，鑒於經驗材料的多樣化，因而掌握這些材料的方式也就不能不是多樣化的，這絕不是僅用認識論化的概念的、邏輯的方式就能達到目的的。在懷特海那裡，倘若僅僅用理智化的方式去處理那些有確定類型的經驗材料，那麼，這就只是一種半心半意的經驗主義，而不可能是徹底的經驗主義了。眞正徹底的經驗主義對於人類情感的波濤、對於人類藝術的價値、對於自然美景的壯觀、對於犧牲精神的崇高都有一種眞切的感應和某種直接的把握，這絕不是純概念化、純理智化的分析都能獲得的。而在懷特海，這種眞切的感受和把握是在更深的層次上，在更高的境界內揭示了實在的終極意義。

杜威哲學的一個方面，正如前述，正與上述懷特海的觀念息息相通。

因此，在非認識論化方面，在反對近代哲學的二元論方面，在抨擊實證主義過於僵硬的教義方面，同時作爲啟迪當代西方哲學思潮的兩個哲學流派方面，懷特海哲學與實用主義是有很重要的精神共鳴點的。有鑒於此，我們也就不難理解曾作爲懷特海學生的蒯因後來何以被導向邏輯實用主義了。

雖然，懷特海像現代與當代大部分西方哲學家一樣，企圖擺脫自笛卡兒以來的心物二元論的陰影，雖然在這種擺脫陰影的哲學活動中他貢獻給了現代西方哲學一分自己獨特的思想遺產，但

㊴ 懷特海：《過程和實在》，頁427。

直至他的後期哲學，仍然被籠罩在這種二元對立的陰影之中，正如我們前面所述，它仍然走入了以價值論爲軸心的客觀唯心論的軌道。

雖然，懷特海爲統一西方哲學的兩大潮流做了自己的引人注目的嘗試，但是這一嘗試並未獲得兩個營壘的廣泛接受和讚賞，兩個營壘的鴻溝依然如故，仍在困擾著追求統一文化的哲學家。

懷特海爲了同傳統的哲學劃淸營壘，爲了避免在概念的使用上帶有濃重的歷史遺留下來的痕迹，他自創了一些獨特的術語，這些術語同它們在哲學史上習慣的內涵與外延均有很大差異，甚至同它們在正常語言中的用法格格不入。這就不能不引起理解的混亂，同時使他的後期哲學帶有極度晦澀的特點。這是很多學者都批評過的懷特海哲學的重要缺陷之一。

儘管存在上述種種問題，畢竟，作爲《數學原理》的作者之一，作爲過程哲學的創立者[40]，作爲在現代分析哲學大潮中復興形而上學的精神先驅，懷特海在現代西方哲學中仍佔有相當重要的地位。

四、當代科學思潮、東方哲學、懷特海

有跡象表明，懷特海哲學在當代科學新思潮中正在復興。

我們先把目光投射到當代物理學中定域因果性的破壞和非定域過程的發現這一重要的突破上。眾所周知，愛因斯坦相對論的

---

[40] 自懷特海之後，過程哲學遂成了一個學派，並辦有《過程哲學》雜誌，著名代表人物有過程哲學家哈茨霍恩（Charles Hartshorne）等。

結果之一是限制了因果性起作用的領域，這就是被相對論的光軸所包圍的那片領域。在這一領域之內，因果律作主宰，事件之間相互關聯，不會發生因果顛倒等反常情況；而在這一領域之外，因果律不再起作用，事件之間失去了相關性，無所謂因，也無所謂果。而過程哲學的基本論點之一正是承認宇宙所有事件之間存在著某種相關性，這是由懷特海的「相互內在原理」來確立的。於是，在相對論的定域因果性同過程哲學之間就產生了某種不協調點，給過程哲學帶來了某種困難。其實，定域因果性的要求不僅對過程哲學，同時對辯證法關於宇宙萬物普遍聯繫和相互作用的論點也是一劑難以下咽的藥丸，引起了嚴肅的學者們長期的深思和探究。

但在現在，理論物理的深入發展表明，定域因果性原理被破壞了，非定域過程被發現了，這一進展，解決了長期困擾著過程哲學的難題，重新燃起了一部分人對懷特海哲學的興趣，並使之重新到懷特海的世界圖景中去獲取啟示，尋找靈感。

同時，通過考察定域因果性被破壞這一問題，我們還發現了懷特海哲學與馬克思思想的一個共鳴點。

另外，就是當代系統化、整體化潮流的問題和對不可逆的時間的探究熱浪的問題。自本世紀六〇年代以來，現代科學日趨綜合，一個系統化、信息化、整體化的潮流愈益明顯，對不可逆的時間的研究也愈益深入。這都不能不使人想到本世紀最大的整體主義者以及時間本質的探索者（繼柏格森之後）懷特海。不少作出重要發現的科學家援引懷特海的頻率越來越高，就是一個顯著標誌。其實，遠在六〇年代初，在海森堡總結現代物理學的哲學問題的名著《物理學與哲學》一書中，當闡述量子力學中的「幾牽波」時，他引進了哲學史上著名的潛能（即傾向或可能性）概念，正如科學哲學家諾瑟普對此所作的總結一樣：

「量子力學已經把潛能的概念帶回到物理科學中了。這使得量子論對於本體論也像對認識論一樣重要。在這一點上，海森堡的物理哲學同懷特海的物理哲學有一個共同的因素。」㊶

這個共同的因素，就是「潛能」，而且是本體論意義上的潛能。懷特海以其科學哲學家的直覺同現代科學思潮的進展幾乎是同步的，這也表明，他的哲學確實從現代科學中攝取了營養和靈感，帶有自己時代的精神特徵。

在當代其他新學科的進展中，也往往能找到懷特海思想的踪影。

例如，著名的諾貝爾獎獲得者和「耗散結構」理論創立者普里高津曾指出：「今天我們終於可以說，我們的興趣正從『實體』轉變到『關係』，轉變到『信息』，轉變到『時間』上。」㊷他在北京的一次講演還認爲，當代科學關心的重心已從存在走向了生成。上述思想，正是懷特海過程哲學中的核心思想之一。同時，由於耗散結構理論研究非平衡狀態下的自組織，它表現的是無機界和有機界之間共有的規律，是溝通無生命物與有生命物的橋梁，因而，它也爲懷特海的機體論提供了一個有力的證據。鑒於上述原因，我們也就不難理解，普里高津何以在自己的專著

㊶ 諾瑟普：《物理學與哲學》，頁142。
㊷ 《普里高津和耗散結構理論》，頁204。

中幾次提到懷特海哲學。

另外一點引人矚目的是懷特海哲學與東方哲學的某些精神貫通之處。在《過程與實在》的第一部第一章。懷特海就鮮明地指出:

> 「在這樣的一般狀態下，機體論哲學似乎更接近於印度的或中國思想的某些色彩而不是西亞或歐洲思想的色彩。一方面視過程為根本，另一方面視事實為根本。」㊸

事情確乎如此。中國先秦的哲學所注重的，並不是構成宇宙的靜態的本原，而是宇宙運行之規律，天地運動之大道。老子稱天道「周行而不殆，可以爲天地母」㊹。莊子認爲「天道運而無所積，故萬物成。」㊺都極力主張「道」是一永不休止的運動過程，它導致了天地萬物的生成。正如中國學者胡曲圓先生指出的:「西方學者對於老子把萬物都看成一個過程，很感興趣，他們認爲老子的『道』，就是『過程』的意思。」㊻賀麟先生也在一篇關於懷特海哲學的講演中回憶到他在美國拜訪懷特海時，懷特海認爲自己的哲學東方意味特別濃厚，也許中國人反而容易了解，容易欣賞些。他認爲他的著作中就含蘊有中國哲學裡極其美妙的天道 (Heavenly order) 觀念。㊼

另外一位長期研究中國科學技術史的西方學者李約瑟博士也

㊸ 懷特海:《過程與實在》，頁 9。
㊹ 《道德經》章25。
㊺ 《莊子・天道篇》。
㊻ 《書林》雜誌，1983年第 5 期，頁22。
㊼ 參見賀麟《現代西方哲學講演集》，頁103。

早就注意到了中國哲學與懷特海等西方哲學家的思想淵源關係:

「但是這樣一個時代注定要來到，在這個時代裡，知識的增長迫使要接受一種更加有機的跟原子唯物論一樣的自然主義哲學。這就是達爾文、佛萊則、巴斯德、弗洛伊德、施培曼、普朗克和愛因斯坦的時代。當這個時代來到的時候，人們發現有一系列哲人已經鋪平了道路——從懷特海上溯到恩格斯和黑格爾，從黑格爾到萊布尼茨——而這種靈感也許完全不是歐洲人的，而且也許這種最現代的『歐洲』自然科學的理論基礎接受的『莊周』、『周敦頤』和『朱熹』這類人物的惠賜，比世界上已經在當前認識到的要多得多。」㊽

另外一位東西方比較哲學的研究者唐君毅先生也注意到:

「我們假設要對於中國哲人對宇宙本體性質問題一般所持的主張加一名字，我們只可名之為『心與物等性質交融論』。陸王如此，程朱如此；孔孟如此，老莊亦如此，此地不必細論。……我們要找與這種主張最相近的，恐怕還只有懷特海的心物交關論，不過懷特海之心物交關論尚不能算有自圓性之學說而已。」㊾

唐君毅先生在這裡所指的懷特海的所謂「心物交關論」，主

㊽ 李約瑟:《中國的科學與文化》，卷 2，頁505。
㊾ 唐君毅:《中西哲學思想之比較研究集》，頁53。

要是指懷特海後期哲學中「世界是在精神之中，精神也在世界之中」的重要論點。毋庸置疑，懷特海後期的客觀唯心論是包蘊了某些東方哲學的意趣的。

與唐君毅先生的觀點類似，美國哲學家斯蒂夫·歐丁 (Steve Odin) 更明確地分析了懷特海哲學與華嚴宗佛教的驚人一致。這特別表現在二者對於因果關係的理解上的一致性。懷特海的因果觀和華嚴宗的因果報應輪迴說，它們對因果關係的理解實質上是預設了萬物處於相互內在的關係之中的理論，每一件事情本質上都是它先前宇宙萬事流程的結果（它們同休謨的因果觀是格格不入的）。此外，它和懷特海有關創造性的原始源泉的思想同華嚴宗的「事事無礙」，渾然天成，無所滯礙的思想的高度相似。[50]

懷特海與〈周易〉具有共同的「本體論承諾」，唐力權先生把二者的哲學都稱爲「場有哲學」，指其共同特徵是「相對相關性」，即：沒有絕對的一，也沒有絕對的多；沒有絕對的超越，也沒有絕對的內在；沒有絕對的創造者，也沒有絕對的被創造者；沒有絕對的主體，也沒有絕對的客體；沒有絕對的心，也沒有絕對的物[51]。二者都主張兩極相通，相互依存，指出萬事萬物呈相互滲透、相互內在的關係。這些基本洞見是反「邏各斯中心主義」的，它見於懷特海對把邏輯作爲哲學中心地位的懷疑，它源於懷特海對「實體」觀念的拒斥，「實體」觀念要求的從環境抽離出來獨立自存的對象是不可能與場有哲學融洽的。懷氏的有

---

[50] Steve Odin, *PROCESS METAPHYSICS AND HUA-YENBUDDHISM*, NEW YORK, 1982.

[51] 唐力權：《周易與懷德海之間》，黎明文化事業公司，臺北，1989。

機論哲學同〈周易〉的生命觀的協調和諧更是令人嘆爲觀止。易經關於自然是一個生生不已的生命之流的看法同懷特海所說的自然界是一種生命的歷程與活動，宇宙是一個創進不已的過程，就其基本點而言，二者是沒有差異的[52]。

討論及此，我們就不能不聯想到當代著名物理學家沃爾夫岡・泡利對東西方的兩種對立的極端概念的洞察，他認爲雙方在人類思想史上都是富有成果的。

一個極端概念就是客觀世界的概念。這是西方式的。這一客觀世界在時空中不依賴於任何觀察主體而遵循某種固有的規律而運動著，這是西方近代科學的基本指導原則。

另一極端概念就是主體的概念。這個主體神秘地體驗了世界的統一，它不再面對任何客體，也不面對客觀世界，它根本不把二者劃開、對立起來，「天人合一」，「物我同一」，這是東方人，尤其是亞洲人的神秘主義。

泡利認爲我們人類的思想總是在這兩極中擺動，因而必須承受這兩極產生的張力。

倘若嚴密地考究泡利對東西方的對立概念的理解，不難發現，其中有不少粗疏的不甚準確的看法，它忽略了東西方某些與上述不同的但並非不重要的概念。但作爲一位物理學家，他上述這粗略的一瞥倒也確實具有發人深思的啟迪作用。

應當說，懷特海的宇宙觀就很難進入泡利劃分的框架，當然，這與懷特海哲學本身兼具的某些東方色彩是不無關係的。

懷特海哲學中的上述東方的因素是外在的還是內在的，即是

---

[52] 懷特海：《自然與生命》。

說，是塗抹上去的一層東方色彩還是其精神實質和範疇體系都浸透了東方的神秘主義？這是一個有趣的、值得深入探討的問題。我們在此不擬詳論。若概略而言，可以認爲，懷特海哲學並沒有擺脫西方哲學的傳統問題和範疇體系，諸如本體與現象、心與物、一與多、靜與動、存在與生成、一元與二元、決定論與意志自由、機械論與目的論，……等等都是規範懷特海哲學的大框架，它並未逃出上述「如來佛的手心」，因此，從根本上說，懷特海哲學仍是西方哲學的流派之一，它的東方色彩仍是外在的。只是比起其他西方哲學家而言，他的哲學與東方哲學之間多了幾條可資溝通的渠道而已。如果我們再深一步發掘，還會從前述他的價值論裡發現，當懷特海在分析東、西方的最高價值標準「和諧」與「自由」時，他實質上是在融合這兩種價值觀，也就是在調和東西方哲學，只不過是站在一位西方哲學家的心理基地上進行的調解罷了。但是，這種調和不是沒有意義的，它使懷特海的思想顯得博大幽深、色彩繽紛，常常能超越門戶之見。他晚年那些突破早期科學哲學的神秘洞見，有些部分就確是得力於他對東西方哲學的糅和與雜交的。即使是在早年，他對「自然的兩岔」劃分的非議，也同中國哲學的傳統不謀而合。如所周知，中國哲學並不分裂現象與實在爲二，正如「南宋初胡玄說：『分別幻華眞實，不能合一，與道不相似也。』（知言）……分現象與實在爲二的思想，中國哲人對之，皆持反對態度。」[53] 有鑒於懷特海哲學的「東方意味」，當它在三十年代介紹入中國後，曾在我國知識界引起較大的興趣和反響，就是完全可以理解的了。

---

[53] 張岱年：《中國哲學大綱》，頁9。

第七章 尾 聲

一、「希波克拉底誓言」

除了他的哲學之外，懷特海對哈佛乃至對世界學術還有一項特殊貢獻，它尚未被廣泛注意。這就是，他及其同道創建的學術圈子以及所造就的大師級人才。

事情要從他到哈佛之後不久的一次「四人委員會」的聚會說起。

所謂「四人委員會」，是一個眾所周知的特殊的哈佛委員會，由四人組成：哲學家懷特海、人文學科教授亨德遜（L. J. Henderson）、英國文學學者約翰・利文思通・洛斯（John Livingston Lowes）和哈佛法人的律師和法學家查理・柯蒂斯（Charles P. Curtis）。1926年2月份在坎布里奇市亨德遜的家裡，四人聚會深入討論了懷特海和亨德遜一次在火車上談到的話題：英國劍橋大學三一學院的研究獎金制度的成功經驗。事實上，懷特海本人就是在這個獎學金資助下開始自己的數學研究生涯的。亨德遜把火車上的對談報告了哈佛校長洛威爾（A. Lawrence Lowell），其結果就是這次四人委員會一整晚的聚會，同時，還加上了天文學家哈羅・夏普里（Harlow Shapley）

以及藝術與科學系主任肯尼斯·摩多克（Kenneth Murdock）。

根據劍橋三一學院的經驗，洛威爾校長提出了一個成立哈佛的研究員協會（Society of Fellows）的計畫，當晚的聚會則深入具體地討論研究了該計畫的實施。委員會建議在哈佛建立一個小規模的研究員協會，由20歲到30歲的學生組成。其目標是爲一些有天賦的學生提供一個充分發展其智力的環境。他們建議，打破一般的常規，代替那種跟在教師後面，亦步亦趨追隨教員的博士研究傳統，給那些有潛力者提供三年的研究資助，來研究他們自己最感興趣的方面，並且有希望再延長三年。這就能够使這些有才華的年輕人解除一些清規戒律的羈絆，無憂無慮，無牽無掛，抓緊自己年輕的時光，沉潛進自己醉心的課題，充分發揮自己的天才，造就一些大師級的人物。

研究員協會由四人委員會管理，他們每年挑選四到八位年輕的研究員。遴選年輕研究員的程序中，最重要的是見面口試，懷特海甚至建議，就是這些年輕人的資助者也須經過面談。

爲了延攬才俊，委員會還不拘一格，打破常規。例如，挑選到哲學系研究生蒯因時，開始曾發生了一點問題，原因在於他已經結婚，若按照一般的規格提供資助，他就無法維持家用，因而也就必定有後顧之憂。此時，懷特海傾其全力說動其同事額外多提供了一筆錢給他，以補償其較高的開銷，由此亦可見懷氏惜才的良苦用心。

這些年輕的研究員們每星期有兩次聚會，是在他們的工作午餐上。另外，每周還有一次包括有資深學者一起參加的星期一晚聚餐會，所有這些聚會都是在伊力略特廳（Eliot House）舉行。在這些聚會上，天才或天才種子們縱論宇宙，隔行溝通，深入交流，傳遞信息。成爲智力高度激蕩的場所。

上蒼不負有心人。事實證明，這個團體成了「天才的搖籃」，計畫獲得了極大的成功。

以第一批「出爐」的研究員爲例，其中包括：專攻邏輯理論的哲學家蒯因（W. V. Quine）、行爲主義心理學大師斯金納（B. F. Skinner）、數學家伽勒特・伯克霍夫（Garrett Birkhoff）、歷史學家約翰・米勒（John C. Miller）、政治學家弗里德里克・瓦特金斯（Fredrick M. Watkins）和化學家布賴特・威爾遜（E. Bright Wilson）等等。這些人後來都成了各自領域的拓荒性人物，名滿國際學術界。有些人，例如斯金納和蒯因，還成了本學科劃時代的代表人物。懷特海及其同道的這項成就，其影響之深遠，在本世紀恐怕無人能出其右。

我們也許可以從哈佛校長洛威爾爲這個研究員協會立下的「戒條」來感受這個團體的氛圍。從西方醫學的鼻祖、古希臘的希波克拉底爲其同行訂立的「行規」獲得靈感，洛威爾把如下有懷特海幫助撰寫的戒條戲稱爲「希波克拉底誓言」：

「在你選擇的領域內，由於你賦有的取得嚴肅成果的個人前景，你已被遴選爲本團體的一員。

你須承諾，在知識與思想方面，你將致力於奪取矚目的貢獻，你將用自己的全部智慧和道德的力量履踐這一承諾。

對年高德劭的學者，你須謙恭虛己，由於他們的發現，你才能進一步有所創獲。

對年輕後來的學者，你須熱誠相助，他們將在你的成果基礎上，達到更高成就。

你的目標，是知識與智慧，而非耀眼的榮譽，絕不據他人之功爲己有，也不因他人的幸運發現而心懷嫉妒。

你須捨近利而致遠功，永不滿足你已成就的一切。

所有你可能的成果和發現，都須視爲知識滄海之一粟；而知識之海的匯成，正是各不同渠道眞誠學者的奮鬥求知之果。

進入本研究員協會，意味著爲上述承諾奉獻終生。」

事實上，正如維克多・洛（Victor Lowe）所指出的，就「誓言」的要求而言，懷特海本人的成就、學品和人品，恰好提供了一個典範。他的一生，從進入劍橋三一學院獲得類似的獎學金資助開始，直至離開人世爲止，正是「誓言」的實踐版本。他絕不尋求戰鬥以捍衛自己的哲學。甚至也不願作過多的解釋。威廉斯（D. C. Williams）教授曾說：「直到我認識懷特海之後，我才懂得謙恭虛己是什麼意思。」這在他與羅素的關係上也充分表現了出來。

在哈佛懷特海指導的《數學原理》（懷特海與羅素合著）的研討班上，懷特海屢屢強調羅素的貢獻。儘管他與羅素的哲學極不相同，他卻毫無保留地充分讚賞羅素的學識與才華。1931年10月26日，羅素到訪哈佛大學哲學系，在新演講大廳作題爲「邏輯與心理學的關係」的演講，懷特海任會議主席。一時聽眾雲集，擠滿大廳。在介紹演講人羅素時，懷特海宣稱以下將要聽到的，是人們久違了的一場柏拉圖式的對話。但是，出乎大家的意料，羅素完全離開預定的題目，大講了一通在產生有意義的談話中條件反射的作用。演講結束時，爲沖淡和掩飾朋友的離題和失禮，懷特海用了一句被認爲是蘇格拉底式的話來結束會議：「親愛的伯特蘭，現在我懂得『善』的意義了，它就是，我正垂涎欲滴。」

懷特海曾告訴他的年輕同事米勒（J. W. Miller）說：「你知道，羅素出生在一個錯誤的世紀。」米勒問：「您認爲他應當生在哪一世紀呢，懷特海教授？」米勒猜想，答案可能是十七世紀或二十一世紀，再就是公元前五世紀。但是懷特海回答說：「啊，當然是十三世紀，他是一個純粹的司各脫。」❶

二、從心所欲不逾矩——七十壽辰盛會

1931 年2月14日，在哈佛俱樂部舉行了一個大型學術研討會，討論《過程與實在》中的基本觀念。這個研討會是哲學系系主任 J. 伍茲教授爲慶賀懷特海七十壽辰而特意安排的。除了懷特海的朋友外，還有來客約四十位，包括美國東海岸許多著名的哲學家和其他方面的學者。例如，以博學著稱的莫利斯・科亨（Morris R. Cohen）論述了懷特海在數學方面的貢獻，其他發言者則討論到了《過程與實在》中的嚴肅的問題。懷特海的回應則是內容豐富多彩的，既談到了書中的學術問題，也談到了別人問到的有關他自己的一些問題。

新實在論者蒙太格坦白承認自我感覺已像一個老式守舊派了，他問到，如果沒有實體的話，何以可能從一個現實實有過渡到它的後繼者。耶魯大學的舍爾頓非常想知道，有機哲學是不是客觀唯心主義，懷特海是把心靈歸結爲作爲整體的宇宙嗎？舍爾頓形容懷特海哲學是三根線編織成的繩索，即：黑格爾、柏格森和阿芬那留斯，這是一個奇怪的組合。他把阿芬那留斯視爲在現

---

❶ 維克多・洛(Victor Lowe)：《懷特海，其人及其工作》卷2。

代對抗笛卡兒二元論的先鋒。

最長和最有學識的發言是來自約翰·霍普金斯大學的洛弗喬伊（A.O. Lovejoy），他重讀了另一位英國劍橋的著名哲學家、虔誠而博學的摩爾博士的著作，他引用了摩爾的一首詩來捍衛使用新詞或舊詞來表達新的意義的權利。在坦承自己對任何綜合性的體系都持懷疑態度之後，洛弗喬伊的結論是，在當代，沒有任何著作比此書（《過程與實在》）提供的眞實世界的圖景更令人信服了。許多人都同意如下的判斷:

我們都感受到一種哲學奇蹟的再生，這是一種從《過程與實在》的閱讀中獲得的恢復理智的青春的經驗。

懷特海的答詞不僅充滿謝忱，而且異常優美。他首先解釋了自己何以不討論黑格爾的原因：僅僅因爲他只讀過一頁黑格爾著作。不過，他同麥克塔卡（McTaggart）以及哈爾丹（Lord Haldane）的友誼可能帶給了他一些黑格爾式的影響。由於懷特海獻身於數學和符號邏輯的精深研究而花去了大量的時間和精力，他坦承他未讀過的哲學著作遍及來賓們所提及的每一位作者。但是他沒有提到舍爾頓所發現的懷特海哲學的三個因素之一的阿芬那留斯。

一些演講者提到了柏格森，而懷特海自己卻提到了布拉德雷。然而，在他確證《過程與實在》的核心觀念的時候，他卻說:

「我所說的來自很窄的知識面。但是我想我更接近亞里士多德甚於接近無論柏格森還是布拉德雷。」

這是一種可供評價的自我認識。

爲了感謝洛弗喬伊援引摩爾來支持自己，懷特海根據他的觀察說：「我想布拉德雷因爲接受了語言是從另一種觀點而被發展的觀念而陷入了極大的混亂之中。」但這還不僅僅布拉德雷是如此。

懷特海說他非常同意舍爾頓關於秩序的必要性的論點。

> 「然而，他的極輕微的術語的變化會引起很大的區別，因此，我明確地拒絕這種術語變化。舍爾頓教授談到了宇宙的秩序，以及該秩序的輪廓。在這個唯一的概念裡，世界的獨一無二的秩序（或許這不是舍爾頓的意思）是隱藏在那個不精確的概念中的：即存在的基礎包含了它們的無須有過程的本性。……那種秩序的唯一完滿性的概念……必須同只有唯一一種幾何學（歐氏幾何）的思維方式相配合。」

蒙塔格還提到了熵的問題。懷特海回答說我們現在生活的宇宙確實正在下墜，其現存秩序正在讓位與一種新的秩序形態。

當懷特海談到宇宙的其他秩序時，他對比了我們對三維空間這種荒謬的有限的數量的熟悉與認同。他這正是一種接受存在無限量可能性的典型的數學家的觀點。

在感謝莫里斯·科亨回顧他在數學上的輝煌過去時，懷特海不僅列舉了格拉斯曼（Grassmann）同時也舉了威廉·哈密爾頓爵士（Sir William Hamilton），他說：「蘇格蘭人並非蹩腳的形而上學家，但是愛爾蘭人卻眞正寫了漂亮的數學論文。」當天並沒有蘇格蘭人在場。

最後懷特海感謝這次極美妙的研討會說:

「我總是有非凡的幸運擁有令我既榮幸又熱愛的同事，在劍橋三一學院，在倫敦。現在，最後在美國我的幸運達到了頂點。在這兒，我認識到一個知識分子的團體是同任何已存的事物同等偉大的。」

他用他最爲鍾愛的柏拉圖的《理想國》中的一句話作結:

「就其力所能及的方面而言，同有神性的和有條理的人一起生活的哲學家，他自身也會變得有神性和有條理。」

三、懷特海的歷史命運

懷特海哲學已成爲歷史。

歷史曾對它前踞後恭。

可以預計，它的命運或許還會經歷幾起幾落。

其命運起伏的幅度越大，懷特海哲學也就越幸運。

評價一種哲學，理應考察它潛入哲學史長河的深度。理應「測量」它附著於、糾纏於哲學史主幹的「粘合度」、「緊密度」和「永久度」。這是其價值的重要衡量尺度。

曾經有些哲學，在哲學史上曾煊赫一時，炙手可熱，但隨著哲學家的去世，其哲學也就死了。它恰如在哲學史長河上翻起的一陣眩目的泡沫，瞬間即逝。

在這個意義上，懷特海哲學是奠定了自己的歷史地位的。它雖不是歷史的寵兒，卻也不是歷史的棄兒。

當然，評價一種哲學是不容易的；對於一位複雜的哲學家，這種困難就更爲顯著。問題主要在於，不存在統一的公認的評價規範。

每個人、每一派別，都是從自己不言而喻的潛在規範來審視其他哲學學說的。

作爲企圖調和兩大潮流的懷特海哲學，一段時期內，在哲學界的命運並不令人羨慕。它被視爲一隻蝙蝠，既不爲鳥類所容，亦不爲獸類所喜。在分析哲學和大陸哲學兩方面，它都受到責難和苛求。

然而，在科學界和美學界，懷特海哲學卻日益受到青睞，逐步成了當代科學與美學思潮的「啟示錄」之一。

伴隨著形而上學的復興，懷特海哲學在西方哲學界也逐漸「復活」。

正如前述，我們任何人都不可能「空無依傍」、「超然獨立」地去評價一種學說。在評價時，我們總是被籠罩於自己的評價規範之下——公開的或隱蔽的、說出的或未言明的、意識到的或未意識到的。

這是無法擺脫的命運。

毋庸諱言，筆者自身，也逃避不了，同時也不想逃避這一鐵的法則。每一個人都有他自己獨特的，別人無法替代的「規範」。事實是，恰恰正是在這種獨特的「規範」之下，他才能貢獻給世界那麼一點點屬於自己的東西。

而這，恐怕也正是世界所需要的。

毋庸諱言，筆者與懷特海處於不同的「規範」之中。他的不少結論，筆者未敢苟同。這，也同樣是極其自然的。

然而，鑒於懷特海哲學作爲當代英美哲學中復興形而上學的精神先驅作用，鑒於懷特海哲學對現代哲學思想庫藏所作出的貢獻，鑒於他對數理邏輯和科學哲學所建立的歷史功勳，同時，也鑒於他哲學體系中的東方色彩，中國風味，我們尊重懷特海哲學，尊重他在歷史上的地位、尊重他留給思想史的「遺產」。

懷特海死了。

他，以及他同時代的世紀初的一批科學家和哲學家們在時代精神轉換時期所激起的一次次熱烈的爭論和喧嘩，一次次波瀾壯闊的運動，一次次窮源竟委的深思，一本本嘔心瀝血的巨著，也都漸次遁入了歷史的塵埃。

一代代新的後繼者依次登上了舞臺，他們競相翻新理論，重新提出問題，疾聲反駁對手，拚命證明自身。上來了，又被趕下去；……走馬燈似的轉換，延伸到歷史的深處遠。

然而，只要我們仔細傾聽，不難發現，在這些後繼者的喧嘩中，一次又一次地，不時能聽出世紀初的回聲，不時能看到那些問題和答案以不同的外貌再現。

當我們回溯歷史時，發現我們自身的影子。當我們瞻望未來時，見到我們欲望的投射。於是，永恒之主題和創造之衝動構成了精神的宇宙。

而歷史，是無法劃然而斷的。

懷特海生平及著作年表

（著作以首次發表的年代爲準）

1861年 二月十五日，阿爾弗雷德・諾爾司・懷特海誕生於英格蘭肯特郡一小島的拉姆斯格特村中。他的父親諾爾司・懷特海牧師是一位校長，後被委任爲英格蘭教會牧師。

1875年 進舍本學校學習，接受完整的古典教育。

1879——1880年 任「學校學生首領」和「運動隊隊長」，並任舍本雜誌編輯，撰寫「社論」。

1880年 作爲學者，進入劍橋三一學院。

1885年 獲三一學院學士學位，任三一學院研究員，並任應用數學和機械學講師。

1887年 獲三一學院碩士學位。

1888年
1. 發表〈論不可壓縮的粘滯流體的運動，一種近似方法〉（《純粹與應用數學刊》，1888年第23卷）。
2. 發表〈粘滯流體運動的第二種近似算法，在直線上圓球的穩定運動〉（同上）。

1890年 與瑪麗斯・伊夫琳・威・瑋德（Marries Evelyn Willoughby Wade）結婚。

1891——1898年 幾個孩子出生：諾爾司（North），1891年生（第二個孩子未命名，於 1892 年生產時去世）；杰西

(Jessie)，1893 年生； 埃里克 · 阿爾弗雷德 (Eric Alfred)，1898年生。三個孩子都曾在第一次世界大戰中服務。最小的埃里克於1918年三月陣亡。在1919年出版的《關於自然知識原理的研究》一書上懷特海曾題詞獻給他。

1898年 《泛代數論》第一卷（劍橋大學出版社）出版。

〈非歐空間的表面測量幾何學〉（《倫敦數學學會會議錄》，1897～1898年第29卷，第一部分）。

1900年 與羅素夫婦（Bertrand and Alys Russell）一起赴巴黎參加第一屆國際哲學大會。

1901年 〈符號邏輯代數的論文報告〉（《美國數學雜誌》第23卷，1901年第二期）。

1902年 〈論基數〉（《美國數學雜誌》第 24 卷，1902 年第二期）。

1903年 被遴選爲皇家學會會員。

放棄《泛代數論》第二卷的寫作計畫，而羅素也放棄《數學導論》第二卷的寫作計畫：懷特海和羅素決定合作寫作。

〈關係邏輯、邏輯代換羣和基數〉（《美國數學雜誌》第25卷，1903年第二期）。

1904年 〈基數定理〉（《美國數學雜誌》第26卷，1904年第一期）。

1905年 獲三一學院理學博士學位。

1906年 《射影幾何學公理》（劍橋大學出版社）。

〈論物質世界的數學概念〉（《倫敦皇家學會哲學學

報》A輯，第205卷）

1907年 《畫法幾何學公理》（劍橋大學出版社）。

1910年 《數學原理》第一卷與羅素合著（劍橋大學出版社）。

《非歐幾里德幾何學》與羅素合著（不列顛百科全書「幾何」條目的第6部分（劍橋大學出版社）。

《幾何學的公理》（不列顛百科全書「幾何」條目的第7部分，劍橋大學出版社）。

1911年開始教學生涯，在倫敦的帝國科技學院擔任應用數學教授。

《數學導論》（編入《國內現代知識大學叢書》第15號）（倫敦，威廉與諾爾吉特出版社，紐約，亨利霍爾特公司出版）。

《數學》（《不列顛百科全書》第二版第17卷，劍橋大學出版社）。

1912年 《數學原理》第二卷與羅素合著（劍橋大學出版社）。

1913年 《數學原理》第三卷與羅素合著（劍橋大學出版社）。

《數學的原理對基礎教學的關係》（第5屆國際數學會議論文，後由劍橋大學出版社1913年出版）。

《自由教育中數學的地位》（《英國東南部數學教師協會雜誌》第1卷，1912年第1期）。

1914年 出席在巴黎召開的第一屆數理哲學大會，並宣讀了論述空間的相對性理論的論文。

1915年 《空間、時間和相對論》（《亞里士多德協會會議錄》第16卷，第104～129頁）。

1916年 《教育的目的——改革的必要》（《數學公報》第8

卷，1916年1月）。

《思想的組織》（《不列顛科學促進協會第86屆會議報告》）。

1917年 《思想的組織——教育與科學方面》（倫敦，威廉與諾爾吉特出版社）。

《技術教育及其同科學與文學之關係》（《技術雜誌》第10卷，1917年1月）。

1919年 任倫敦大學評議員，塔那講座主講人（演講名爲「自然的概念」，在次年出版）。

《關於自然知識原理的研究》（劍橋大學出版社）。

《專題論文集——時間、空間和物質：它們是否是，如果是，又是在什麼意義上是科學的終極材料？》與 Sir Oliverlodge, J.W. Nicholson, Henry Head, Mrs. Adrian Stephen, and H. Wildon Carr 合著（《亞里士多德學會》特輯，第2卷，《科學與哲學問題》）。

《科學中的革命》（《民族》第26卷，1919年11月15日）。

《教育的基本原理》（《不列顛科學促進協會第87屆會議報告》）。

1920年 獲曼徹斯特大學榮譽理學博士學位（這是英格蘭、蘇格蘭、加拿大和美國的學術機構授予給他的六個榮譽學位的第一個）。

《自然的概念》（劍橋大學出版社）。

《愛因斯坦的理論；一個供選擇的方案》（《時代教育增刊》，1920年2月12日）。

1921年 《普通教育中的科學》（《第二屆皇家大學會議會議錄》）。

1922年 《相對論原理及其在物理科學中的應用》（劍橋大學出版社）。

《討論集：愛因斯坦理論的唯心主義解釋》（《亞里士多德協會會議錄》，第22卷）。

《相對論原理的哲學方面》（《亞里士多德協會會議錄》，第22卷）。

《齊一性與偶然性》（《亞里士多德學會會議錄》，第23卷）。

1923年 《教育中經典著作的地位》（《希伯特雜誌》第21卷，1923年1月）。

《第一次物理學的綜合》（倫敦，牛津大學出版社）。

《對自由與紀律的協調並舉的要求》（《希伯特雜誌》第21卷，1923年7月）。

《專題論文集——同時性問題：在考察「測量時間」與「經歷時間」的關係時相對論原理有矛盾嗎?》與 H. Wildon Carr, R. A. Sampson 合著（《亞里士多德學會特輯》，第3卷，「相對論、邏輯和神秘主義」）。

1924年 在倫敦簽字接受美國哈佛大學五年的教授聘約。

1925年 洛威爾講座演講《科學與近代世界》，後由紐約的麥克米蘭公司出版。

《宗教與科學》（《大西洋月刊》第136卷，1925年8月）。

1926年 哈佛大學聘請他任終身教職。

洛威爾講座演講《宗教的形成》，後由紐約的麥克米蘭公司出版。

《一個英國人的教育》（《大西洋月刊》第 138 卷，1926年 8 月）。

《時間》（論文，第 6 屆國際哲學會議在哈佛大學召開，紐約與倫敦，朗曼，格林公司1927年出版）。

1927年 維吉尼亞大學的巴波爾——佩基演講《象徵，它的意義和作用》後由紐約的麥克米蘭公司出版。

1927——1928年 愛丁堡大學吉福特講座演講《過程與實在》。

1928年 《大學及其功能》（《大西洋月刊》第 41 卷，1928 年 5 月）。

1929年 《過程與實在》（紐約，麥克米蘭公司出版）。

普林斯頓大學路易斯・克拉克・范奴色姆講座演講《理性的功能》，由普林斯頓大學出版社出版。

《教育的目的以及其它論文》（紐約，麥克米蘭公司出版）。

1929——1930年 布來恩莫爾學院的瑪麗・弗勒克斯講座，加上之前和之後分別在達特茅斯學院和哥倫比亞大學的大衛斯講座的演講，後來結集為《觀念的探險》。

1931年 當選為不列顛科學院院士。

《論預見》（為 W. B. Donham 寫的導言，紐約，McGraw-Hill 圖書公司出版）。

1932年 《客體與主體》（《哲學評論》第41卷，1932年 3 月）。

《紀念 A. N. 懷特海 70 壽辰專題論文集》（內有懷特海的答覆，坎布里奇麻省哈佛大學出版社）。

1933年 在芝加哥大學的演講「自然與生命」（後來收入《思維方式》一書中）。

《觀念的探險》（紐約，麥克米蘭公司出版）

《過去的研究——它的用處及其危險》（哈佛商業評論，第2卷，1933年7月）。

1934年 《自然和生命》（芝加哥大學出版社）。

《序言》（爲 W.V.O. 蒯因的著作《邏輯學體系》而作，哈佛大學出版社）。

1935年 《哲學的目的》（《哈佛校友晨報》第38卷，1935年11月15日）。

1937年 自哈佛大學的教職退休。

1937——1938年 在威里思利學院演講，後結集爲《思維方式》。

1938年 《思維方式》（紐約，麥克米蘭公司出版）。

1939年 《對健全心智的呼籲》（《大西洋月刊》第163卷，1939年3月）。

《約翰·杜威及其影響》（載西爾普編《在世哲學家文庫：約翰·杜威的哲學》卷1，伊文斯頓和芝加哥，西北大學出版）。

1941年 哈佛大學因格索爾講座演講〈不朽〉。（載西爾普編《在世哲學家文庫：阿爾弗雷德·諾爾司·懷特海的哲學》卷3，西北大學出版）。

〈數學和善〉（同上）。

〈自傳筆錄〉（同上）。

1942年 《治國之才與專業化學習》（《美國藝術與科學學會會

議錄》第75卷）。

1945年 獲榮譽勳章。

《前言》（爲威廉·摩爾根的著作《故事和童話的組織結構》而作，摩爾根運用了《過程與實在》中的概念和術語來解釋傳說和童話的發生。《美國民間傳說雜誌》第58卷，第229期，1945年7～9月）。

1947年 《科學與哲學論文集》（紐約，《哲學叢書》）。

十二月三十日，逝世於美國麻州坎布里奇市。

參考文獻

Books by Alfred North Whitehead

PRINCIPIA MATHEMATICA By AN. Whitehead & B. Russell
Cambridge University Press, 1910～1913

THE PRINCIPLE OF RELATIVITY
Cambridge University Press, 1922

AN ENQUIRY CONCERNING THE PRINCIPLES OF NATIONAL KNOWLEDGE
Cambridge University Press, 1955

SCIENCE AND THE MODERN WORLD
New York, Macmillan, 1925

RELIGION IN THE MAKING
New York, Macmillan, 1926

MODES OF THOUGHT
New York, Macmillan, 1938

NATURE AND LIFE
Chicago, 1935

SCIENCE AND PHILOSOPHY
New York, 1948

FUNCTION OF REASON

Cambridge University Press, 1929

ADVENTURES OF IDEAS

New York, 1933

PROCESS AND REALITY: AN ESSAY IN COSMOLOGY

Cambridge University Press, 1929

DIALOGUES OF ALFRED NORTH WHITEHEAD

As recorded by Lucien Price

Boston, 1954

AN ANTHOLOGY

Selected by F. S. C. Northrop and M. W. Gross

Introductions and note on Whitehead's Terminology by M. W. Gross

New York, Macmillan, 1953

Books about Alfred North Whitehead's philosophy

C. Hartshorne, *WHITEHEAD'S PHILOSOPHY: SELETED ESSAYS, 1935～1970*

University of Nebraska Press, Lincoln, 1972

N. Lawrence, *WHITEHEAD'S PHILOSOPHICAL DEVELOPMENT: A CRITICAL HISTORY OF THE BACKGROUND OF PROCESS AND REALITY*

Berkeley, University of California, 1956

D. M. Emmet, *WHITEHEAD'S PHILOSOPHY OF ORGANISM*

London, 1932

E. M. Kraus, *THE METAPHYSICS OF EXPERIENCE*
Fordham University Press, New York, 1979

J. W. Blyth, *WHITEHEAD'S THEORY OF KNOWLEDGE*
Brown University Press, 1979

L. Bright, *WHITEHEAD'S PHILOSOPHY OF PHYSICS*
New York, 1960

J. M. Burgers, *EXPERIENCE AND CONCEPTUAL ACTIVITY*
A philosophical essays based upon the writings of A. N. Whitehead M. I. T. Press, Cambridge, Mass., 1965

C. R. Eisen, *THE UNIFYING MOMENT: THE PSYCHOLOGICAL PHILOSOPHY OF WILLIAM JAMES AND ALFRED NORTH WHITEHEAD*
Harvard Press, 1971

W. W. Hammerschmidt, *WHITEHEAD'S PHILOSOPHY OF TIME*
Russell & Russell Press, New York, 1975

Paul Grimley Kuntz, *ALFRED NORTH WHITEHEAD*
Twayne Publishers, Boston, 1984

Stephen David Ross, *PERSPECTIVE IN WHITEHEAD'S METAPHYSICS*
State University of New York Press, Albany, 1983

Steve Odin, *PROCESS METAPHYSICS AND HUA-YENBUDDHISM*

State University of New York Press, Albany, 1982

George R. Lucas Jr., *THE REHABILITATION OF WHITEHEAD*

State University of New York Press, Albany, 1989

Leemonb. McHenry, *WHITEHEAD AND BRADLEY*

State University of New York Press, Albany, 1992

Laurence F. Wilmot, *WHITEHEAD AND GOD*

Wilfrid Laurier University Press, Ontario, 1979

Forrest Wood, Jr., *WHITEHEADIAN THOUGHTS AS BASIS FOR A PHILOSOPHY OF RELIGION*

University Press of America, Lanham, 1986

唐力權 《周易與懷德海之間》

黎明文化事業公司出版，臺北，1989

Victor Lowe, *ALFRED NORTH WHITEHEAD, THE MAN AND HIS WORK*

The Johns Hopkins University Press, 279, Baltimore and London, 1989

索　引

按漢語拼音順序排列。有關術語的條目合併在一起，如：黑格爾主義參看黑格爾等等。

A

B

M

S

T

W

X

世界哲學家叢書(九)

書名	作者	出版狀況
庫恩	吳以義	撰稿中
費耶若本	苑舉正	撰稿中
拉卡托斯	胡新和	撰稿中
洛爾斯	石元康	已出版
諾錫克	石元康	撰稿中
海耶克	陳奎德	撰稿中
羅蒂	范進	撰稿中
喬姆斯基	韓林合	撰稿中
馬克弗森	許國賢	已出版
希克	劉若韶	撰稿中
尼布爾	卓新平	已出版
墨燈	李紹崑	撰稿中
馬丁・布伯	張賢勇	撰稿中
蒂里希	何光滬	撰稿中
德日進	陳澤民	撰稿中
朋諤斐爾	卓新平	撰稿中

世界哲學家叢書（八）

書名	作者	出版狀況
布拉德雷	張家龍	撰稿中
懷特海	陳奎德	排印中
愛因斯坦	李醒民	撰稿中
玻爾	戈革	已出版
卡納普	林正弘	撰稿中
卡爾・巴柏	莊文瑞	撰稿中
坎培爾	冀建平	撰稿中
羅素	陳奇偉	撰稿中
穆爾	楊樹同	撰稿中
弗雷格	趙汀陽	撰稿中
石里克	韓林合	排印中
維根斯坦	范光棣	排印中
愛耶爾	張家龍	撰稿中
賴爾	劉建榮	撰稿中
奧斯丁	劉福增	已出版
史陶生	謝仲明	撰稿中
赫爾	馮耀明	撰稿中
帕爾費特	戴華	撰稿中
梭羅	張祥龍	撰稿中
魯一士	黃秀璣	已出版
珀爾斯	朱建民	撰稿中
詹姆斯	朱建民	撰稿中
杜威	葉新雲	撰稿中
蒯因	陳波	已出版
帕特南	張尚水	撰稿中

世界哲學家叢書(七)

書名	作者	出版狀況
沙特	杜小眞	撰稿中
雅斯培	黃藿	已出版
胡塞爾	蔡美麗	已出版
馬克斯・謝勒	江日新	已出版
海德格	項退結	已出版
漢娜鄂蘭	蔡英文	撰稿中
盧卡契	謝勝義	撰稿中
阿多爾諾	章國鋒	撰稿中
馬爾庫斯	鄭湧	撰稿中
弗洛姆	姚介厚	撰稿中
哈伯馬斯	李英明	已出版
榮格	劉耀中	撰稿中
柏格森	尚新建	撰稿中
皮亞杰	杜麗燕	撰稿中
別爾嘉耶夫	雷永生	撰稿中
索洛維約夫	徐鳳林	排印中
馬賽爾	陸達誠	已出版
梅露・彭廸	岑溢成	撰稿中
阿爾都塞	徐崇溫	撰稿中
葛蘭西	李超杰	撰稿中
列維納	葉秀山	撰稿中
德希達	張正平	撰稿中
呂格爾	沈清松	撰稿中
富科	于奇智	撰稿中
克羅齊	劉綱紀	撰稿中

世界哲學家叢書(六)

書名	作者	出版狀況
伏爾泰	李鳳鳴	排印中
孟德斯鳩	侯鴻勳	已出版
盧梭	江金太	撰稿中
帕斯卡	吳國盛	撰稿中
達爾文	王道遠	撰稿中
康德	關子尹	撰稿中
費希特	洪漢鼎	撰稿中
謝林	鄧安慶	排印中
黑格爾	徐文瑞	撰稿中
祁克果	陳俊輝	已出版
彭加勒	李醒民	已出版
馬赫	李醒民	排印中
迪昂	李醒民	撰稿中
費爾巴哈	周文彬	撰稿中
恩格斯	金隆德	撰稿中
馬克斯	洪鎌德	撰稿中
普列漢諾夫	武雅琴	撰稿中
約翰彌爾	張明貴	已出版
狄爾泰	張旺山	已出版
弗洛伊德	陳小文	排印中
阿德勒	韓水法	撰稿中
史賓格勒	商戈令	已出版
布倫坦諾	李河	撰稿中
韋伯	陳忠信	撰稿中
卡西勒	江日新	撰稿中

世界哲學家叢書(五)

書名	作者	出版狀況
中江兆民	畢小輝	撰稿中
西田幾多郎	廖仁義	撰稿中
和辻哲郎	王中田	撰稿中
三木清	卞崇道	撰稿中
柳田謙十郎	趙乃章	撰稿中
柏拉圖	傅佩榮	撰稿中
亞里斯多德	曾仰如	已出版
伊壁鳩魯	楊適	撰稿中
愛比克泰德	楊適	撰稿中
柏羅丁	趙敦華	撰稿中
聖奧古斯丁	黃維潤	撰稿中
安瑟倫	趙敦華	撰稿中
安薩里	華濤	撰稿中
伊本・赫勒敦	馬小鶴	已出版
聖多瑪斯	黃美貞	撰稿中
笛卡兒	孫振青	已出版
蒙田	郭宏安	撰稿中
斯賓諾莎	洪漢鼎	已出版
萊布尼茨	陳修齋	排印中
培根	余麗嫦	撰稿中
霍布斯	余麗嫦	撰稿中
洛克	謝啟武	撰稿中
巴克萊	蔡信安	已出版
休謨	李瑞全	已出版
托馬斯・銳德	倪培林	撰稿中

世界哲學家叢書(四)

書名	作者	出版狀況
奧羅賓多·高士	朱明忠	排印中
甘地	馬小鶴	已出版
尼赫魯	朱明忠	撰稿中
拉達克里希南	宮静	撰稿中
元曉	李箕永	撰稿中
休靜	金煐泰	撰稿中
知訥	韓基斗	撰稿中
李栗谷	宋錫球	已出版
李退溪	尹絲淳	撰稿中
空海	魏常海	撰稿中
道元	傅偉勳	撰稿中
伊藤仁齋	田原剛	撰稿中
山鹿素行	劉梅琴	已出版
山崎闇齋	岡田武彥	已出版
三宅尚齋	海老田輝巳	已出版
中江藤樹	木村光德	撰稿中
貝原益軒	岡田武彥	已出版
荻生徂徠	劉梅琴	撰稿中
安藤昌益	王守華	撰稿中
富永仲基	陶德民	撰稿中
石田梅岩	李甦平	撰稿中
楠本端山	岡田武彥	已出版
吉田松陰	山口宗之	已出版
福澤諭吉	卞崇道	撰稿中
岡倉天心	魏常海	撰稿中

世界哲學家叢書㈢

書名	作者	出版狀況
永明延壽	冉雲華	撰稿中
湛然	賴永海	已出版
知禮	釋慧嶽	排印中
大慧宗杲	林義正	撰稿中
袾宏	于君方	撰稿中
憨山德清	江燦騰	撰稿中
智旭	熊琬	撰稿中
康有爲	汪榮祖	撰稿中
章太炎	姜義華	已出版
熊十力	景海峰	已出版
梁漱溟	王宗昱	已出版
胡適	耿雲志	撰稿中
金岳霖	胡軍	已出版
張東蓀	胡偉希	撰稿中
馮友蘭	殷鼎	已出版
唐君毅	劉國強	撰稿中
宗白華	葉朗	撰稿中
湯用彤	孫尚易	撰稿中
賀麟	張學智	已出版
龍樹	萬金川	撰稿中
無著	林鎮國	撰稿中
世親	釋依昱	撰稿中
商羯羅	黃心川	撰稿中
維韋卡南達	馬小鶴	撰稿中
泰戈爾	宮静	已出版

世界哲學家叢書(二)

書名	作者	出版狀況
陸象山	曾春海	已出版
陳白沙	姜允明	撰稿中
王廷相	葛榮晉	已出版
王陽明	秦家懿	已出版
李卓吾	劉季倫	撰稿中
方以智	劉君燦	已出版
朱舜水	李甦平	已出版
王船山	張立文	撰稿中
眞德秀	朱榮貴	撰稿中
劉蕺山	張永儁	撰稿中
黃宗羲	吳光	撰稿中
顧炎武	葛榮晉	撰稿中
顏元	楊慧傑	撰稿中
戴震	張立文	已出版
竺道生	陳沛然	已出版
眞諦	孫富支	撰稿中
慧遠	區結成	已出版
僧肇	李潤生	已出版
智顗	霍韜晦	撰稿中
吉藏	楊惠南	已出版
玄奘	馬少雄	撰稿中
法藏	方立天	已出版
惠能	楊惠南	已出版
澄觀	方立天	撰稿中
宗密	冉雲華	已出版

世界哲學家叢書(一)

書名	作者	出版狀況
孔子	韋政通	撰稿中
孟子	黃俊傑	已出版
荀子	趙士林	撰稿中
老子	劉笑敢	撰稿中
莊子	吳光明	已出版
墨子	王讚源	撰稿中
公孫龍子	馮耀明	撰稿中
韓非子	李甦平	撰稿中
淮南子	李增	已出版
賈誼	沈秋雄	撰稿中
董仲舒	韋政通	已出版
揚雄	陳福濱	已出版
王充	林麗雪	已出版
王弼	林麗眞	已出版
阮籍	辛旗	撰稿中
嵇康	莊萬壽	撰稿中
劉勰	劉綱紀	已出版
周敦頤	陳郁夫	已出版
邵雍	趙玲玲	撰稿中
張載	黃秀璣	已出版
李覯	謝善元	已出版
楊簡	鄭曉江	撰稿中
王安石	王明蓀	排印中
程顥、程頤	李日章	已出版
朱熹	陳榮捷	已出版